"十四五"职业教育国家规划教材

国家文化产业资金支持媒体融合重大项目

21世纪新概念教材:"多元整合型一体化"系列
高等职业教育旅游管理类专业精品课程教材新系

前厅客房服务与管理
——理论、实务、案例、实训
(第四版)

秦承敏　王常红　孟文燕　主　编

李　航　林　灏　白　璐　副主编

东北财经大学出版社　大连
Dongbei University of Finance & Economics Press

图书在版编目（CIP）数据

前厅客房服务与管理：理论、实务、案例、实训 / 秦承敏，王常红，孟文燕主编 . —4版 . —大连：东北财经大学出版社，2023.2（2025.7重印）

（高等职业教育旅游管理类专业精品课程教材新系）

ISBN 978-7-5654-4727-3

Ⅰ.前…　Ⅱ.①秦…②王…③孟…　Ⅲ.①饭店-商业服务-高等职业教育-教材②饭店-商业管理-高等职业教育-教材　Ⅳ.F719.2

中国国家版本馆CIP数据核字（2023）第013417号

东北财经大学出版社出版

（大连市黑石礁尖山街217号　邮政编码　116025）

网　　址：http://www.dufep.cn

读者信箱：dufep@dufe.edu.cn

大连天骄彩色印刷有限公司印刷　东北财经大学出版社发行

幅面尺寸：185mm×260mm　　字数：325千字　　印张：16.5

2023年2月第4版　　　　　　2025年7月第6次印刷

责任编辑：许景行　石建华　李丹　　责任校对：伊一

封面设计：冀贵收　　　　　　　　　版式设计：原皓

定价：43.00元

总序："'整体论'课程观"指导下的新时代中国特色高等职业教育专业教材建设

改革开放以来，中国高等职业教育教学改革的重要任务，是通过回眸西方主要发达国家课改历程，分析其各阶段主流教育理念和课程模式的利弊得失，在"逻辑反思"基础上，探索新时代中国特色高等职业教育专业教材建设创新之路。

"21世纪新概念教材：'多元整合型一体化'系列"，就是在这种分析、反思和探索中，由东北财经大学出版社携手国内高职院校众多知名专业带头人共同推出的。

一、教材定位

本系列专业教材定位以"延伸阅读0-1"中阐述的"'整体论'课程观"为释题依据，以"延伸阅读0-2"中阐述的"美西方国家课改回眸"为事实依据，以"延伸阅读0-3"中阐述的"逻辑反思"为借鉴依据，以"延伸阅读0-4"中阐述的"中国高等教育课改"为经验依据，以"延伸阅读0-5"中阐述的"中国高等职业教育课改对策"为对策依据，以"延伸阅读0-6"中阐述的"弯道超车"为"'整体论'课程观"理论依据，以"延伸阅读0-7"中阐述的"简要表述"为结论依据①。其相关"模式选择"可简述如下：

1.21世纪新概念

在"代型设计"上，本系列专业教材名为"新概念"，是指以"'整体论'课程观"为教材建设的"指导理念"；冠以"21世纪"，是因为该"指导理念"吸收了世界特别是欧美发达国家高等教育课程改革21世纪主流趋势的合理内核②，并带有"弯道超车"的新时代中国特色。

2."多元整合型"一体化

"'多元整合型'一体化"作为本系列教材的"代型设计"定位，有两层含义：

含义之一是指教材体系蕴含"三重整合"的"一体化"。"三重整合"即"'专识与通识'整合""'专能与通能'整合""'整体知识'与'整体能力'整合"。

含义之二是指教材设计"四大环节"的"一体化"。"四大环节"即"理论"

① 见"总序"二维码"延伸阅读0-1"至"延伸阅读0-7"。
② 在世界高等教育领域，20世纪末至21世纪初，课程与教材建设的大势所趋是向"'整体论'课程观"转型。其间呈现的"整体论"课程模式多种多样，诸如：整合"专能"与"通能"的"整体能力观"（美国"职业群集课程"、英国BTEC课程、德国"双元制"课程，20世纪70至80年代）；整合"职业教育与学术教育"的AIO、STW和STC（美国社区学院，20世纪90年代）；整合"专识"与"通识"的"整体知识观"课程（美国普通高校，1990）；博洛尼亚进程"中的"整体能力观"（29个欧洲国家，1999—2010）；整合"职业教育"与"普通教育"的"一体化"课程（美国，21世纪初）；兼顾"学术性因素"与"典型职业性因素"的《教育与培训框架2020》（欧盟委员会，2010）；整合"整体知识观"与"整体能力观"的"21世纪技能""PISA 2018全球胜任力评估框架"（美国，2011，2017）和中国普通高校"双一流大学建设"（2017—2022）。

学习微平台

延伸阅读0-1

学习微平台

延伸阅读0-2

学习微平台

延伸阅读0-3

学习微平台

延伸阅读0-4

学习微平台

延伸阅读0-5

学习微平台

延伸阅读0-6

"实务""案例""实训"。此处的"一体化"有三层含义：一是指每门专业课教材的"四大环节"，从"学习目标"到"教学内容"，再到"基本训练"和"考核评价"一贯到底；二是指每章"四大环节"皆向"预期胜任力"的"阶段性建构"聚焦；三是指各章"预期胜任力"的"阶段性建构"通过"终极体验"，收官于其全课程的"总体性建构"。

3.类型与层次

在"教育类型"上，本系列教材区别于"普通高等教育"和"应用本科教育"教材，

定位于"高等职业教育"；在教育层次上，本系列教材介于"中等职业教育"和"专业研究生教育"之间，定位于"高职高专"。

在教材类型上定位于"高职高专"，就是其内容重心不在"学科知识"及其"应用"，而在"技术"及其"应用"；在教材层次上定位于"高职高专"，就是以教育部新近颁布的财经商贸大类和旅游管理大类"高等职业学校专业教学标准"为层次标准。

4.编写原则

在编写原则上，本系列教材编写以教育部《职业院校教材管理办法》中的"总则"为原则，以贯彻落实其中"一个坚持"、"六个体现"、"四个自信"和"第十二条"各项要求为基点，以《中国教育现代化2035》及其实施方案中提出的"指导思想""八大基本理念""总体目标""十大战略任务"为全面指导。

5.课程类型

在"课程类型"上，本系列教材兼顾"学术性"与"职业性"、"人本主义"与"工具主义"、"道德主义"与"功利主义"。

兼顾"学术性"与"职业性"，就是体现课程的"职普融通"，即体现"教育链"、"'学术链''技术链''产业链'"和"人才链"有机衔接。

兼顾"人本主义"与"工具主义"，就是使课程既具有"人本属性"，又具有"工具属性"。课程的"人本属性"是指坚持"以人为本"，把全面提高学生的教育水平、文化品位、价值追求作为课程的根本；课程的"工具属性"是指把树立大学生的"服务意识"作为课程的宗旨。

兼顾"道德主义"与"功利主义"，就是使课程既具有"道德属性"，又具有"功利属性"。课程的"道德属性"是指把"社会公德"和"职业道德"作为课程价值的主导取向[①]；课程的"功利属性"是指把"为社会、为国家、为人民谋利益"作为课程价值的基本取向，把"三个有利于"作为判断课程价值的最终标准。

6.课程导向

在"课程导向"上，本系列教材正视并顺应欧盟 **QF-EHEA** 和 **EQF** 弃用"工

---

① "道德属性"或"立德树人"，即"扎根中国大地，站稳中国立场，充分体现社会主义核心价值观，加强爱国主义、集体主义、社会主义教育，引导学生坚定道路自信、理论自信、制度自信、文化自信，成为担当中华民族伟大复兴大任的时代新人"。

作导向"和向"学习结果"转型的主流趋势，并由此前行，从"专注学习结束"进向"兼顾'预期胜任力'连同其'发育过程'"。

"新系"的"兼顾导向"，以""职业个体学力发育'与'职业成体行动'的主导机制不同"为理论依据。

"新系"的"过程模式"选择""学力发育'导向"。其中："学力"是指"通过学习获得的能力"，"职业学力"包括"学术""技术""技能""价值"四重基本要素（以下简称"四重要素"）；"发育"是借用生物学概念，指高职院校在校生"职业学力"的发展，即其从高中阶段"原格局"到高职毕业之"完全成熟"的变化过程（包括各学期其在课程教学中经历的变化过程）。

"新系"的"目标模式"选择""预期胜任力'导向"，即将"有机论"的"内在目的性"作为方法论主导原理，以"预期胜任力生成（成熟）"为最终"目标状态"。"目标模式"可阶段化和具体化为专业教材各章的"学习目标"。

7.课程目标

以"课程标准"为总体规划和基本依据的"课程目标"，是"课程标准"的具体化和细化，即课程实施应达到的预期结果；在教材中、"课程目标"通过"学习目标"得以实现。

本系列教材用""传承'为主，兼顾'创新'"模式取代"专注'传承'"的传统"目标描述"。

1）传承型目标

""传承型'目标"以"健全职业人格①"为"整合框架"，以全人类共同价值、党和国家意志、社会主义核心价值观及道德伦理等"多维规范融入"为"价值引领"，通过各章"学习目标"中的"理论目标""实务目标""案例目标""实训目标"等环节和侧面的阶段性"学力'结构–建构'"，实现向""预期胜任力'生成"的课程"总目标"汇集和聚焦。其中：

"理论目标"描述"应当学习和把握"的"学科知识"（陈述性知识），包括概念、原理、特点和作用等；"可据以指导"的各种认知活动，包括"同步思考"、"教学互动"、"随堂测"和"基本训练"中"理论题"各题型；"应当体验"的"初级学习"中"专业认知"的横向正迁移，以及"相关胜任力"中"专业认知要素"的阶段性生成。

"实务目标"描述"由原理向技术延伸"，即："应当学习和把握"的"专业规则与方法"（"程序性知识"）；"可据以解析"的"基本训练"中"实务题"各题型；"应当体验"的"初级学习"横向正迁移，以及"相关胜任力"中"专业技术要素"的阶段性生成。

"案例目标"描述"应当多元表征"的"专业情境"和"思政情境"；"应当体验"的"高级学习"中"专业知识""通用知识""思政元素"的协同性重组迁

---

①　"健全职业人格"作为立足于中国特色社会主义制度、物质经济关系、科学技术、道德文化、价值取向、理想情操、行为方式和全球视野等全方位"职业要素"的整合框架，是新时代中国职业人"职业胜任力"的核心和灵魂。

移，以及"相关胜任力"中"认知弹性要素"的阶段性生成。

"实训目标"描述关于"技术应用"的实践操练，即："应当完成"的各项实训任务；"应当实施"的系列技能操作；"应当融入"的"专业能力""通用能力""职业道德"等多维素质要素；"应当准备、撰写与讨论"的《实训报告》；"应当体验"的"实践学习"中"专能"、"通能"与"职业道德"元素的协同性"重组-产生"迁移，以及相关胜任力中"求知韧性"和"复合性'技术-技能'"要素的阶段性生成。

2）创新型目标

"创新型目标"聚焦"自主学习""教学闭环""产学研结合"三者中的"觅母突变"。一方面，将"4Cs"导入"自主学习"和"教学闭环"中，更新"四重要素"；另一方面，通过"产学研结合"，发展"四重要素"。

3）整合型目标

"'整合型'目标"作为"综合训练"的"训练目的"，汇总各章"传承型学习"中的"既定习得"，将其与"自主学习""教学闭环"和"产学研结合"中更新和发展的"四重要素"融为一体，并将基于后者的"技术应用"作为专业课"终极体验"的"综合实训"题目①。

8. 课程内容

在"课程内容"上，本系列教材对标新近修订的国家专业教学标准，重点反映"知识经济""数字经济""服务经济""体验经济""共享经济"叠加背景下的现代服务业新发展，特别是反映与5G、人工智能、生物技术、大数据、云计算、物联网和智能移动终端App等新技术融合的新趋势，突出现代服务业"两新四高"的时代特征，即"新服务领域""新服务形式""高'文化品位和技术'含量""高增值服务""高'素质和智力'的人力资源结构""高'情感体验和精神享受'的消费服务质量"。

就内容布局而言，本系列课程教材兼顾"传承与创新"，以体现"'科学⇌技术⇌产业'"辩证关系的"协同性共建"为"展开模式"，即：一方面，通过"传承机制"将教学内容展现在相互联系、密不可分的"认知基础""技术延伸""情境表征"和"技术应用"诸环节，重点反映专业领域的"高新技术规范"，突出"技术延伸"和"技术应用"在高职高专专业课教学中的"重心"地位；另一方面，通过"创新机制"，将"教学闭环"和"产学研结合"中产生的"觅母突变"同步反馈到"课程觅母"中。

"认知基础"是指专业"理论"（包括"基础研究中的创新"）中的"主要概念和基本原理"；"技术延伸"是指基于"认知基础"的"实务知识"，即专业"基础理论"在"应用研究"中发明、创造与开发的"新成果"，包括"新方法、新规范、新规则、新标准、新工艺"；"情境表征"是指能够用"'认知基础'和'技术延伸'"分析的关于"学术-技术-价值"的案例知

---

①　课程"终极体验"比照专业"顶峰体验"而来，后者是美国《博耶报告》倡导的"多种学习方式"之一（详见博耶本科教育委员会.彻底变革本科教育［J］.全球教育展望，2001（3）：67-73.）。

识；"技术应用"是指应用"新技术"的"同步体验"和"终极体验"，即"实践学习"中的"'技术-技能'操作"。

"课程内容"四环节的分量关系，是兼顾"学科知识"与"产业实践"两端，重在"'技术'的'传承-创新'与'应用'"，做到"'理论教学'必需够用、'实务教学'周详充分、'案例教学'典型多样、'实训教学'具体到位"。

"课程内容"中的"思政要素"即"价值引导"，体现在教材各章正文、功能性专栏、"基本训练"相关题型和考核评价中。

9.课程设计

在"课程设计"上，本系列教材兼顾"目标模式""过程模式""情境模式"。课程设计的"目标模式"，是指"学力'结构-建构'"的"总目标"，即专业"'预期胜任力'生成"；课程设计的"过程模式"，是指前述"学力发育导向"；课程设计的"情境模式"，是指关于"'校本学习'专业'课程觅母'选择"的"内外情境"要素。其中：

"'校本学习'专业'课程觅母'选择"，就是从"基于教育类型和层次定位"的专业"文化觅母库"之"价值链""学术链""技术链""产业链""教育链"中，择优选取"人类文化'传承-发展'信息"要素。

"内外情境"要素中的"内部情境"，是指"教学闭环"内"参与'觅母表达'"的各种要素关系；"外部情境"，是指其"教育环境"中的诸多要素关系。

10.课程组织

在"课程组织"上，本系列课程教材兼顾"要素组织"和"结构组织"。其中："课程要素组织"对标"深度融合"中的"当代前沿'学科知识'与'技术规则'要素关系"；"结构组织"既关注"层次结构"的合理化，又关注"内容结构"的无限化。

对标"深度融合"中的"当代前沿'学科知识'与'技术规则'要素关系"，就是课程的"学术性要素"与"职业性要素"依照"纵向为主，横向为辅，纵横交错"的线索展开；"层次结构的合理化"，就是合理配置"深层""中层""浅层"知识，通过深层知识对中层知识、中层知识对浅层知识的"一般性"、"稳定性"和"指导性"作用，赋予课程以应对"知识流变"的弹性；"内容结构的无限化"，就是在"授之以鱼"的同时"授之以渔"，即通过"学会学习"，导入关于"学习理论"、"学习方法"与"学习策略"的"自主学习'否定性'"机制，赋予课程以应对"从学校到生涯"的"知识流变"之无限潜力。

11.课程方法

在"课程方法"上，本系列教材以"中心法则"假说为理论依据，将"学科中心"与"工作中心"、"知识中心"与"活动中心"、"教师中心"与"学生中心"等"两极对立"，以及"多中心""无中心"等传统执念，转型为"以'觅母表达过程'为中心，以'教师为引导、学生为主体'、'教学闭环与教育环境良性互动'为'开放系统'"的"'整体论'方法"模式。

12.教材结构

在"教材结构"上，高职高专的专业课教材此前有两个主要选项，即"模块化结构"和"多样化结构"。

"模块化结构"是北美DACUM、国际劳工组织MES和德国"双元制""工作导向"课程结构的标配；"多样化结构"是欧盟各国QF-EHEA和EQF"学习结果导向"课程结构的标配。

鉴于"工作导向"被QF-EHEA和EQF"范式转换"多年，已不可取；"学习成果导向"不仅方法论基础有局限性，而且重"结果"轻"过程"，特别是轻"校本学习"中"教学闭环"的"过程"，是"一种倾向掩盖另一种倾向"，也不足取。

本系列教材的"课程导向"兼顾"过程模式"（学力发育）与"目标模式"（预期胜任力），且其"要素结构"以"纵向为主，横向为辅"，故以"章节结构"为教材结构的标配。

13.教学途径

在"教学途径"上，本系列课程教材的"理论教学"遵循"从抽象上升到具体"的路径；"实务教学"同步跟进，向"技术环节"延伸；"案例教学"紧随其后，穿插其间；"实践教学"理实统一，从阶段性收官。

"教学途径"如此布局的理论依据如下：麦克·扬"基于知识分化的理论"观点，即关于"强有力的知识"是"专门化的""系统性的、通过概念在'学科'或'科目'的形式下彼此系统关联"的观点[①]；马克思关于"从抽象上升到具体的方法"是"科学上正确的方法"[②]；J.安德森"产生式迁移理论"关于"'产生式规则'的获得必须先经历一个'陈述性阶段'"；弗拉威尔"认知策略迁移理论"关于"'反省认知过程'是在新的情境下使用'认知过程'的前提"；斯皮罗（R.J.Spiro）和乔纳生（D.H.Jonassen）"认知灵活性理论"关于"'高级学习'以'初级学习'为前提"；约翰·杜威关于"学习也来自经验"；库尔特·勒温关于"理论应该与实践统一"；让·皮亚杰关于"智力在体验中形成"。

14.教学方法与学习方式

在"教学方法"上，本系列教材将各种教学方法"兼收并蓄"，即将"学导教学法""互动教学法""案例教学法""讨论教学法""体验教学法""分众教学法""项目教学法"等诸多教学法，有针对性地运用于相应教学环节，使其相得益彰。

在"学习方式"上，融"听讲学习""自主学习""协作学习""讨论学习""互动学习""探究学习""考察学习""实践体验学习""网络学习"等多种方式于一体。

---

① YOUNG M，LAMBERT D.Knowledge and the future school：curriculum and social justice［M］.London：Bloomsbury，2014：74-75.
② 参见中共中央马克思恩格斯列宁斯大林著作编译局.马克思恩格斯文集：第8卷［M］.北京：人民出版社，2009：25.

15. 课程训练

在"课程训练"上，本系列教材通过各类题型——对标四大"学习目标"和"教学环节"的"理论题""实务题""案例题""实训题"————操练，复习与巩固"单元教学"的各种习得，体验不同类型的"学习迁移"，强化"学术""技术""技能""价值"等要素"聚焦'胜任力'"的"学力阶段性"建构。

教材末章之后设有作为课程"终极体验"①的"综合训练"，旨在体验将"产学研结合"和"教学闭环"（特别是"自主学习"）中获得的"技术更新"与先前各章"技术习得"融为一体的"'传承−创新'型""胜任力建构"。

在上述训练中，着眼"高素质"人才的"核心素质"培养，本系列教材借鉴英国"普通国家职业资格证书"（GNVQ）课程中关于"'通用知识'应用转化为'通用能力'"授课方式，通过学生组建学习团队，自主学习和应用教材所附"'职业核心能力训练'参照知识和规范"，将"通识"和"通能"融入各章"案例分析""课程思政""实训操练"等"专业能力"、"4Cs"和"韧性"的诸训练环节中。

16. 课程考核

关于"课程考核"，本系列课程教材的定位如下：

考核模式：采用"寓练于考""以考促练"的"多元整合型"考核模式，兼顾"知识测试"和"能力与素质评估"，"融多种考核方式于一体"，即融"理论考核""实务考核""案例考核""实践考核"，以及"形成性考核"与"成果性考核"（课业考核）等考核方式于一体。其中："成果性考核"系借鉴欧盟 QF-EHEA 和 EQF "学习结果"范式中"强化教育输出端管理"的合理内核，请产业界代表参与考核评估和质量把关。

考核目的：全面测评学生在本课程教学训练活动中"学习目标"的达标程度，重点评估以"预期胜任力"为"建构总目标"的"学力建构"阶段性水平。

考核种类：针对考生"学力建构"各阶段不同层面和要素，兼顾"理论题考核"、"实务题考核"、"案例题考核"和"'实训题/自主学习'考核"。

17. 评价原则

在"评价原则"上，本系列教材定位于"改进结果评价，强化过程评价，探索增值评价，健全综合评价，完善素质评价，提高评价的科学性、专业性和客观性"，致力于建构新时代中国特色高等职业教育专业课程考核评价体系。

18. 质量管控

在"质量控制"上，本系列教材建设坚持基于"产学研结合"的"质量管理"，邀请行业、企业代表及相关领域专家参与由领衔编者主导的教材设计、编写与质量管控②。

二、各阶段融入要素

1. 关于"人才培养目标"

关于高职高专"人才培养目标"定位，本系列教材建设对标各阶段文件精神

---

① 相对于"专业胜任力建构"的"顶峰体验"，每门课程的"终极体验"都是一种"阶段性体验"。
② 最好请通晓当代课程理论研究最新成果的课程专家担任教材设计顾问。

与要求，同步跟进和转型如下：

"以培养高等技术应用性专门人才为根本任务"（教育部，2000）；"培养生产服务第一线的高素质劳动者和实用人才"（国务院，2002）；"培养高素质的技能型人才，特别是高技能人才"（教育部，2003）；"培养面向生产、建设、管理、服务第一线需要的高技能人才"（教高〔2006〕16 号）；"以培养高端技能型人才为目标"（教育部，2011）；"培养高端技能型人才"（教职成〔2011〕9 号）；"培养产业转型升级和企业技术创新需要的技术技能型人才"（国发〔2014〕19 号）；"培养掌握新技术、具备高技能的高素质技术技能人才"（《现代职业教育体系建设规划》，2014—2020）；"培养创新型人才是国家、民族长远发展的大计。当今世界的竞争说到底是人才竞争、教育竞争。要更加重视人才自主培养，更加重视科学精神、创新能力、批判性思维的培养培育。要更加重视青年人才培养，努力造就一批具有世界影响力的顶尖科技人才，稳定支持一批创新团队，培养更多高素质技术技能人才、能工巧匠、大国工匠"（习近平总书记在中国科学院第二十次院士大会、中国工程院第十五次院士大会和中国科学技术协会第十次全国代表大会上的讲话，2021）；党的二十大报告强调，"育人的根本在于立德。全面贯彻党的教育方针，落实立德树人根本任务，培养德智体美劳全面发展的社会主义建设者和接班人"。

在所述"跟进"与"转型"的靠后阶段，为及时对接"基于'科学-技术-产业'融合"的中国"'技术-产业'链"升级（特别是"新质生产力"）对高级人力资源（特别是"新质型人才"）的新需求，本系列教材结合"经管类服务业"特点，着眼高职高专"培养以'健全职业人格'为职业灵魂，富有科学精神、人文精神、创新精神、政治素质、'4Cs'和'韧性'，'德、知、技、能并修'的新时代'高素质''高技术等级'的'技术-技能'型人才"这一总定位，进一步提升了由公共基础课和专业课体系支撑、作为专业"职业表型"的"预期胜任力"建构内涵。

2. 关于"自主学习"

联合国教科文组织研究表明：进入 21 世纪，不少学科知识更新周期已缩短至 2～3 年。不仅如此，如《今日世界》作者所指出的，整个"工作世界"都处于变化中，而且变化会越来越快。

这意味着，学生在校学习的旨在"与工作世界对接"的"学习结果"中，有相当多的知识在毕业后已经过时。

为应对日益加速的"知识流变"和"工作世界变化"，本系列教材自 2017 年起，将"自主学习"视为与"实训操练"同等重要的能力训练：在奇数各章用"自主学习"替换先前各版的"实训操练"，或将"自主学习"直接融入"实训操练"的"技能训练"中，借以培育学生适应"知识流变"的"求知韧性"。

3. 关于"教育信息化"

1）二维码资源

为落实教育部关于"进一步推进职业教育信息化发展"，"推广……移动学习等信息化教学模式"(教职成〔2017〕4号)和"推进教育教学与信息技术深度融合"(《教育部高教司 2018 年工作要点》)等文件精神,本系列教材建设从 2019 年起增加了可以经常更新的二维码教学资源,旨在解决传统教材所缺少的"互联网+"移动学习,即纸质教材知识信息相对滞后的问题。

2)专业教学资源库

为落实《教育信息化 2.0 行动计划》(教技〔2018〕6号)中关于"升级职业教育专业教学资源库建设,丰富职业教育学习资源系统"要求,本系列教材及时将网络教学资源由原来的 3 种扩充为包括"课程概要""教学大纲""教学日历""电子教案""PPT课件""学生考核手册""参考答案与提示""学习指导"8 种。

4. 关于"三教改革"、"评价改革"和"立德树人"

为全面落实《国家职业教育改革实施方案》(国发〔2019〕4号)、《关于实施中国特色高水平高职学校和专业建设计划的意见》(教职成〔2019〕5号)、《职业院校教材管理办法》、《深化新时代教育评价改革总体方案》(中共中央、国务院,2020)和《职业教育提质培优行动计划(2020—2023年)》(教职成〔2020〕7号)等文件要求与精神,本系列教材建设重点落实"三教"改革中的"教材、教法改革"和"总体方案"中的"教育评价改革",特别是落实"在立德树人根本任务方面,进一步创新思想政治教育模式,将社会主义核心价值观融入专业课教材"等要求。

5. 关于"党的二十大精神进教材"

依照《中共中央关于认真学习宣传贯彻党的二十大精神的决定》中关于"加快推进党的二十大精神进教材、进课堂、进头脑"要求,自2022年年底起,本系列教材建设将研究和落实"育人的根本在立德""培养德技并修"的"高素质'技术-技能'型人才"的"人才强国战略",作为新时期高职高专院校专业课程教材改革的根本任务。

6. 关于"职普融通"和"产学研结合"

为贯彻《关于深化现代职业教育体系建设改革的意见》文件精神,自2023年起,本系列教材建设阶段性落实"以教促产、以产助教、产教融合、产学合作,延伸教育链、服务产业链、支撑供应链、打造人才链、提升价值链"等文件要求,致力于探索体现"产学研合作"和"'科学链''技术链''产业链''教育链'协同发展"的具体方式。

7. 关于"加强课程教材体系建设"

自2023年秋季起,本系列教材根据相关文件要求,在建设规划中提出"进一步优化教材体系"和"强化质量控制"的要求,具体如下:

1)关于体系优化

以《中国教育现代化2035》及其实施方案中提出的"指导思想""八大基本理念""总体目标""十大战略任务"为全面指导,致力于落实关于"加强课程教材体系建设",特别是"科学规划课程""充分利用现代信息技术""丰富并创新课程形式""增强教材的思想性、科学性、民族性、时代性、系统性""完善教材编写、修订"等任务要求，并以同期修订的"总序"为契机深化共识，探索新时代中国特色高等职业教育专业课程与教材体系建设的"弯道超车"之路。

2）关于质量控制

贯彻落实《教育部办公厅关于加快推进现代职业教育体系建设改革重点任务的通知》（教职成厅函〔2023〕20号）任务八中关于优质教材建设要求，本系列教材在"质量控制"上，请"教育理论学者""科技专家""产业行家"参与教材设计、编写和质量把关。

许景行
2010年9月初稿
2024年6月修订

第四版前言

本书自2011年出版以来，3次再版，10次印刷，相继入选"十二五""十四五"职业教育国家规划教材，被越来越多的高职院校采用。值此第四版出版之际，向广大师生和读者表示最诚挚的谢意，大家的认可，是我们与时俱进、精益求精、努力进取的动力。

本书第四版以党的二十大精神为指引，以教育部《职业院校教材管理办法》中的"总则"为原则，以贯彻落实"一个坚持"、"六个体现"、"四个自信"和"第十二条"各项要求为基点，以《中国教育现代化2035》及其实施方案中提出的"指导思想"、"八大基本理念"、"总体目标"和"十大战略任务"为全面指导，在前三版的基础上，对教材进行了优化升级，具体如下：

1.教材体系建设

20世纪60年代以来盛行于西方发达国家职业教育的"工作导向"，于21世纪头10年，就被作为欧盟各国职教改革主流范式的EQF"学习结果"取代。正视这一"范式转换"的积极意义，并由此继续前行，探索新时代中国特色高等职业教育专业课程体系建设之路，中国职教界责无旁贷。

在此背景下，为阶段性落实《中国教育现代化2035》及其实施方案中关于"加强课程教材体系建设"，特别是"科学规划课程"、"充分利用现代信息技术"、"丰富并创新课程形式"、"增强教材的思想性、科学性、民族性、时代性、系统性"和"完善教材编写、修订"等任务要求，本书第四版遵循"总序"阐明的"共识"，在教材的"类型与层次""编写原则""结构"，课程的"设置""导向""目标""内容""组织""方法""训练、考核与评价"，以及教学的"途径"和"方法"等方面，都做了较为系统的调整和优化，将以"'整体论'课程观"为指导理念，以"内在目的性"为方法论主导原理，以"课程觅母表达"为中心，以"学力发育"为"过程模式"，以"胜任力建构"为"目标模式"，以教师为引导，以学生为主体，以"教学—训练—考核"为主线的"'教、学、做、评'合一"，作为教材体系建设的基本定位。

2.教材内容建设

在教材内容建设上，对标高职高专教育侧重"技术延伸与应用"、培养"技术技能人才"的层次定位，本次修订的更新优化如下：

（1）对标国家专业教学标准，反映"知识经济""数字经济""服务经济""体验经济""共享经济"叠加背景下的旅游业发展新趋势，局部更新了教学内容。

（2）加强思政建设。全面推进课程思政建设，是落实习近平总书记关于立德树人、全面提高人才培养质量要求的首要任务。本次修订在"思政建设"上进行了充实提升：第一，结合教学内容需要，添加了党的二十大内容；第二，将"教学目标"中的原"案例目标"的"职业道德与企业伦理"升级为"课程思政"，促进"立德树人"根本任务的落实；第三，与此同步，将每章正文"职业道德与企业伦理"专栏和章后"基本训练"中的"善恶研判"题型，统一升级为"课程思政"，并扩充了案例中的思政元素内涵；第四，在课程考核评价上，加入了"思政标准"。

（3）优化了各章"学习目标"：一是增添了"学习迁移"要求；二是将各种"学力要素"建构的要求具体化。

（4）用反映前厅客房最新前沿知识的教学内容（如"酒店VR预订""人工智能总机"等）更换了相对陈旧（如"信函订房""访客留言服务""挂接国内国际长途"等）的教学内容。

（5）纠正了先前三版中插图视频较少、体现实务教学内容的不足，增加了关于表格、图片、视频的二维码资源，以及"前台接待客人"和"迎宾迎送客人"等操作图片。

（6）用与时俱进的典型案例和资源链接，更换了原教材中已无时效性的案例或个案建议。

（7）增加了二维码"随堂测"等可视、可训练、可互动、可考核的教学资源。

（8）增加前厅部基础、客房部基础两个新的章目，原有章目重新进行了排序。

（9）更新二维码教学资源，修订了"主要参考书目"。

3.教材配套资源建设

在教材配套资源建设上，本次修订对原网络教学资源进行了升级和扩充，将原来的3种扩充为8种，即课程概要、教学大纲、教学日历、电子教案、PPT教学课件、参考答案与提示、学习指南、学生考核手册。使用本教材的教师可登录东北财经大学出版社网站（www.dufep.cn）下载和使用这些教学资源。

4.教材质量管控

在教材质量控制上，本次修订坚持基于"产学研结合"的"教材设计"和"质量管理"，请教研专家和产业行家全程参与。在"教材体系优化"、"内容向'技术延伸与应用'倾斜"以及"质量把关"等方面，他们做出了宝贵的行业指导。

本书第四版由山东水利职业学院秦承敏、王常红、孟文燕担任主编，山东水利职业学院李航、青岛理工大学林灏、山东舜和酒店集团白璐担任副主编。具体分工如下：第6、7、8、9章由王常红编写，第3、4、5章由孟文燕编写，第1章由李航编写，第2章由林灏编写。各章二维码音视频资料由作者团队制作。全书最后由秦承敏、白璐总纂定稿。"总序"和书后的五个"附录"由东北财经大学出版社许景行编审撰写。

　　本书可作为高职高专院校酒店管理专业及相关专业的通用教材，也可供企业在职人员培训使用。

　　在编写过程中，我们借鉴和参考了大量国内外的相关教材、著述及网络资料，同时也得到了日照市岚桥锦江大酒店、山东舜和酒店集团行业专家的大力支持。在此，谨向所有相关作者与单位表示诚挚的感谢。由于作者水平有限，加上时间仓促，书中缺陷和错误在所难免，敬请读者朋友不吝赐教。

作　者

2022年10月

2024年5月修订

目 录

第1章　前厅部基础 / 1

学习目标 / 1

引例　禧玥酒店 / 2

1.1　前厅部的地位与作用 / 2

1.2　前厅部的组织机构 / 4

1.3　前厅部部际沟通 / 10

1.4　前厅部大堂功能布局 / 16

本章概要 / 18

基本训练 / 20

单元考核 / 24

第2章　前厅客房预订业务 / 25

学习目标 / 25

引例　华住会 / 26

2.1　预订的方式与类别 / 26

2.2　前厅部预订员的服务技术 / 33

本章概要 / 42

基本训练 / 43

单元考核 / 48

第3章　前厅客房销售 / 49

学习目标 / 49

引例　香格里拉酒店的全新会员计划——香格里拉会 / 50

3.1　前厅客房销售的基础知识 / 50

3.2　客房价格的管理 / 55

本章概要 / 60

基本训练 / 61

单元考核 / 67

第4章　总台接待 / 68

学习目标 / 68
引例　塑造一张"脸"，打造一个店 / 69
4.1　总台接待概述 / 69
4.2　入住接待服务 / 71
本章概要 / 84
基本训练 / 86
单元考核 / 90

第5章　前厅系列服务 / 91

学习目标 / 91
引例　中国年龄最大的门童 / 92
5.1　礼宾服务 / 92
5.2　金钥匙服务 / 102
5.3　问询邮件服务 / 104
5.4　总机服务 / 108
5.5　商务中心服务 / 111
5.6　收银服务 / 112
本章概要 / 120
基本训练 / 121
单元考核 / 127

第6章　客房部基础 / 128

学习目标 / 128
引例　希尔顿和雅高集团的客房 / 129
6.1　客房部的地位与作用 / 129
6.2　客房部的组织结构 / 132
本章概要 / 139
基本训练 / 140
单元考核 / 144

第7章　客房清洁卫生服务 / 145

学习目标 / 145
引例　酒店的卫生 / 146
7.1　客房的清洁整理 / 146
7.2　公共区域的清洁保养 / 157
7.3　清洁设备及清洁剂 / 161

本章概要／163
基本训练／164
单元考核／168

第8章　客房设备用品管理／169

学习目标／169
引例　费尔蒙酒店／170
8.1　客房设备用品管理概述／170
8.2　客房设备管理／173
8.3　布件管理／175
8.4　客房用品管理／179
本章概要／182
基本训练／183
单元考核／189

第9章　客房安全管理／190

学习目标／190
引例　北京某酒店安全问题／191
9.1　客房安全／190
9.2　顾客安全／193
9.3　员工职业安全／201
本章概要／203
基本训练／204
单元考核／208

综合训练与考核／209

课业范例／216

主要参考文献／231

附　录／232

第1章
前厅部基础

● 学习目标
引例　禧玥酒店
1.1　前厅部的地位与作用
1.2　前厅部的组织机构
1.3　前厅部部际沟通
1.4　前厅部大堂功能布局
● 本章概要
● 基本训练
● 单元考核

学习目标

通过本章学习，应该达到以下目标：

理论目标：学习和把握"前厅部基础"的相关概念，前厅部的地位和作用，前厅部的业务特点，前厅部组织机构模式、主要岗位，部际沟通的内涵、目的、方式与常见问题，总台的功能标准及管理方式，以及二维码资源等陈述性知识；能用其指导本章"同步思考"、"教学互动"和"基本训练"中"理论题"各题型的认知活动，正确解答相关问题，体验本章"初级学习"中专业认知的横向正迁移。

实务目标：学习和把握前厅部的工作任务、主要岗位职责、人员素质要求，部际沟通方法和技巧，对内对外沟通的任务与要求，前厅设计的原则、依据与规范，前厅环境的设置与营造，以及"业务链接"等程序性知识；能以其建构"前厅部基础"的规则意识，正确解析本章和"基本训练"中"实务题"的相关问题，体验本章专业规则与方法"初级学习"中的横向迁移和"高级学习"中的重组性迁移。

案例目标：运用本章理论与实务知识研究相关案例，培养和提高在"前厅部基础"情境中的多元表征专业能力和"团队协作""与人交流"通用能力；结合"前厅部基础"教学内容，依照相关规范或标准，对专栏"课程思政1-1"和章后"课程思政-I"等案例中的企业及其从业人员行为进行思政研判，培养高尚的道德情操，树立社会主义核心价值观，体验本章"高级学习"中"专业"与"通用"知识和行为规范的重组性迁移。

自主学习：参加"自主学习-I"训练。在实施《自主学习计划》的基础上，通过阶段性学习和应用"附录一"附表1中"自主学习"（初级）"'知识准备'参照范围"所列知识，收集、整理与综合"前厅部的职能"前沿知识，并讨论、撰写和交流《"前厅部的职能"最新文献综述》，撰写《"自主学习-I"训练报告》等活动，体验本章"自主学习"中"专业"与"通用"规则和技能的"重组性"迁移。

引例　禧玥酒店

背景与情境：随着近年来"国潮来袭"，一些酒店开始采用新中式的设计。华住集团旗下高端品牌代表——禧玥酒店，打造了"新中式"酒店的新样本。这背后不仅是中国服务与中国品牌的崛起，更是中国情怀与自信的彰显。将"四雅"落实在酒店设计中，增强品牌竞争力。

东方传统四雅——焚香、点茶、挂画、插花在禧玥酒店得到了充分的体现：乌木桌案上一股缥缈怡人、似有若无的香气微微流动；茶器中散发着袅袅茶香，墙上挂着山水书画，窗前摆放着罗汉松铁枝虬干与奇石……种种元素交互在一起，形成了一幅品质感十足的画面。通过在酒店设计中融入东方元素，禧玥酒店对高端消费者以及爱好东方文化的消费者来说有着极强的吸引力，同时也彰显了东方服务的品质和魅力。

从禧玥酒店的每一处细节来看，东方文化和东方理念都融入其中，这是在高端酒店品牌领域中，中国品牌与国际品牌强有力的竞争利器。

（资料来源　佚名. 不止奢华，禧玥酒店彰显华住高端品牌力［EB/OL］．［2020-11-27］. https：//zhidao.baidu.com/question/368748010444951612.html.经过改编）

问题：禧玥酒店这样设计的原因是什么？

前厅是每一位宾客的必经之地，对宾客满意度及人身财产安全起着至关重要的作用，前厅部负责酒店客房商品的销售和组织、协调酒店各部门的对客服务工作，对酒店的形象和声誉产生着重要影响。

1.1　前厅部的地位与作用

1.1.1　前厅部的定义

前厅，位于酒店门厅处，是包括酒店大门、大堂、总服务台在内的为客人提供综合服务的区域。前厅是现代酒店对客服务的开始和最终完成的场所，也是客人对酒店产生第一印象和最后印象的地方，人们习惯把前厅喻为酒店的"门面""橱窗"，因此，前厅的服务与管理水平直接关系到酒店的经营命脉。

前厅部，又称前台部、大堂部，是酒店组织客源、销售酒店产品、沟通和协调各部门的对客服务，并为宾客提供订房、登记、分房、行李、电话、留言、邮件、委托代办、商务、退房等各项前厅服务的综合性部门。

1.1.2　前厅部的工作任务

前厅部在酒店中的地位作用，决定了它的基本工作任务就是推销客房商品及酒店其他产品，协调酒店各部门向客人提供满意优质的服务，使酒店获得理想的社会效益和经济效益。具体来讲，前厅部主要有以下几项工作任务：

1）销售客房商品

销售客房商品是前厅部的首要任务。客房是酒店出售的最主要的商品，客房收入是酒店经济收入的主要来源。同时，客房商品具有价值不可储存性的特征，因此前厅部的全体员工必须尽力组织客源，推销客房商品，提高客房出租率，以实现客房商品价值，增加酒店经济收入。前厅部销售客房的数量和达成的平均房价水平，是衡量其工作绩效的一项重要的客观标准。

前厅部销售客房商品通常包括以下工作内容：

参与酒店的市场调研和房价及促销策划的制定，配合营销部、公关部进行对外联系，开展促销活动；开展客房预订业务；接待有预订和未预订而直接抵店的客人；确定房价、安排住房，并办理客人的登记入住手续；控制客房的使用状况。

2）调度酒店业务，协调对客服务

调度酒店业务是现代酒店前厅部的一个重要功能。现代酒店是既有分工，又有协作、相互联系、相互承接的有机整体，酒店服务质量好坏取决于宾客的满意程度，而宾客的满意程度则是对酒店每一次具体服务所形成的一系列感受和印象的总和。在对客服务的全过程中，任何一个环节出现差错，都会影响服务质量，影响到酒店的整体声誉。前厅部作为酒店的"神经中枢"，承担着对酒店业务安排的调度工作和对客服务的协调工作。主要表现为：

（1）将通过销售客房商品活动所掌握的客源市场、客房预订及到客情况及时通报其他有关部门，使各有关部门有计划地安排好各自的工作并互相配合。

（2）将客人的需求及接待要求等信息传递给各有关部门，并检查、监督落实情况。

（3）将客人的投诉意见及处理建议及时反馈给有关部门，以提升酒店的服务质量。

为适应旅游市场需求，增强企业自身的竞争能力，现代酒店尤其是高档大中型酒店的业务内容越来越多，分工越来越细，前厅部的这种调度酒店业务功能也就显得尤为重要。

3）提供各项前厅服务

前厅部作为对客服务的集中点，除了开展预订和接待业务、销售客房商品、协调各部门对客服务外，本身也担负着大量的承接为客人提供日常服务的工作。主要包括：礼宾服务、问询邮件服务、电话总机服务、贵重物品保管服务、商务中心服务、其他服务（如旅游代办服务、票务预订服务等）。

4）处理客人账目

位于前厅的收银处，每天负责核算和整理各营业部门收银员送来的客人消费账单，为离店客人办理结账收款事宜，确保酒店的经济利益；同时编制各种会计报表，以便及时反映酒店的营业活动状况。收银处的隶属关系，因酒店而异，从业务性质来说，它一般直接归属于酒店财务部，但由于它处在接待客人的第一线岗位，在其他方面又需接受前厅部的管理。

5）提供有关酒店经营管理信息，建立客人资料和其他资料档案

前厅部作为酒店的信息传递中心，要及时准确地将各种有关信息加以处理，向酒店的管理机构报告，作为酒店经营决策的参考依据。

前厅部还要建立住店客人（主要是重要客人、常客）的资料档案，记录客人

在店逗留期间的主要情况和数据，掌握客人动态。对客史资料以及市场调研与预测、客人预订、接待情况等信息收存归类，并定期进行统计分析，形成以前厅为中心的收集、处理、传递及储存信息的系统。通过已掌握的大量信息来不断地改进酒店的服务工作，提高酒店的管理水平。

1.1.3　前厅部的地位与作用

1）前厅部是酒店业务活动的中心

前厅部是一个综合性服务部门，服务项目多，服务时间长，酒店的任何一位客人，从抵店前的预订，到入住，直至结账离店，都需要前厅部提供服务，前厅部是客人与酒店联系的纽带。前厅部通过客房商品的销售来带动酒店其他部门的经营活动，同时前厅部还需及时地将客源、客情、客人需求及投诉等各种信息通报有关部门，协调整个酒店的对客服务工作，以确保服务工作的效率和质量。所以，前厅部通常被视为酒店的"神经中枢"，是整个酒店承上启下、联系内外、疏通左右的枢纽。

2）前厅部是酒店形象的代表

酒店前厅部的主要服务机构通常都设在客人来往最为频繁的大堂。任何客人一进店，就会对大堂的环境氛围、装饰布置、设备设施和前厅部员工的仪容仪表、服务质量、工作效率等，产生深刻的"第一印象"。客人入住期满离店时，也要经由大堂，前厅服务人员在为客人办理结算手续、送别客人时的工作表现，会给客人留下"最后印象"，优质的服务将使客人对酒店产生依恋之情。因此说，前厅部是酒店工作的"橱窗"，代表着酒店的对外形象。

3）前厅部是酒店组织客源、创造经济收入的关键部门

为宾客提供食宿是酒店的最基本功能，客房是酒店出售的最主要商品。据统计，目前国际上客房收入一般占酒店总收入的50%左右，而在我国还要高于这个比例。前厅部的有效运转是提高客房出租率、增加客房销售收入，从而提高酒店经济效益的关键之一。

4）前厅部是酒店管理的参谋和助手

作为酒店业务活动的中心，前厅部直接面对市场、面对客人，是酒店中触觉最敏锐的部门。前厅部能收集到有关市场变化、客人需求和整个酒店对客服务、经营管理的各种信息，通过对这些信息进行认真整理和分析，每日或定期向酒店提供真实反映酒店经营管理情况的数据报表和工作报告，并向酒店管理机构提供咨询意见，可以作为制订调整酒店计划和经营策略的参考依据。

1.2　前厅部的组织机构

1.2.1　前厅部的组织机构模式

前厅部组织机构的具体设置，各酒店不尽相同。目前，根据我国酒店规模的差异，大致可分为以下几种模式。

1）酒店设客房事务部或称房务部，下设前厅、客房、洗衣和公共卫生四个职能部门

由这四个职能部门统一管理预订、接待、住店过程中的一切业务，实行系统管理。在前厅部内通常设有部门经理、主管、领班和服务员四个管理层次，一般为大型酒店所采用，如图1-1所示。

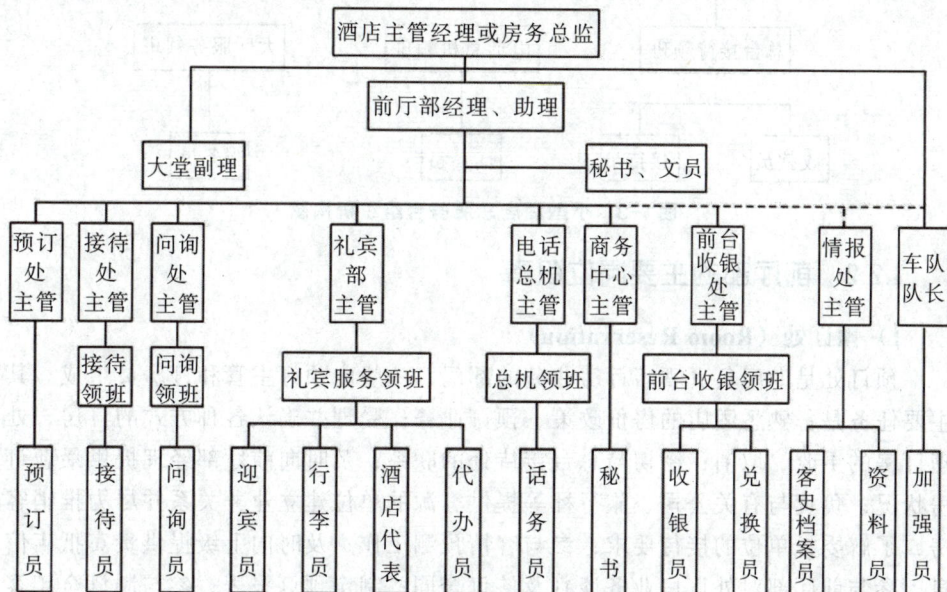

图1-1 大型酒店前厅部组织机构图

2）前厅部作为一个独立部门，直接向酒店总经理负责

在前厅部内设有部门经理、领班、服务员三个管理层次，中型酒店和部分小型酒店一般采用这种模式，如图1-2所示。

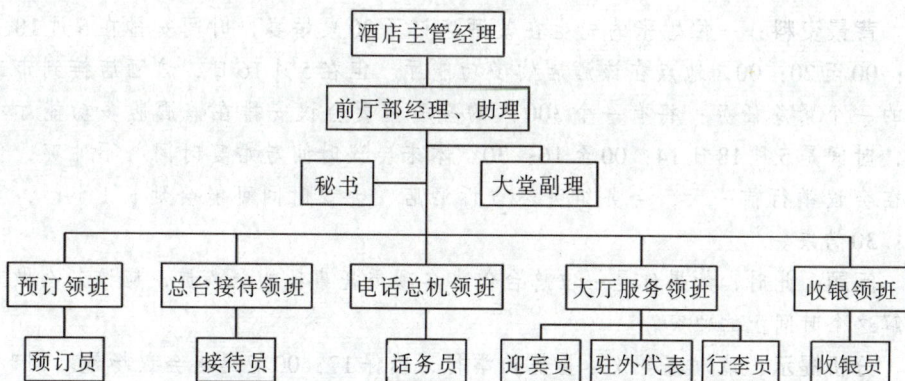

图1-2 中型酒店和部分小型酒店前厅部组织机构图

3）前厅部不单独设立部门，其功能由总服务台来承担

总服务台作为一个班组归属于客房部，只设领班（主管和总台服务员两个管理层次）。过去，小型酒店一般采用这种模式，如图1-3所示。随着市场竞争的加剧，许多小型酒店也增设了前厅部，扩大了业务范围，以强化前厅的推销和接

待功能，发挥前厅的参谋作用。

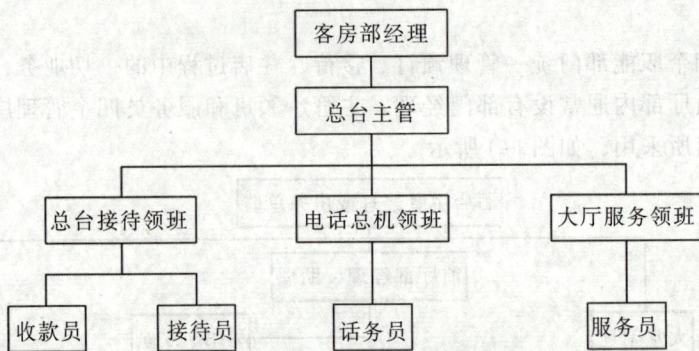

```
                    客房部经理
                        │
                    总台主管
                        │
        ┌───────────────┼───────────────┐
    总台接待领班      电话总机领班       大厅服务领班
        │               │               │
    ┌───┴───┐           │               │
  收款员  接待员      话务员           服务员
```

图1-3　小型酒店总服务台组织机构图

1.2.2　前厅部的主要岗位职责

1）预订处（Room Reservation）

预订处是专门负责酒店订房业务的部门，一般由预订主管和订房员组成。其主要任务是：熟悉酒店的房价政策、预订业务；受理并确认各种方式的订房，处理订房的更改、取消；密切与总台接待处的联系，及时向前厅部经理提供最新订房状况；负责与有关公司、旅行社等提供客源的单位建立业务关系并尽力推销客房，了解委托单位的接待要求；参与客情预测工作；及时向上级提供贵宾抵店信息，参与前厅部对外订房业务谈判及签订合同；制定预订报表；参与制订全年客房预订计划；加强和完善订房记录和档案管理。

同步案例1-1

麻烦的预订

背景资料：一位姓张的先生在某酒店订了20桌婚宴，时间安排在5月18日17：00至20：00，地点在该酒店的多功能厅。但在5月16日，该酒店接到市政府的一个紧急任务：将有一个300人的全省重要会议安排在该酒店多功能厅举行，时间是5月18日14：00至16：30。本来会议时间与婚宴时间并不冲突，但就在会议举行前一天，会务组突然告诉酒店，会议时间可能会延长1小时，至17：30结束。

问题：此时，如果你是一位总台代办各项委托事项的服务员，应该怎么做来缓解这个时间上的冲突？

分析提示：请政府会议尽量提前举行，确保17：00能退出会议场地。同时，在开会之前提前将大部分婚宴用品置于会场一角，安排足够的人力准备紧急调派，以备会议一结束即能布置现场。向客人说明实情，请求婚宴延后25~35分钟举行。这是解决问题较好的方式之一。因为政府会议的时间弹性比较大，有伸缩的余地；而5月份的天暗下来较迟，参加婚宴的人往往会比预定时间来得晚，一般等全部宾客到齐后与原定时间差半小时也属正常。关键是要把原因向双方说清楚，特别是对婚宴，酒店要做好打突击战的充足的准备工作，确保能在 17：30 之前一切就绪。如处理得当，鱼与熊掌在某些时候是可以兼得的。

2）接待处（Reception）

接待处的人员一般配备有主管、领班和接待员。其主要职责是：安排住店宾客；办理入住登记手续，分配房间；积极推销出租客房；协调对客服务，掌握客房出租的变化情况；掌握住客动态及住客资料；正确显示客房状态；制作客房营业日报表。

3）问询处（Information）

问询处的主要职责是回答宾客问询，介绍店内服务及市内观光、交通、社团活动等有关信息，接待来访宾客，处理宾客邮件、留言，分发和保管钥匙，掌握住客动态及信息资料，负责有关服务协调工作等。

4）收银处（Cashier）

收银处一般由领班、收款员和外币兑换员组成，在许多酒店，他们往往由财务部管辖。但由于收银处位于总台，与总台接待处、问询处等有着不可分割的联系，是总台的重要组成部分，因此，前厅部也往往参与和协助对他们的管理与考核。收银处的主要职责是：负责办理离店宾客的结账手续，收回客房钥匙；核实宾客的信用卡，负责应收账款的转账等；提供外币兑换服务；管理住店宾客的账单；与酒店各营业部门的收款员联系，催收、核实账单；夜间审核全酒店的营业收入及账务情况，制作当日营业日报表；为住客提供贵重物品的寄存和保管服务等。

5）礼宾部（Concierge）

礼宾部一般由大厅服务主管、领班、迎宾员、行李员、委托代办员等组成。其主要职责是：在门厅或机场、车站迎送宾客；负责宾客行李的运送、寄存及安全；雨伞的寄存和出租；公共区域传呼找人；陪同散客进房并介绍客房；分送报纸、宾客信件和留言；代客订出租车；协助管理和指挥门厅入口处的车辆停靠，确保其畅通和安全；回答宾客问询，为宾客指引方向；传递有关通知单；负责宾客的其他委托代办事项。

6）商务中心（Business Center）

商务中心服务人员一般由主管和秘书组成。主要职责是为宾客提供打字、复印、翻译、长途电话、传真及互联网等商务服务。此外，还可根据需要为宾客提供秘书服务。

7）电话总机（Switchboard）

电话总机的服务人员一般由总机主管和话务员组成。其主要职责是：转接电话；叫醒服务；回答电话问询；处理电话投诉；提供电话找人、留言服务；办理长途电话事项；酒店出现紧急情况时充当临时指挥中心；播放背景音乐等。

8）大堂副理（Assistant Manager）

大堂副理是酒店管理机构的代表人之一。其主要职责是：处理宾客的投诉；联络和协调酒店各有关部门对宾客的服务工作；处理意外或突发事件；回答宾客的询问，并向宾客提供一切必要的协助和服务；负责检查贵宾房及迎送贵宾的接待服务工作；维护大堂秩序，确保宾客的人身和财产安全以及酒店员工和财产的安全；负责检查大堂区域的清洁卫生，各项设施设备的完好情况，维护酒店的气氛；征求宾客的意见，沟通酒店与宾客之间的情感，维护酒店的声誉；熟悉前厅部各班组的工作，在其他主管不在场时，协助管理，督导其下属员工的工作；巡视检查员工纪律、着装、仪表仪容及工作状况；出席酒店的有关例会，对加强管理、改进服务、增加创收等提出建议。

教学互动1-1

主题： 大堂副理该怎么办？

背景资料： 世贸酒店是一家三星级酒店，坐落在机场出口附近，因此酒店内常会遇到因飞机晚点而没有被接机人接走的客人。这天，下着滂沱大雨，从北京飞来的班机比预定时间晚到了整整一个小时。有6位客人预订了市中心某四星级酒店的客房，但是在机场出口处并未见到该酒店的接客车。因为下雨，6位客人就来到了世贸酒店大堂等候……

互动问题： 对于出现在大堂的这6位客人，如果你是大堂副理，应作出何种反应？

要求：

① 教师不直接提供上述问题的答案，而是引导学生结合本节教学内容就这些问题进行独立思考、自由发表见解，组织课堂讨论。

② 教师把握好讨论节奏，对学生提出的典型见解进行点评。

9）宾客关系主任（Guest Relation Officer）

目前，不少高档酒店前厅部设有宾客关系主任一职。所谓**宾客关系主任**，也称"GRO"，是指为酒店树立良好的形象，协助各部门圆满完成各项接待任务，提供个性化服务，处理好宾客关系的高层接待人员和管理人员。其主要职责有以下几个方面：向宾客介绍、宣传酒店的各项服务及设施；关注宾客需求并迅速准确地满足客人需求，提供个性化的快捷的登记入住及结账退房服务，并达到宾客满意；参与酒店的重要接待工作，有针对性地设计接待服务流程并进行人员分工调配；与相关部门及时沟通，满足宾客的特殊要求，确保所有VIP、长住客及常客及时得到个性化的服务；收集、分析宾客反馈意见并向上级汇报，不断改进工作程序；接受并处理宾客投诉，与值班经理和相关部门联系对所发生的情况进行缓解补救。

在不设客户关系主任的酒店，这些职责由大堂副理担任。

1.2.3　前厅部业务特点及人员素质要求

1）业务特点

（1）业务涉及面广，专业技术性强。要求前厅人员知识面广，协调能力强，学习能力强。

（2）遵循工作程序，政策性强。程序性是酒店服务的一大特点，前厅部尤为突出，否则会带来房态信息的混乱、账目统计的错误等，给客人和酒店带来损失。而且无论是客房的销售、房价的折扣、特殊客人的接待，还是处理客人投诉、客人询问，都涉及整个酒店的经营政策，稍有疏忽就会造成政策性错误。

（3）信息量大、变化快，要求工作效率高。前厅部要跟许多数字打交道，同时又是客人的汇集地和直接信息的集中地，要求前厅人员对信息敏感、反馈及时，对客服务快。如希尔顿酒店要求前台办理入住手续5分钟内完成。

（4）对人员素质要求高。要求思维敏捷、服务意识强、应变能力强、语言表达好、形象好、经验丰富、沟通能力强。

2）员工素质要求

一个合格的前厅部服务人员，应该具备下列素质：

（1）优良端正的品行，作风正派

前厅部的工作政策性很强，经常涉及现金、价格优惠及酒店经营策略方面的机密等。前厅部服务人员必须有较高的品行修养，坦诚、遵纪守法、原则性强，绝不能以工作之便谋取私利。

（2）良好的仪表、仪容

前厅部服务人员要养成良好的行为举止习惯，着装整洁。在言谈举止上，应做到用语规范、声调柔和、语气亲切、表达得体；站立挺直、不倚不靠、动作自然优美、符合规范。在工作作风上，应做到端庄朴实、谦虚谨慎、勤奋好学。在服务态度上，应做到一视同仁，不卑不亢，待人热情，分寸适度，表情自然诚恳，精力充沛。

（3）机智灵活，有较强的应变能力

前厅部是酒店的业务中心，各项工作十分繁杂。前厅部服务人员每天会接触到各种各样的情况，甚至会碰到许多意外，都必须予以妥善处理。这就要求前厅部服务人员具有机智灵活的处理能力，有较强的应变能力，针对性地提供服务，处理好特殊事件。

（4）有较强的处理人际关系能力

酒店属于服务业，离不开与人打交道，尤其是前厅部服务人员，几乎每日每时都要与各种各样的来自不同国家或地区的、不同文化背景、不同生活习惯的宾客打交道。因此，前厅部服务人员必须喜欢并善于与人相处。同时，前厅部员工还要处理好与同事、上下级之间的关系，互相理解、互相合作，才能顺利地完成工作。

（5）较高的语言表达水平

前厅部服务人员应具有较强的语言表达能力，表现在两个方面：一方面是能够用宾客使用的语言与宾客交流。应具有良好的汉语表达能力和理解能力；普通话发音准确、嗓音动听。另一方面是讲究语言的艺术性。语言是人际关系的润滑剂，前厅部员工在接待宾客的过程中，与宾客进行语言交流的机会很多，如果不掌握语言的艺术，会不知不觉就得罪宾客，甚至"刺伤"宾客，更谈不上使宾客满意。

（6）精明强干，善于推销

在前厅部工作的服务人员，销售酒店产品是首要的工作任务。因此，必须具备推销员的素质，积极主动地工作，掌握销售技巧。

（7）勤奋好学，有较宽的知识面

前厅部接待的宾客来自不同国家和地区、不同的社会阶层，具有不同的职业、身份、文化背景和风俗习惯。因此，要为宾客提供优良的服务，就必须懂得心理学、社会学、民俗学、销售学、管理学、旅游学等知识。

1.3　前厅部部际沟通

酒店的优质服务是整体性的，需靠每一部门、每一环节、每一岗位人员的协同努力才能令客人满意；而作为酒店"神经中枢"的前厅部，其内、外沟通尤为重要。

1.3.1　前厅部部际沟通的内涵

沟通，是指相关岗位之间信息传递和反馈的过程。有效的沟通包括信息传递，即把信息全部传递出去，和信息接受者及时、准确、充分地获取全部信息并在必要时反馈信息两个方面。

前厅部作为酒店的"神经中枢"以及客人与酒店的桥梁和纽带，必须发扬团队精神，做好同客人及其他部门之间的信息沟通，协调处理好相互之间的冲突和矛盾。因此，认识和理解前厅部部际沟通具有非常重要的意义。

业务链接1-1

丽思卡尔顿酒店的"边缘服务原则"

一位去过新加坡丽思卡尔顿酒店的客人曾经有过这样的经历：在他准备离开丽思卡尔顿酒店到附近另外一家著名的莱佛士（Raffles）酒店参观时，发现自己不知道怎么走。一位大堂副理热情地为他引路，把他带到几百米远的酒店侧门，然后告诉他应该怎样走。当时，这位客人还以为是自己的魅力让这位大堂副理有如此的举动，后来他才知道，原来丽思卡尔顿酒店的员工行为准则中有这样一条：要陪同顾客到酒店的一个区域去，而不应该仅指明如何到那个区域的方向。如果我们挑战这种做法，对每个客人都这样，岂不是大堂副理处很快就没人接待客人了吗？丽思卡尔顿酒店的边缘服务原则规定：如果一个部门的员工在服务客人的过程中需要其他部门员工协助，其他部门的员工应立即放下手中的正常工作，优先协助满足客人，任何一线员工都可以在2 000美元的金额范围内尽可能去满足客人。

1.3.2 前厅部部际沟通的方式

1) 会议沟通

会议是一种面对面的最明朗、最直接的联系和交流方法，如由前厅部经理召集的部门例会、晨会，前厅部各工种举行的班前会和班后会等。当然，会议的次数和时间都不能影响到酒店的正常业务运行。有意义的简短而突出重点的会议，对增进管理者和员工之间的了解是极其有效的。

2) 函件沟通

（1）报纸、杂志和内部简报等酒店的刊物在酒店创建企业文化过程中起着最重要的作用。酒店刊物通常采用店报形式，也有店刊、内部简报等。店报以月报形式多见，主要登载酒店的要闻，宣传酒店的理念和宗旨，发表员工的习作。

（2）备忘录。备忘录是酒店上下级、部门之间沟通协调的一种有效形式，包括工作指示、接待通知单、请示、汇报、建议、批示等。

（3）员工手册。酒店经营管理的一个常见方法是编印《员工手册》。《员工手册》人手一册，内容包括规章、政策、权利、禁止事项以及有关酒店或服务、历史和组织机构等介绍。这一方法对员工内部协调是非常有效的。

（4）日志、记事本是酒店对客服务过程中各班组相互沟通联系的纽带，主要用来记录本班组工作中发生的问题，尚未完成、需要下一班组继续处理的事宜等。酒店各部门、各环节、各班组均须建立此制度，确保信息传递渠道通畅、迅速、有效。

（5）报表和报告。报表和报告既是酒店内部各项工作衔接的手段，也是内部沟通和传递信息的方法。报表包括各种营业统计报表、营业情况分析表、内部运作报表等；报告则包括按组织机构管理层次逐级呈交的季度、月度工作报告。报表和报告可以使酒店的经营状况一目了然，可以使管理者掌握基层工种和班组员工的思想情况与管理水平。

3) 活动沟通

多种形式的团体活动是消除误解隔阂、加强沟通交流的较理想的方式。酒店应定期或不定期地举行这类活动，如联谊会、茶话会、酒会、歌舞会、郊游等。去别的酒店考察、外出参观等也是较好的团体活动。

4) 培训沟通

酒店开展内部员工培训，例如前厅部员工的培训、前厅部主管和领班对员工的培训等。通过培训既能提高前厅部员工和各级管理人员的业务水平和语言表达能力，又能加强员工之间及员工与管理人员之间的沟通与理解，还有助于管理人员准确评估员工水平，进而合理安排员工的工作和提拔任用优秀员工。

5) 其他形式的沟通

公告牌是最简单也是最常用的沟通方法之一。它能告知有关事项，提供有关信息、提供当日的工作要点。前厅部日常工作中还可大量使用电话、电脑、传真、电子邮件等通信方式进行沟通，这能够大大提高沟通效率和沟通的准确性。

1.3.3　前厅部内部沟通

前厅部内部沟通，是指前厅部内部各环节之间的相互沟通，主要包括客房预订、入住接待、问询、前台收银（有些酒店已实行四合一）、礼宾行李服务、商务中心以及电话总机等部门之间的沟通。

业务链接1-2

接待处与预订处沟通

前厅接待处每天应将实际抵店、实际离店、提前离店、延期离店等用房数以及临时取消客房数、预订但未抵店客房数和换房数及时输入计算机系统内，或采用表格形式递送给客房预订处，以便预订员修改预订信息，确保预订信息的准确性；而客房预订处也应每天将延期抵店、实际取消以及次日抵店用房数等及时输入计算机系统内，或采用表格形式递交接待处，以便前厅接待处最大限度地销售客房。

业务链接1-3

接待处与前台收银处沟通

前厅接待员应及时为入住客人建立账单，以便收银员开立账户及累计客账；同时，应就换房所产生的房价变动以及客房营业情况互通信息。前台收银处还应将客人已结账信息及时通知接待处，以便迅速调整房态，并通知客房中心清扫整理客房，以利于再次销售。

1.3.4　前厅部对外沟通

1）与总经理室沟通

前厅部除及时向总经理请示、汇报前厅运行与管理过程中的重大事件外，平时还应与总经理室沟通下列信息：定期呈报"客情预报表"；每日递交"客情预测表"、次日抵离店客人名单；递交贵宾接待规格审批表，报告已订房贵宾的具体情况；贵宾抵店前，递交贵宾接待通知单；每月递交房价与预订情况分析表、客源结构分析表以及客源地理分布表；制定房价与修改条文；客源销售政策的呈报与批准；免费、折扣、定金及贵宾接待规格的审批。每日递交"客房营业日报表""营业情况对照表"等统计分析报表；转交有关留言与邮件。

2）与营销部沟通

前厅部与营销部应协同销售酒店的产品。通常，前厅部主要负责零星散客以及当日的客房销售工作，而营销部主要负责酒店长期的、整体的销售工作，尤其是团体和会议的客房销售工作。

3）与客房部沟通

前厅部与客房部都是围绕客房而展开工作的。前者负责客房销售，后者负责客房管理，两者相辅相成。

业务链接1-4

前厅部与客房部沟通

（1）每日递交"客情预测表"。

（2）贵宾团队抵店前，递交"贵宾接待通知单""团队用房分配表"。

（3）贵宾抵店当天，将准备好的欢迎信、欢迎卡送入客房部，以便客房部布置好贵宾房。

（4）递交"鲜花通知单"，以便布置客房。

（5）书面通知订房客人的房内特殊服务要求。

（6）将入住与退房信息及时通知客房部。

（7）递交"客房/房价变更通知单"，将客人用房变动情况通知客房部。

（8）递交"在店贵宾/团队/会议一览表""待修房一览表"。

（9）客房中心每日递交"楼层报告"，以便前厅接待处核对房态，确保其准确性。

（10）将客房遗留物品情况通知前厅部。

（11）前厅部递交"报纸递送单"，由客房部发放各种报纸。

（12）客房部应安排楼层员工协助行李员运送抵店团队的行李。

（13）客房部应派楼层员工前去探视对叫醒无反应的客人。

（14）客房部应及时向总台通报客房异常情况。

4）与餐饮部沟通

餐饮收入是酒店营业收入的两大主要来源之一，前厅部应重视与餐饮部的信息沟通。每月递交"客情预报表"；每日递送"客情预测表""贵宾接待通知单""在店贵宾/团队/会议一览表""预期离店客人名单""在店客人名单"；发放团队用餐通知单；书面通知餐饮部客房的相关布置要求，如房内放置水果、点心等；每日从宴会预订处取得"宴会/会议活动安排表"，以方便解答客人的询问；向客人散发餐饮部的促销宣传资料；更新每日宴会/会议、饮食推广活动的布告牌信息；随时掌握餐饮部各营业点最新的服务内容、服务时间以及收费标准的变动情况。

5）与财务部沟通

为确保酒店的经济利益，前厅部应加强与财务部（包括前厅收银）之间的信息沟通，以防止出现漏账、逃账等现象。双方应就定金、预付款、住店客人信用限额以及逾时退房的房费收取等问题及时沟通；每日向财务部递送"客情预测表""贵宾接待通知单""在店贵宾/团队表一览表""在店客人名单""预期离店客人名单""长途电话收费单""长途电话营业日报表"等；递交抵店散客的账单、团队客人的总账单与账单、信用卡签购单；递送邮票售卖记录，交财务部审核；客房营业收入的夜审；双方应就已结账的客人再次发生费用及时沟通，以采取恰当方法提醒客人付账。

课程思政1-1

错开两房，失误在谁?

背景与情境：一天上午，一位外国客人和他的翻译白先生来到某星级酒店的收款台办理退房手续。收款员小林热情地接待并迅速打印出房费账单，递给客人。

白先生看罢疑惑地问："我们只住了一间房间，为何要付两间房费?"小林请客人稍等，立即核实情况，发现其中一间房这两天客人确实未曾入住过。小林向大堂值班经理汇报，值班经理通过了解，发现客人在抵店开房时，总台小王在询问房间间数时，双方语言上表达误会，实际上客人只要一间房，但小王却为客人错开了两间房。

客人是在酒店A楼总台办理的入住手续，但房间是在B楼，所以客人到B楼总台领取了钥匙，不过只领取了一把。情况已基本清楚，值班经理立即通知收款员只收取一间房的费用，同时向客人表示歉意，并取得了客人的谅解，客人满意地离店。

问题：该酒店为什么会错开两房，失误在谁?

研判提示：从整个接待过程来看，酒店在几个环节中存在问题：客人在办理入住登记时由于语言表达误会，总台小王没有与客人确认好住房情况，导致错开了两间房；客人在B楼总台领取钥匙时，B楼总台服务员不细心，在A楼总台通知房间数为两间但客人只领取了一把钥匙时，未通过语言技巧与客人再次确认住房情况，未起到弥补作用；客人入住后的第二天，清扫员将未住过客人的房间情况反馈给客房中心，并通知总台，总台核查后发现房间有押金且未退房，总台只考虑到费用足够，没有进一步追究房间未使用的原因，并且没有主动与客人联系沟通。如果酒店在接待客人的每一个环节中都能细心些，这个错开房的误会是完全可以避免的。

1.3.5　前厅部部际沟通常见问题

1）为了竞争互相拆台

酒店业是一个职位晋升相对缓慢的行业，特别是单体酒店在职位上升方面存在着较大的瓶颈。同时，酒店基层工作相对来说具有很强的重复性。这在一定程度上难免出现员工为竞争晋升以及表彰机会而互相拆台的现象。酒店在人员职业道德以及职业素质方面如果缺乏较好的培训、监督机制，就会影响部际信息沟通的效果。

2）彼此缺乏尊重与体谅

酒店处处强调对客服务的整体配合效果，但在日常工作中，不少管理人员在设计服务流程时首先考虑的是自己是否方便，或在推出一项计划时没有考虑其他部门的实际情况，从而造成客人的投诉和项目实施的失败。

3）想当然而意气用事

在酒店部际沟通中，存在着员工之间或部门之间认为对方应该知道自己想要传达的信息的现象。如猜想对方清楚自己口头表达而不按操作流程用书面表格表明客人的订单和变更内容；再如认为对方应该会收到书面重要通知，而不去跟进一个电话确认。这些主观的臆测和猜想经常造成事故和客人投诉。

4）酒店管理能力薄弱

酒店管理能力较薄弱对部际信息沟通效果的影响主要体现在以下几个方面：酒店内部沟通渠道不通畅，不同部门对沟通态度、内容和意义理解不同，实施效果的衡量标准不统一；沟通过程中业务流程过于复杂，运作效率低下，使沟通时效性无法体现；沟通过程中各部门业务分配不合理，部门间职能分配模糊，没有贯彻最大化提高沟通效率的原则，妨碍沟通落实有效执行；沟通过程中需要审批的环节过多，一方面造成沟通内容扭曲和信息的丢失，另一方面影响人员沟通的积极性、主动性和灵活性。

业务链接1-5

纠正不良部际沟通的方法

（1）有效的在职培训

通过培训，管理层应端正沟通的态度，提高沟通的艺术，具体表现在以下方面：

①能倾听。倾听是一种有效的沟通方式，成熟睿智的管理者认为倾听别人的意见比表现自己的渊博知识更重要。

②能微笑。在日常与员工的交流中，管理人员都应用微笑使员工在无形中增强对沟通的意愿与自信心。

③一视同仁。管理人员对下属员工如果不能保持一视同仁、客观公正的态度，那么就会影响沟通效果。公正的立足点是制度管人，而不是人管人。对员工的奖惩要特别强调有据可依，切不可无中生有。

④能赞美。当员工能出色地进行或自始至终坚持良好沟通时，管理人员在公开场合给予恰当称赞会增强员工的成就感和责任感。

⑤能平心静气。管理者与被管理者尽管在职位上有高低之分，但在人格上是平等的。良好的沟通环境能让员工产生轻松愉快的沟通心情和状态。

⑥能变通。解决某一问题的办法可能有很多个。管理者不能只认为自己的办法是最好的，而要承认员工意见的合理性，从而使沟通变得更顺畅和有效。

⑦会幽默。幽默能缓和沟通双方的敌对情绪，活跃沟通中因意见分歧等造成的紧张气氛。

（2）注意信息沟通执行反馈

通过检查，不断总结、完善各个环节。对于沟通良好的部门和个人及时予以表扬，反之则予以批评。一方面，抓好纵向沟通，保证信息双向畅流；另一方面，做好横向沟通，加强部门间的协作与支持。

（3）注重沟通过程管理

沟通效果需要有效的制度保障。沟通不仅是一种工作手段与方法体系，同时也应该体现一种制度体系。也就是说一旦存在沟通需求，就必须有相应的规范和制度来加以保障。酒店工作人员在沟通过程中，对每个沟通环节都应了如指掌，经过一段时间的运作，便会提高沟通效果。同时，也要增加沟通执行中相关的效果考核和约束，加强沟通的过程管理。

1.4　前厅部大堂功能布局

1.4.1　前厅布局

1）前厅布局平面认知

因酒店档次、酒店类型及经营理念、管理模式和文化背景等不同因素的影响，前厅设施及其布局在一定程度上会有所不同。

2）前厅设计的原则

（1）安全与舒适

安全是客人和员工在酒店进行各种活动时最重要的需求，前厅设施布局首先要考虑的就是安全因素并采取一定的措施，例如大厅的各个通道应纳入员工的视线范围以内，酒店标识幕墙、各台阶、各高低不平处、进出口及障碍处应有明显的标志，在总服务台后面的地面上铺设加有胶垫的地毯等。舒适的原则主要是指每个细节的设计都要尽可能地符合人体舒适的需要。这样，既便于员工的服务，提高工作效率，又有利于保证宾客人身和财产的安全；既让客人感到舒适，又要让员工感到舒适。

（2）分区与渐变

分区原则是指在前厅设施布局时要考虑各类设施在功能方面的相同或相类似，并在陈设时要自然而明显地加以区分。渐变的原则是指在设计布局时，随着功能区的不同，设计的风格应有所变化，但风格变化应缓慢转换而不露痕迹。

（3）美观与方便

大厅的设计应美观、典雅，设施的布局应显得庄重、有规矩，同时各类设施应讲究规范、科学，既要让人百看不厌，又不易让人动手触摸；既对客人和服务人员双方适用、实用，又便于服务人员提高工作效率。

（4）管理与效益

如果电梯过多，可能方便客人，但浪费电；如果大厅很大，可能显得气派，但需要大量的清洁维护；如果安排外驻单位过多，可能给客人带来较多的便利，但容易引发更多的矛盾。所以，前厅设施的配置不能一味地追求奢华、全面，应考虑投资效益、控制成本、便于管理及充分利用空间便于客人往来等因素。

（5）特色与环保

成熟的酒店都有自己的特色和风格。前厅布局设计时应展示出酒店的等级、规模、类别，以及酒店所处的区域文化、民俗文化、企业文化等，还要考虑降低能耗和污染，符合环保的理念和要求。

同步思考1-1

问题： 如何理解前厅大堂布局的重要性？为什么？

分析说明： 前厅大堂是酒店对客服务的前台，其布局的重要性应该对照结合前厅大堂在对客服务中的地位来回答。

理解要点： 前厅大堂是宾客抵店、离店的必经区域，是酒店对客服务开始和结束的场所，这里给客人留下了第一印象和最后印象，是酒店的"营业橱窗"，其布局水准直接影响宾客对酒店的印象和评价。

学习微平台

随堂测1-1

1.4.2　总台功能标准及管理方式

1）总台功能与位置

总服务台，简称总台，是指为客人提供入住登记、问询接待、查询服务、离店结账、外币兑换、联系协调等前厅服务的代表接待机构。为了方便客人，总台一般都设在酒店首层前厅。总台的中轴线一般与客人进出酒店大门的直线通道垂直或平行。这样陈设的目的是使客人容易找到总台，也是使不能随意离开总台的服务员及时观察到整个前厅出入口、电梯、大堂咖啡厅、客人休息区等处的客人活动以及门外车辆的进出停靠情况，便于迎送客人、接待服务和协调业务。

2）总台型制与规格标准

总台常见的型制有中心长台型、侧向长台型和分立圆台型3种。中心长台型一般设置在前厅中后部，正对大门出口处，呈半"口"或直线状；侧向长台型，多呈"L""W""H"等状，一般设置在大门出口一侧，位置也很醒目；分立圆台型一般设置在前厅正对门出口处，设立多个圆形台，位置突出。总台的大小，应根据酒店前厅面积的大小、客房数量的多少及酒店接待工作的需要来确定。总台高度一般为1.2~1.3米，台面宽度为0.45~0.6米。总台内侧设有工作台，其高度一般为0.75~0.85米，台面宽度为0.6米左右。总台内侧与墙面之间，通常有1.2~1.8米的距离，用于接待人员通行。

学习微平台

随堂测1-2

1.4.3　前厅环境设置与营造

1）环境设置

（1）光线

前厅内要有适宜的光线，要能使客人在良好的光线下活动，使员工在适当的光照下工作。在设计安装上，灯光的强弱应逐渐变化，可采用不同种类、不同亮度、不同层次、不同照明方式的灯光，配合自然光线，达到使每位客人的眼睛都能逐渐适应光线明暗变化的要求。总服务台上方的光线也不能太暗或太亮，不能直接照在客人或服务员的脸上，使他们睁不开眼睛；也不能把阴影留在服务员的脸上，造成服务员工作不便或微笑服务变形。

（2）色彩

前厅环境的好坏，还受到前厅内色彩搭配的影响。前厅内客人主要活动区域的地面、墙面、吊灯等应以暖色调为主，以烘托出豪华热烈的气氛。色彩搭配应与前厅的服务环境相协调。在客人休息的沙发附近，色彩应略冷些，使人能有一种宁静、平和的心境。总之，前厅内的色彩搭配应能适应服务员工作和客人休息对环境的要求，创造出前厅特有的安静、轻松的气氛。

（3）温度、湿度与通风

前厅要有适当的温度和湿度。酒店通过单个空调机或中央空调，一般都可以把大厅温度维持在人体所需的最佳状态，一般为 22℃~24℃，再配以适当的湿度（40%~60%），整个环境就比较宜人了。前厅内人员集中，密度大，耗氧量大，如通风不畅，会使人感到气闷、压抑，因此，应使用性能良好的通风设备，以改善大厅内的空气质量，使之适合人体的要求。通常高星级酒店大厅内风速应保持在 0.1~0.3 米/秒，大厅内新风量一般不低于 160 立方米/人·小时。

2）氛围营造

前厅要努力营造雅而不俗、井然有序、温馨愉悦的氛围。具体表现在：

（1）装饰艺术应突出酒店文化。大堂装饰设计主题要富有创意，装饰格调高雅，讲究工艺，还要借助各种艺术手法，为前厅服务提供与酒店经营风格和谐一致的环境条件。

（2）前厅服务员应举止文明。前厅服务员穿戴制服整洁、大方、庄重，站姿、坐姿、行姿规范，操作轻、准、快，说话轻声细语，敬语不离口。

（3）前厅服务员应始终微笑待客。微笑是最重要的体态语言，微笑最具沟通性。前厅服务员要让客人时时处处感受到亲切和热情，而微笑是最基本的服务要求。

（4）前厅服务员应注重服务效率。前厅服务员应该有求必应、有问必答，要主动观察，注意揣摩客人心理，做到真诚待客，言而有信，对客人的每一次承诺都要全力保证实现。

学习微平台

微视频 1-1

◢ 本章概要 ▶▶▶

　□ 内容提要与结构

　▲ 内容提要

●前厅，位于酒店门厅处，是包括酒店大门、大堂、总服务台在内的为客人提供综合服务的区域。前厅是客人对酒店产生第一印象和最后印象的地方，人们习惯把前厅喻为酒店的"门面""橱窗"，因此，前厅的服务与管理水平直接关系到酒店的经营命脉。

●前厅部（Front Office）又称前台部、大堂部，是酒店组织客源、销售酒店产品、沟通和协调各部门的对客服务，并为宾客提供订房、登记、分房、行李、电话、留言、邮件、委托代办、商务、退房等各项前厅服务的综合性部门。

● 前厅部各岗位的工作人员应明确沟通协调的作用，掌握沟通协调的方式，运用正确的沟通协调渠道进行工作。

▲ 内容结构

本章内容结构如图1-4所示：

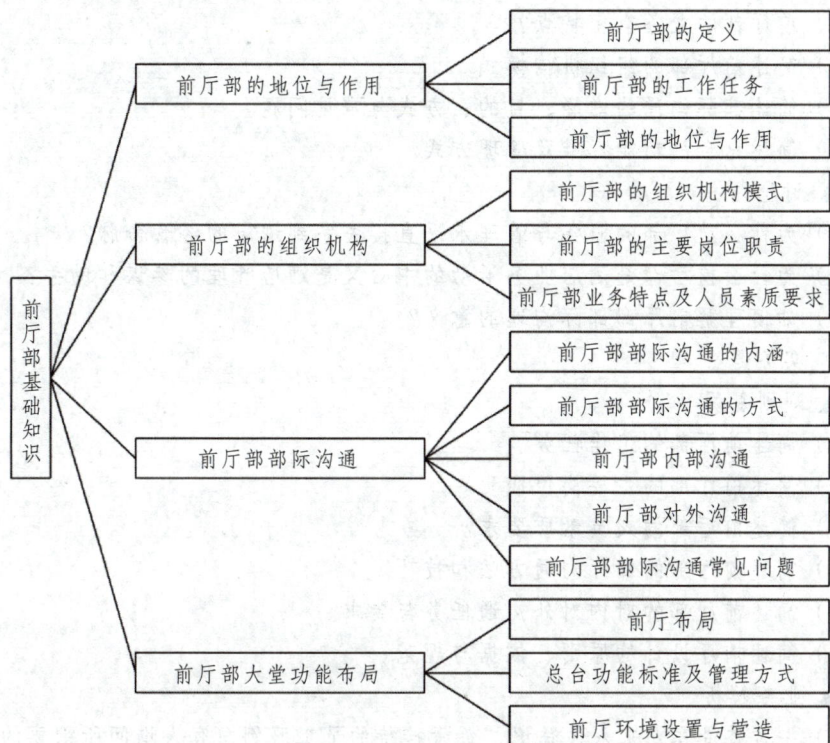

图1-4　木章内容结构

□ 主要概念和观念

▲ 主要概念

前厅部　宾客关系主任　沟通　前厅部内部沟通　总服务台

▲ 主要观念

前厅部的地位与作用　前厅部组织机构　前厅部部际沟通　前厅部大堂功能布局

□ 重点实务与操作

▲ 重点实务

前厅部内部沟通　前厅部对外沟通　相关"业务链接"

▲ 重点操作

前厅部基础运作

━● 基本训练 ●━━►

□ 理论题

▲ 简答题

1）简述前厅部的概念。

2）简述前厅部的地位和作用。

3）前厅部的业务有何特点？

4）简述前厅部的组织机构模式。

5）简述部际沟通的内涵、目的、方式与常见问题。

6）简述总台的功能标准及管理方式。

学习微平台

随堂测1-3

▲ 讨论题

1）为什么前厅部的服务与管理水平直接关系到酒店的经营命脉？

2）为什么前厅部是酒店业务活动的中心又是酒店管理的参谋和助手？

3）如何理解前厅部部际沟通的意义？

□ 实务题

▲ 规则复习

1）简述前厅部的工作任务。

2）简述前厅部的主要岗位职责。

3）简述前厅部的人员素质要求。

4）简述前厅部的部际沟通方法和技巧。

5）简述前厅部的对内对外沟通任务与要求。

6）简述前厅设计的原则、依据与规范。

▲ 业务解析

1）一位香港客人来入住登记，负责接待的员工照例向客人询问所需要的房间类型，但因客人不会说普通话，而该员工粤语水平又欠佳，在尝试用蹩脚的粤语与客人仍然沟通不畅后，该员工向精通粤语的行李员求救，请他帮忙解释。该员工把要向客人讲述的内容告诉行李员，然后由他转述给客人。该员工的本意是想减少由于沟通困难而产生的尴尬，并节省时间，但没顾及客人的感受，此举动让客人觉得不被尊重。由于不熟练粤语又不大明白客人的心理，导致客人投诉发生。

请问：为什么会出现此类问题？前厅部人员应具备怎样的素质？如何实现？谈谈你的想法。

2）某酒店VIP客人唐先生入住后，早上在走廊里遇见一位服务生微笑着跟他打招呼："早，唐先生。"唐先生心中很高兴，乘电梯到一楼，门一开，又一名服务生说："早，唐先生。"唐先生走到餐厅，餐厅的服务生都称呼他唐先生。原来，在这家酒店，员工会记住每一位尊贵的客人的名字。唐先生退房时，刷卡后服务生把信用卡还给他，然后说："谢谢您，唐先生，真希望第七次见到您。"原来客人是第六次入住该酒店。这种优质的服务赢得了客人的心。

请问：本案例体现了前厅部和哪些部门之间的沟通？这种服务为什么能赢得

唐先生的心？谈谈你的想法。

□ 案例题

▲ 案例分析

【训练项目】

案例分析-I。

【训练目的】

见本章"学习目标"中的"案例目标"。

【教学方法】

采用"案例教学法"。

【训练任务】

1）体验本章理论与实务知识在案例分析中的运用。

2）体验对"附录三"附表3"解决问题"能力"初级"的"基本要求"和各技能点"参照规范与标准"的遵循。

3）体验对"相关案例"多元表征中的"结构不良知识"的高级学习过程。

4）撰写、讨论和交流《案例分析报告》。

【相关案例】

香格里拉酒店的香氛

背景与情境：酒店的香氛是一个酒店的无形标签，人总会因为熟悉的味道而备感亲切。香氛就是营造这样一个熟悉的环境，在你的嗅觉记忆里打上烙印。香格里拉酒店作为世界知名的酒店集团以其高质量的服务标准而闻名，它在细节之处的设计更是别具匠心。香格里拉酒店通过专业公司的香氛调制，在全球各个酒店推出了统一的芳香。

问题：

1）香格里拉酒店为什么要在全球采用统一的香氛？

2）你认为酒店大堂还可以在哪些方面进行设计改进？如何设计？

【训练要求】

1）形成性要求

（1）以小组为单位组建学习团队，解决"案例分析"中可能出现的学生水平参差不齐问题；各团队研究案例提出的问题，分别拟定《案例分析提纲》；各团队成员对案例中的"背景与情境"进行多元表征，经交流、汇总后形成本团队《案例分析报告》；各团队在班级交流并修改其《案例分析报告》；教师对经过交流和修改的各团队《案例分析报告》进行点评；在班级展出附有"教师点评"的团队优秀《案例分析报告》，供学生研究借鉴。

（2）了解"附录二"附表2中"形成性考核"的"考核指标"与"考核内容"。

2）成果性要求

（1）案例课业要求：以经班级交流和教师点评的《案例分析报告》为最终成果。

（2）课业的结构、格式与体例要求：参照本教材"课业范例"的范例综-1。

（3）了解"附录二"附表2中"课业考核"的"考核指标"与"考核内容"。

▲ 课程思政

课程思政-I。

【训练目的】

见本章"学习目标"中的"案例目标"。

【教学方法】

采用"案例教学法"。

【训练任务】

1）体验本章理论与实务知识及通过互联网查询的相关规范和标准在"思政研判"中的运用。

2）体验对"附录三"附表3"解决问题"能力"初级"的"基本要求"和各技能点"参照规范与标准"的遵循。

3）体验对"相关案例"多元表征中的"结构不良知识"高级学习过程。

4）体验课程思政相关规范和标准在"思政研判"中的运用。

5）撰写、讨论和交流《思政研判报告》。

【相关案例】

顾女士的满意经历

背景与情境：某日晚上9：00，1519房间的顾女士到前台要求找酒店的管理人员反映问题。前台致电大堂副理前往处理客人问题。经过沟通得知，这位客人向大堂副理重点表扬了行李员小王。顾女士向大堂副理反映，她当天下午入住的酒店，行李员小王热情地为其搬运行李，并且细致地为其介绍房间设施设备，告诉她设备的使用方法。当自己在大堂再次遇到小王时，自己随口说了下感觉房间面积比较小，小王就非常主动地向其推荐了酒店豪华行政套房，并且带领其参观了房间。客人找酒店管理人员只是想让酒店知道：酒店细致的服务让她非常感动，特别是小王这样的员工，让她感觉特别有信赖感。

问题：

1）本案例中存在哪些思政问题？

2）行李员小王是如何做到让客人满意的？

3）行李员小王的行为对你未来实习工作有什么启示？

【训练要求】

1）形成性要求

（1）以小组为单位组建学习团队，解决"思政研判"中可能出现的学生水平参差不齐问题；各团队研究案例提出的问题，分别拟定《思政研判提纲》；各团队成员对案例中的"背景与情境"进行多元表征，经交流、汇总后形成本团队《思政研判报告》；各团队在班级交流并修改其《思政研判报告》；教师对经过交流和修改的各团队《思政研判报告》进行点评；在班级展出附有"教师点评"的团队优秀《思政研判报告》，供学生研究借鉴。

（2）了解本教材"附录二"附表2中"形成性训练与考核"的"参照指标"

与"参照内容"。

2）成果性要求

（1）课业要求：以经过班级交流和教师点评的《思政研判报告》为最终成果。

（2）课业结构、格式与体例要求：参照本教材"课业范例"的"范例综-2"。

（3）本教材"附录二"附表2中"课业考核"的"参照指标"与"参照内容"。

□ 自主学习

【训练项目】

自主学习-I。

【训练目的】

见本章"学习目标"中"创新型学习"的"自主学习"目标。

【教学方法】

采用"学导教学法"和"研究教学法"。

【训练要求】

1）以班级小组为单位组建学生训练团队，各团队依照本教材"附录三"附表3中"自主学习"（初级）的"基本要求"和各技能点的"参照规范与标准"，制订《团队自主学习计划》。

2）各团队实施《团队自主学习计划》，自主学习本教材"附录一"附表1中"自主学习"（初级）各技能点的"'知识准备'参照范围"所列知识。

3）各团队以自主学习获得的"学习原理"、"学习策略"与"学习方法"知识为指导，通过校图书馆、院资料室和互联网，查阅和整理近两年以"前厅部的职能"为主题的国内外学术文献资料。

4）各团队以整理后的文献资料为基础，依照相关规范要求，讨论、撰写和交流《"前厅部的职能"最新文献综述》。

5）撰写作为"成果形式"的训练课业，总结自主学习和应用"学习原理"、"学习策略"与"学习方法"知识（初级），依照相关规范，准备、讨论、撰写和交流《"前厅部的职能"最新文献综述》的体验过程。

【成果形式】

训练课业：《"自主学习-I"训练报告》

课业要求：

1）内容包括：训练团队成员与分工；训练过程；训练总结（包括对各项操作的成功与不足的简要分析说明）；附件。

2）将《团队自主学习计划》和《"前厅部的职能"最新文献综述》作为《"自主学习-I"训练报告》的"附件"。

3）《"前厅部的职能"最新文献综述》应符合"文献综述"规范要求，做到事实清晰，论据充分，逻辑清晰。

4）结构与体例参照本教材"课业范例"的"范例综-4"。

5）在校园网的本课程平台上展示班级优秀训练课业，并将其纳入本课程的教学资源库。

━ 单元考核 ━➤➤

考核要求："考核模式""考核目的""考核种类""考核方式、内容与成绩核定"及考核表等规范要求，见本教材"网络教学资源包"中的《学生考核手册》。

第2章
前厅客房预订业务

● 学习目标

引例　华住会

2.1　预订的方式与类别

2.2　前厅部预订员的服务技术

● 本章概要

● 基本训练

● 单元考核

学习目标

通过本章学习，应该达到以下目标：

理论目标：学习和把握"前厅客房预订业务"相关概念、客房预订的渠道与方式、客房预订的类别、客房超额预订概念、超额预订幅度控制的考虑因素以及二维码资源等陈述性知识；能用其指导本章"同步思考"、"教学互动"和"基本训练"中"理论题"各题型的认知活动，正确解答相关问题，体验本章"初级学习"中专业认知的横向正迁移。

实务目标：了解和把握客房预订的程序、超额预订幅度的控制、超额预订过度的补救方法以及"业务链接"等程序性知识；能以其建构"前厅客房预订业务"的规则意识，正确解析本章"业务链接"和"基本训练"中"实务题"的相关问题，体验本章专业规则与方法"初级学习"中的横向正迁移和"高级学习"中的重组性迁移。

案例目标：运用本章理论与实务知识研究相关案例，培养和提高在"前厅客房预订业务"情境中的多元表征专业能力和"团队协作""与人交流"通用能力；结合"前厅客房预订业务"教学内容，依照相关规范或标准，对专栏"课程思政2-1"和章后"课程思政-II"等案例中的企业及其从业人员行为进行思政研判，培养高尚的道德情操，树立社会主义核心价值观；体验本章"高级学习"中"专业"与"通用"知识和行为规范的重组性迁移。

实训目标：参加"前厅客房预订业务"实践训练。在了解和把握本实训所涉及"能力与道德领域"相关技能点的"规范与标准"的基础上，通过切实体验"前厅客房预订业务"各实训任务的完成、系列技能操作的实施、《××酒店前厅客房预订业务实训报告》的准备与撰写等有质量、有效率的活动，培养"前厅客房预订业务"的专业能力，强化"数字应用"、"与人交流"、"与人合作"、"解决问题"和"革新创新"的通用能力（初级），并通过"顺从级"践行"职业理想"、"职业态度"、"职业良心"、"职业作风"和"职业守则"等素养规范，促进健全职业人格的塑造，体验本章"实践学习"中"专业"与"通用"规则、技能、态度和行为规范的"重组性""产生性"迁移。

引例　华住会

背景与情境：2021年，华住集团旗下会员预订平台华住会App3.0版本正式发布。与之前版本相比，3.0版对会员权益、订房流程、美食体验等多种模块均进行了全方位升级。通过对旗下23个品牌近7 000家门店的结构化处理，以用户需求场景、品类搜索关键词、美食榜单推荐等形式向用户呈现，华住会将有效帮助用户解决在预订酒店时面临的信任和效率问题。

具体而言，最新版本增加了品牌特色权益、金会员省钱季卡先享后付、会员优先在线选房、"30秒入住0秒退房"等诸多全新功能，围绕入店效率提升和清洁卫生防护等用户最为关注的几大诉求，进一步提升产品使用性能。

曾经，酒店业普遍高度依赖从在线旅游平台获取流量，受困于日益走高的渠道佣金。华住是最早自建直营渠道的，摆脱了对渠道的依赖。财报数据显示，2021年华住销售间夜量中，83%出自自有销售渠道，仅17%通过在线旅游平台等第三方销售渠道售出。华住集团拥有超过1.9亿会员，依靠庞大的会员体系，构建自己的私域流量池。

（资料来源　佚名. 华住会App3.0版本发布［EB/OL］.［2021-03-20］. https://www.cn-traveler.com.cn/news/news_19556844f27f6033.html.经过改编）

问题：华住会的App3.0版是通过何种途径解决用户在预订酒店时面临的信任和效率问题的？

客房预订，是指在客人抵店前对酒店客房的预先订约，即客人通过使用电话、传真、互联网等各种方式与酒店联系预约客房，酒店则根据客房的可供应状况，决定是否满足客人的订房要求。这种预订一经酒店的确认，酒店与客人之间便达成了一种具有法律效力的预期使用客房的协议。据此，酒店有义务以预订确认的价格为客人提供所需客房。

客房预订是酒店前厅部的一项重要业务内容，积极有效地开展预订业务，是酒店开拓市场、稳定客源、提高客房出租率的有效手段，还能够掌握客源动态，预测酒店未来业务。同时，对于协调酒店各部门业务、提高工作效率和服务质量也有着积极意义。因此，对酒店来说，开展客房预订业务非常重要。

2.1　预订的方式与类别

客房预订是一项复杂又细致的工作，它关系到客房的销售和酒店的声誉。要做好预订工作，预订员就必须了解酒店产品和服务的特点，了解客人的需求，掌握客房预订的方式和种类，使预订工作得心应手。

2.1.1　客房预订的方式

客人采用何种方式进行预订，受其预订的紧急程度和客人预订设备条件的制约。因此，客房预订的方式多种多样，各有其不同的特点。客人常采用的预订方式主要有下列几种：

1）电话订房

订房人通过电话向酒店订房，这种方式应用广泛，特别是提前预订的时间较短时，这种方式最为有效。其优点是直接、迅速、清楚地传递双方信息，可当场回复客人的订房要求，电话预订的程序与标准见表2-1。

学习微平台

微视频2-1

学习微平台

音频2-1

表2-1　　　　　　　　　　电话预订的程序与标准

程序	标准
（1）接电话	铃声响起三声以内
（2）问候客人	①问候语：您好 ②自报岗位：××酒店预订部
（3）询问客人姓氏	①询问客人的称呼 ②复述确认
（4）询问客人订房要求	①确认客人订房日期 ②查看电脑及客房预订控制板
（5）推销房间	①介绍房间类型及房价（注意推销技巧） ②询问客人公司名称 ③确认客人是否属于合同单位，以便确定优惠价格
（6）询问付款方式	①询问客人付款方式，在预订单上注明 ②由公司或旅行社承担费用的，要求在客人抵达后书面确认，做付款担保
（7）询问客人抵达情况	①询问客人乘坐的交通工具及抵达时间 ②向客人说明酒店为客人保留房间的最后时间
（8）询问客人特殊要求	①询问客人有无特殊要求 ②对有特殊要求者，详细做好记录并复述
（9）询问预订人或预订代理人情况	①预订人或预订代理人的准确姓名、电话号码（单位） ②对上述情况做好记录
（10）复述预订内容	①客人乘坐交通工具抵达的时间 ②房间类型、房价 ③客人姓名 ④特殊要求 ⑤付款方式 ⑥代理人情况
（11）完成预订	向客人致谢

同步案例2-1

"伍先生"与"吴先生"

背景与情境：10月25日，伍先生打电话给酒店预订处，声明"我是你们酒店的一名常客，我姓伍，我想预订10月29日至30日两天的2618房间"。预订员小刘当即查阅了29日、30日的预订情况，表示酒店将给他预留2618房间至10月29日下午6：00。10月29日下午3：00，伍先生和他的一位朋友来到前厅接待处，在出示证件要办手续时，接待员小方查阅了预订信息后说："对不起，伍先生，没有您的预订信息。""怎么可能，我明明在4天前就预订了。""对不起，我已经查阅了，况且本酒店的2618房间已出租，入住的是一位吴先生，请问您是不是搞错了？""不可能，我预订好的房间，你们也答应了，为什么这么不讲信誉？"接待员小方一听，赶紧核查预订记录，这才发现，原来预订员小刘一时粗心，把"伍"写成"吴"，当一位吴先生登记入住时，接待员小方认为这就是预订人，随手就把吴先生安排进了2618房间。接待员小方向伍先生道歉："伍先生，实在抱歉，您看这样，您和您的朋友入住2619房间可以吗，2619房间的规格标准与2618房间完全一样。"伍先生不同意，并且很生气，认为酒店有意欺骗他，立即向大堂副理投诉……

问题：为什么会出现此问题？谈谈你的想法。

分析提示：在预订中容易发生的问题有协调不够、房态显示错误、记录资料不全、预订员对房价变更缺乏了解等。从本案例中我们不难发现，这是由于预订员小刘在接受电话订房时疏忽大意造成的，致使客人抵达酒店后不能顺利入住，客人的需求得不到满足，从而投诉酒店。

2）面谈订房

面谈订房是客人亲自到酒店，与订房员面对面地洽谈订房事宜。这种订房方式能使订房员有机会详尽地了解客人的需求，当面解答客人提出的问题，有利于推销酒店产品。

与客人面谈订房事宜时应注意：

① 仪表端庄，举止大方，讲究礼节礼貌，态度热情，语音、语调适当，口齿清楚。

② 恰当把握客人心理，运用销售技巧，灵活地推销客房和酒店其他产品。必要时，还可向客人展示房间及酒店其他设施与服务，以供客人选择。

③ 受理此方式时，应注意避免向客人做具体房号的承诺。

3）互联网订房

随着现代电子信息技术的迅猛发展，通过互联网进行酒店客房预订的方式迅速兴起，并已成为酒店业21世纪客房预订的主要方式。

教学互动2-1

主题：酒店+VR打造预订新模式

背景资料：传统的客房预订网页仅为顾客提供如房间设施、房间大小、酒店服务设施等文字和图片说明，顾客仅凭自我感知去设想入住体验。若入住后与期待不相符，容易引起客人不满甚至投诉。

随着5G通信技术和虚拟现实（VR）技术的日臻成熟，酒店的客房预订引入VR技术，让预订者更全面地了解客房信息。VR技术可以给客人提供酒店内部以及客房服务设施的三维实景信息，让客人能提前了解酒店的室内外布局，更有室内实景AR/VR效果展示，实现全景看房功能。不仅能让用户身临其境地了解室内设施，直观了解酒店房间内的各个细节情况，还能一键切换四季昼夜场景，看到客房内光照效果的同时也能欣赏到客房外昼夜景观和场景，进而满足客人对光照、观景角度、无烟层等各种个性化需求，更直接地选择心仪的楼层和房间，让选择的过程也变成一种享受。

（资料来源　壹传诚. 酒店+AR/VR，让酒店不只是简单住［EB/OL］. ［2019-09-21］. https：//www.ycc333.com/Projects/jdarvrrjdb.html. 经过改编）

互动问题：未来预订还会有哪些新的趋势？

要求：同"教学互动 1-1"的"要求"。

（1）通过酒店连锁集团的中央预订系统（CRS）向其所属酒店订房。

随着我国酒店业连锁化、集团化进程的加快，不少酒店纷纷加入了国际或国内酒店集团。大型的酒店连锁集团都拥有中央预订系统，即 CRS（Central Reservation System）。随着互联网的推广使用，原先主要采用电话订房方式的酒店都实现了互联网上的在线预订。信息全、选择面宽、成本低、效率高、咨询方便、房价一般低于门市价等特点，使其越来越受到客人青睐。酒店也越来越注重其网站主页的设计，以增强吸引力。

（2）通过酒店自设的网站，直接向酒店订房。

一些大型酒店已自设网站，实行全方位在线订房。虽然这一做法比传统的做法经济、迅速，但对大多数中、小型酒店来说一时还难以实现。因此，该方式尚未得到广泛的普及和应用。

4）合同订房

酒店与旅行社、商务公司或专业旅游网站之间通过签订订房合同，达到长期出租客房的目的。合同对双方的权利与义务进行约束，酒店可通过合同方多渠道地将酒店客房销售出去，签订的订房协议书见表2-2。

表2-2　　　　　　　　　　　　　　　　订房协议书

甲方：××公司（以下简称甲方）			
联系地址：　　　　　　　（网址：　　　　　　　）			
乙方：××酒店（以下简称乙方）			
联系地址：　　　　　　　（网址：　　　　　　　）			
甲乙双方按照互助互利的原则，达成以下协议：			
1.乙方向甲方提供房间特惠价格如下（货币：人民币）：			
房型名称	前台价格	建议售价 （非周末/周末）	结算底价 （非周末/周末）
中早：　　　元/位　　西早：　　　元/位　　中西自助：　　　元/位　　加床：　　　元/床			

说明：

1）提供给甲方的价格包括所有附加费用，如服务费等。

2）建议售价是指甲方客人在酒店前台支付的房价。

3）结算底价为乙方向甲方提供的实际结算价格，两种价格差额部分（以下简称"差额部分"）为甲方应获取的佣金。售价不得高于同行公司。

4）团队根据实际情况，双方进行单团单议。

2.若乙方门市价格下调或推出特惠价，应及时通知甲方，同时第1条中的价格将根据下调比例相应下调，以使建议售价和结算底价始终低于乙方现行的前台价格。

3.乙方按建议售价直接向甲方客人收取所有的费用，甲方应于每月____日前向乙方提供客人入住详细资料。经双方核对并书面确认后，差额部分由乙方在该月____日前汇入甲方指定银行账户或通知甲方专人收款。当双方统计的房晚数有出入时，以乙方收银记录为准。如有跨月份的订房，计入下个月份，凡预订后未入住及入住半天未支付全额房费而退房的，不计房晚数。通过甲方预订并实住的间夜，无论甲方客人是在乙方的前台现付或通过甲方预付或挂账月结房费的间夜均应计入甲方总实住间夜量，双方达成的阶梯奖励补充条款应以此为依据计算奖励佣金。

4.甲乙双方应对上述第1条中的结算底价保守秘密，甲方的一切公开宣传均不应涉及此价格，乙方也不可将此价格泄露给第三方。

5.甲方客人结账退房时间为中午12点，如要求延迟退房时间，乙方可视当天房态尽量满足客人要求。

6.为更好地为客人服务，甲方需随时了解客人的意见，乙方应配合甲方做好每夜22点至早7点的实住审核工作，以便甲方了解客人入住情况。

7.甲方客人延住或加房时，乙方应让客人直接向甲方重新预订。如果因特殊情况与甲方预订中心联系不上，可按甲方之售价予以续住，并计入房晚数内。

8.甲方将以传真的方式向乙方进行预订，以乙方确认并回传为准。甲方需将详细资料通知乙方，对于紧急订房，在无法联系到乙方销售人员的情况下，甲方可以直接发传真至乙方前台，乙方应在不超过40分钟内给予答复。

9.乙方应为甲方提供全面的酒店外景/大堂/餐饮/健身娱乐/客房图片、文字、店徽及标志，以方便甲方为其所属网站进行宣传。

10.甲方将经常通过所属网站向客人推荐、介绍乙方，乙方应为甲方客人提供优质服务。

11.在履行本协议的过程中，乙方应遵守法律、法规，并不得有损害甲方形象的行为，必须为客人提供优良的服务，满足客人的需求。

12.协议第1条价格随市场变化经双方书面同意后可随时进行调整。未尽事宜双方友好协商解决。

本协议经双方签字、盖章后生效，一式两份，双方各执一份，具有同等法律效力。

本协议执行有效期：　　年　月　日至　　年　月　日。

甲方：	乙方：
电话：	电话：
传真：	传真：
业务联系人：	业务联系人：
邮箱：	邮箱：
签署人：	签署人：
日期：　　年　月　日	日期：　　年　月　日

同步案例2-2

如此厚此薄彼

背景与情境： 中国进出口商品交易会即将来临，广州各大酒店都在紧锣密鼓地进行接待准备工作。上个月酒店预订员小郭与两家公司各签订了不同价格的订房合同，与红星公司签订的标准间价格为360元/间·天，与白马公司签订的标准间价格为430元/间·天。碰巧的是，两家公司因为业务关系，其业务员相互认识，当谈到交易会期间将住在同一家酒店时，也就很自然地谈到了房间的价格问题。当白马公司了解到红星公司所签订的合同价比自己的合同价便宜了70元时，觉得很气愤，同是签合同入住该酒店，为什么自己得不到应有的优惠？

白马公司的负责人理直气壮地找到了酒店预订员小郭："凭什么红星公司的合同价要比我们的合同价低呢？这样不合适吧！"预订员小郭告知白马公司负责人，价格的确有差异，但这并不是欺骗他，也不是故意给其高价格。给红星公司这样的低价是有前提的，即红星公司每年的入住间数和消费水平均要达到一定的要求，而对白马公司却没有任何附带条件。如果白马公司也能有红星公司同样的入住量和消费水平，酒店也可以给予其与红星公司一样的价格。因为这是酒店的销售政策，不存在因个人关系的远近而给予不同价格的问题。

经过预订员小郭的耐心解释，白马公司负责人考虑到其公司的入住情况的确不够稳定，如果与酒店签了过高的附带条件，且达不到要求，到头来一定是公司吃亏，于是合同价格之事就不再提了。

问题： 你认为预订员小郭的做法是否正确？为什么？

分析提示： 预订员小郭这样做最能取得客户的谅解，是可采取并提倡的方法。这样做既能给客户一个清楚的交代，让客户明白这是酒店的规定，又能给酒店创造更高的利润，带来更多的客户。让客户知道酒店有健全的管理体制，能为酒店树立良好的形象，以便带来更多的消费者。

在以上各种订房方式中，目前较为常见的是互联网订房和电话订房。无论采用哪一种方式，酒店预订员都必须注意以下问题：

① 及时给客人以明确答复。无论客人以何种方式订房，酒店都应确认客人是否预订成功。

② 在受理预订时，不要给客人具体房间号码的许诺。因为房间的租用情况随时都在发生变化，一旦客人抵达酒店后所订房间没有空出或不能使用，酒店将失信于客人。

③ 掌握客人的离店日期。为保证整个预订工作的严谨性，应该尽可能地掌握客人的离店日期。如果在电话预订中客人没有讲清房间需要预订几天，通常酒店只为其预订一夜客房，但一定要事先讲明。

同步链接 2-1

延庆持续优化营商环境，推进可持续发展

随着2022年这场简约、安全、精彩的冬奥盛会成功落幕，延庆区快马加鞭、谋篇布局后冬奥发展，瞄准国际高端赛事，促进文体旅深度融合。依托场馆后续利用，成功与国际雪车联合会签署了五方合作备忘录，明确未来5年在赛事举办以及开展训练营等方面深化合作；积极申办高山滑雪世界杯延庆站等国际、国内冰雪竞技重大赛事活动，结合重大国际冬季运动赛事、重要国际会议，促进中外文明交流互鉴。促进体育、文化、旅游深度融合发展，将冬奥延庆赛区作为京张体育文化旅游带的重要组成部分，写入《京张体育文化旅游带建设规划》；加快打造国际滑雪度假旅游胜地；延庆奥林匹克园区成功入选2022年北京市体育旅游十佳目的地、北京市旅游热门打卡地，推出亲子游、党建团建等一系列定制化旅游产品。目前，园区已累计接待游客18.5万人次，冬奥村客房销售突破22 000间（次），客房预订率连续多日接近100%。

未来，延庆区将认真学习深入贯彻党的二十大精神，紧抓后冬奥发展窗口期，加快释放市场"磁吸力"，打造一流市场化、法治化、国际化营商环境，奋力谱写优化营商环境华彩篇章。

（资料来源　王淼. 认真学习宣传贯彻党的二十大精神丨延庆持续优化营商环境，推进可持续发展［EB/OL］.［2022-11-30］. https：//sports.sohu.com/a/611709843_121106842.经过改编）

2.1.2　预订的类别

酒店在接受和处理客人预订时，根据不同情况，一般将预订分为两种类型。

1）非保证类预订（Non-guaranteed Reservation）

非保证类预订通常有以下三种具体方式：

（1）临时类预订（Advanced Reservation）

临时类预订，是指客人的订房日期或时间与抵达的日期或时间很接近，酒店一般没有足够的时间给客人以书面的确认。

（2）确认类预订（Confirmed Reservation）

确认类预订，是指客人的订房要求已被酒店接受，而且酒店以口头或书面形式予以确认。

确认预订的方式有两种：一种为口头确认；另一种为书面确认。通常使用书面确认，如通过电子邮件、传真"回复确认书"等。口头确认一般只用于客人订房时间与抵店时间很接近时。无论是口头确认，还是书面确认，都必须向客人明确申明酒店规定的抵店时限。

书面确认与口头确认相比有如下优点：

① 能复述客人的订房要求，使客人了解酒店是否已正确理解并接受了他的订房要求，让客人放心。

② 能申明酒店对客人承担的义务及有关变更预订、取消预订以及其他有关

方面的规定，以书面形式确立了酒店和客人的关系。

③能验证客人所提供的个人情况，如姓名、电话等。因此，持预订确认书的客人比未经预订、直接抵店的客人在信用上更可靠，大多数酒店允许其在住店期间享受短期或一定数额的赊账服务待遇。

（3）等候类预订（On-wait Reservation）

酒店在客房订满的情况下，因考虑到有一定的"水分"，如取消、变更等，有时仍按一定数量给予客人等候订房。

2）保证类预订（Guaranteed Reservation）

客人通过预付定金来保证自己的订房要求，特别是在旅游旺季，酒店为了避免因预订客人不来或临时取消订房而造成损失，要求客人预付定金（Deposit）来保证订房要求，这类预订被称为**保证类预订**（也称担保预订）。保证类预订以客人预付定金的形式来保护酒店和客人双方的利益，约束双方的行为，因而对双方都是有利的。

所谓预付定金，是指酒店为避免损失而要求客人预付的房费（一般为一天的房费，特殊情况除外）。对如期到达的客人，在其离店结账时予以抵扣；对失约的客人，则不予退还，酒店在一定时间内为其保留房间。对保证类预订的客人，在规定期限内抵达而酒店无法提供房间时，则由酒店负全部责任。

保证类预订使酒店与客人之间建立了更牢靠的关系。客人可以通过下列方法进行订房担保：

①信用卡。客人在订房时向酒店声明，将使用信用卡为所预订的房间付款，并把信用卡的类型、号码、有效期及持卡人的姓名告诉酒店。如果客人在预订日期未抵达酒店，酒店可以通过信用卡公司获得房费的补偿。

②预付定金。对酒店来说，最理想的预订方法是客人预付定金，如现金、支票、汇款等酒店认可的形式。

③订立商业合同。商业合同是指酒店与有关客户单位签订的订房合同。合同内容主要包括签约单位的地址、账号以及同意对因为失约而未使用的订房承担付款责任的说明，合同还应规定通知取消预订的最后期限，如签约单位未能在规定的期限内通知取消预订，酒店可以向其收取房费等。

由于各地区、各酒店的实际情况不同，担保的方法也不尽相同。有些酒店将其认可的个人名誉担保视为订房担保，有些酒店目前尚无法接受以信用卡作为订房担保，因此采取何种有效的订房担保，应视情况而定。

学习微平台

音频 2-2

2.2　前厅部预订员的服务技术

2.2.1　受理预订工作

客房预订业务是一项技术性较强的工作，如果做得不好，就会影响酒店对客服务质量和整个酒店的信誉。因此，为了确保预订工作高效有序地完成，酒店必须建立科学的工作程序，客房预订的程序如图 2-1 所示。

```
┌─────────────────────┐
│    预订准备工作      │
├─────────────────────┤
│ 受理预订，明确客源要求 │
└─────────────────────┘
   ┌──────────┐    ┌──────────┐
   │ 接受预订  │    │ 婉拒预订  │
   └──────────┘    └──────────┘
   ─ 确认预订        ─ 列入等候名单
   ─ 预订资料记录储存
   ─ 订房修改（变更或取消）
   ─ 核对预订
   ─ 抵店前的准备工作
```

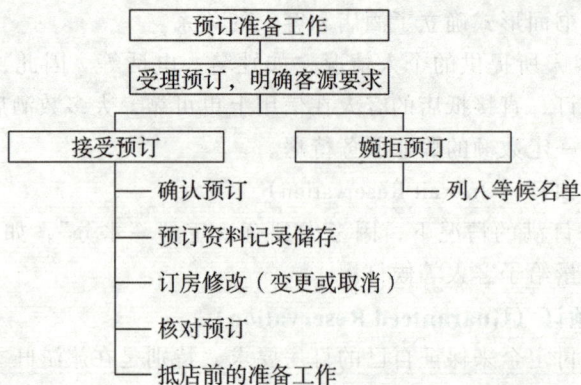

图2-1　客房预订的程序

1）预订准备工作

俗话说"不打无准备之仗"，预订工作也是如此，只有提前做好准备工作，才能给每一位订房客人迅速而准确的答复，从而提高预订工作水准和效率。

（1）岗前准备

① 预订员要按照酒店制定的规范和要求上岗，做好交接班工作。在交接班时仔细查看上一班次预订资料，问清情况，掌握需要处理的优先等候、列为后备和未收取定金等不准确的预订名单及其他事宜。

② 检查计算机等设备是否完好，准备好预订单、预订表格等各种资料和用品，摆放整齐规范，临时接受预订时，避免出现现查、现找等现象。

（2）预订的可行性掌握

预订员上岗后，必须迅速掌握当日及未来一段时间内可预订的客房数量、类型、位置、价格标准等情况，对可预订的各类客房要做到心中有数，以保证向客人介绍可订房间的准确性。

2）受理预订，明确客源要求

预订员应主动向客人询问，以获悉客人的住宿要求，并将其所需预订信息填入"客房预订单"（见表2-3）。

表2-3　　　　　　　　　客房预订单

RESERVATION FORM
预订单

Sales & Marketing Dept.
Fax No.

☐New Booking 新预订　☐Amendments 更改　☐On Waiting List 等候
☐Seminar 研讨会　☐Cancellation 取消

Guest Name 客人姓名	No.of Rooms 房间数量	Room Type 房间类型	No.of Guest 客人数量	Rate 房价	Company Name 公司名称

续表

Guest Name 客人姓名	No.of Rooms 房间数量	Room Type 房间类型	No.of Guest 客人数量	Rate 房价	Company Name 公司名称

Original Arrival Date 预订到店时间：＿＿＿＿年＿＿＿＿月＿＿＿＿日

Original Departure Date 预订离店时间：＿＿＿＿年＿＿＿＿月＿＿＿＿日

New Arrival Date 新到店时间：＿＿＿＿年＿＿＿＿月＿＿＿＿日

New Departure Date 新离店时间：＿＿＿＿年＿＿＿＿月＿＿＿＿日

Arrival Flight 到店航班：＿＿＿＿　　　Departure Flight 离店航班：＿＿＿＿＿＿

Payment 付款方式：□Pay Cash 现金支付　□By Credit Card 信用卡支付

Credit Card No.信用卡号：＿＿＿＿　Expiry Date 有效日期：＿＿＿＿Month＿＿＿＿Year

Type 信用卡类别：　□VISA　□MASTER　□DINERS　□JCB　□OTHERS＿＿＿

Reserved Signature 预留签署：＿＿＿＿＿＿＿＿

Remarks 备注：＿＿＿＿＿＿＿＿

Contact Name 联系人姓名：＿＿＿＿＿＿　　Company Name 公司名称：＿＿＿＿＿＿

Telephone Number 电话号码：＿＿＿＿＿　Fax/Telex Number 传真号码：＿＿＿＿＿＿

Taken By 预订人：＿＿＿＿＿＿　　　Date Taken 预订日期：＿＿＿＿＿＿

3）接受预订或婉拒预订

预订员通过查看预订总表或计算机终端，来判断客人的预订要求是否与酒店的实际提供能力相吻合，包括以下四点：抵店日期、房间类型、用房数量、住店夜次。

若客人的预订要求与酒店的实际提供能力相吻合，可将客人信息详细记录并存档。若酒店客房状况不能满足客人的要求，则需要婉言拒绝其订房要求，即婉拒预订。但这并非意味着对客服务的终止，预订员可根据酒店的实际情况建议客人做一些更改，或主动提出其他合理化建议，以使客人满意，也可征得客人的同意，将其订房要求、电话号码等信息详细记录在"等候名单"上，随后每天检查落实，一旦有满足客人要求的客房出现，立即通知客人。如果客人采用书面订房，预订员也应礼貌复信，以表歉意。婉拒致歉信见表 2-4。

表2-4 婉拒致歉信

××女士/先生：

　　由于本酒店____年____月____日的客房已经订满，我们无法接受您的订房请求，没能满足您的要求，对此我们深表歉意，感谢您对本店的关照，希望今后有机会为您提供服务。

　　顺致崇高敬礼！

××酒店预订处

年　月　日

教学互动2-2

　　主题： 酒店已客满

　　背景资料： 李先生来某酒店登记入住，他声称自己预订了第二天的房间，现在提前一天到达。但是，接待员小张在次日抵店的"预订客人名单"中未查到李先生的名字，于是告诉李先生酒店已经客满，没有空房，请他到其他酒店入住。李先生很不高兴。

　　互动问题： 你认为为什么会出现这种情况？接待员小张应该如何处理这个问题？

　　要求： 同"教学互动1-1"的"要求"。

4）确认预订

　　预订员在接到客人的预订要求后，应立即将客人的预订要求与酒店未来时期客房的使用情况进行对照，决定是否接受客人的预订，如果可以接受，就要对客人的预订加以确认。

　　确认预订的方式通常有两种，即口头确认（包括电话确认）和书面确认。如果条件允许，酒店一般应采用书面确认的方式，向客人寄发"预订确认函"。预订确认函见表2-5。

表2-5 预订确认函

预订确认

RESERVATION CONFIRMATION

感谢您选择下榻××酒店。我们非常荣幸为您确认以下预订：

Thank you for choosing ×× hotel.We are pleased to confirm the following reservations：

客人姓名/GUEST NAME_____

到达日期/ARRIVAL DATE_____　　班机号/FLIGHT NO._____

离店日期/DEPARTURE DATE_____

人数/NO.OF PERSONS_____

房间类型/ROOM TYPE_____　　房间数量/NO.OF ROOMS_____

房价/RATE_____　　付款方式/PAYMENT_____

备注/REMARKS

请将订房确认书交与接待处。

Please present this confirmation to the reception desk.

公司/COMPANY_____　　致/ATTN_____

续表

地址/ADDRESS_____ 电话号码/TEL NO._____ 注意：任何预订都需以信用卡或现金担保，取消预订需在入住前一天通知酒店，否则将收取一晚的房费。考虑到房间的可用性，请做相应的预订。 NOTE：Any reservations need to be guaranteed by credit card or cash and any cancellations need to be informed one day in advance.Otherwise one night will be charged automatically from the credit card.Taking into consideration the room availability，please make your reservation accordingly. 敬请知悉：任何不提供担保的客房预订将于入住当日18：00点前自动取消。迟于18：00点到达的客人，请预先告知。若有任何变动，请直接与本酒店联络。 Please note that any room reservation without guarantee will be cancelled automatically before 18：00 on the day of stay.For guests arriving later than 18：00，please inform us in advance.Should there be any changes，please contact the hotel directly for adjustment. 确认者/CONFIRMED 日期/DATE

5）预订资料记录储存

当预订确认书发出后，预订资料必须及时、正确地予以记录和储存，以防疏漏。预订资料一般包括客房预订单、确认函、预付定金收据、预订变更单、预订取消单、客史档案卡及客人的原始预订凭证等。将有关同一客人的预订资料装订在一起，最新的资料存放在最上面，依次顺推，以利于查阅。

6）修改预订（变更或取消）

酒店接受预订后，客人在抵店前常常会由于种种原因对原来的预订提出变更要求，甚至可能会取消预订。在处理此类问题时，预订员应该注意下列问题：

（1）如果客人取消订房，预订员应该在酒店管理系统中迅速查找该客人的预订单并注明其取消原因和取消日期。

（2）如果客人要求更改订房，预订员要先查阅有无符合客人更改要求后所需的房间类型。如果可以满足客人变更预订的要求，就接受客人的更改，并重新整理订房资料。系统将自动为客人重新发送一份预订确认函。如果无法满足客人变更预订的要求，可以同客人协商，将客人列入等候名单。

（3）若预订变更的内容涉及一些特殊安排，如派车接送、订餐、放置鲜花水果、房间特殊布置等，则需尽快给相关部门发出变更或取消通知。

（4）有关团体客人订房的变更或取消，要按照合同办理。一般的合同规定，为团体客人订房的组织单位若取消订房，应该在团队抵达前10天通知酒店，否则酒店方面将按照合同规定收取一定比例的损失费。

（5）尽量简化取消预订合同的手续，并将预订取消记录存档。

总之，在接受更改预订和取消预订时，预订员都应耐心、高效地提供对客服务。对酒店来讲，客人能够花费时间通知酒店更改或取消原来的订房，可以使酒店有充分的时间接受其他预订以降低酒店的损失，因此，酒店应鼓励取消预订的客人及时与酒店联系，预订员既要灵活地应对问题，又应表现出极大的热情接待客人。有关调查证明，90%的取消预订的客人在今后的旅行活动中都会考虑在原酒店预订客房。

同步思考2-1

在机场没有接到客人

背景资料：一日，某酒店机场代表与车队司机按预订单到机场迎接客人。当预订单上标示的航班客人都走完了，也没有见到要迎接的客人，机场代表与预订部联系才获悉预订已取消，但预订部忘记通知相关部门。

问题：造成机场代表未接到客人的原因是什么？取消预订的操作程序是什么？预订部应注意哪些问题？

理解要点：本案例主要阐述了预订业务流程中取消预订的处理问题，接受预订很简单，复杂的是接受预订之后的相关工作，如取消或者更改预订，都需要酒店预订部通过一系列的工作来完成订房修改。

在机场没有接到客人的原因很简单，就是客人取消了预订，但预订部忘记通知相关部门。如果客人要求取消预订，预订员应该迅速查找该客人的预订单，加盖"CANCELED/取消"图章，注明取消预订申请人的取消原因和取消日期，并签上预订员姓名，将资料存档，及时对电脑预订状况进行调整。注意查询该客人是否涉及该酒店其他服务项目，如果涉及其他服务项目，则应尽快给相关部门发出取消通知。

课程思政2-1

取消预订

背景与情境：4月2日，某酒店预订处接到了某进出口公司的电话，对方要求预订4个标准间，从4月15日起住4天。几天后，对方按酒店的要求，将1 000元定金存入酒店的账户。

4月9日下午，某进出口公司又打来电话说："对不起，我们之前预订的4个标准间现因计划有变，打算取消预订，1 000元定金能退吗？"

预订员请对方稍等片刻。他放下电话，迅速到计算机中查找预订记录。的确，对方已办过订房手续且定金已入账。今天离预订日期足有5天，按酒店规定，这类情况可退定金。

"我们同意取消预订，并退还定金。请告诉我贵公司的账号。"挂上电话，预订员便在预订记录上做了取消记号，接着又与财务部联系，退还对方1 000元定金。

问题：在酒店预订中，客人的预付定金是否在任何情况下都可以全额退还？

研判提示：实行订房定金制度既可以保证订房客人的用房要求，又能减少酒店因预订客人不来或临时取消订房而在经济上所受的损失，是国际通行的惯例。但是，客人如果付了定金因故不能履约，不能一概而论，应视不同情况做相应的处理，一般应采取包涵、宽容的态度。

在本案例中，客人提前较长时间通知酒店取消预订，使酒店有足够的时间重新出租客房，因此定金应全额退还。

7）核对预订

由于客人在抵店前很长一段时间内就预订了客房，而在入住前这段时间因种种原因经常出现取消或更改订房的情况，因此为提高预订的准确性和酒店的开房率，并做好接待准备，预订员要做好订房的核对工作。订房的核对工作通常要进行三次。

（1）在客人抵店前一个月做一次核对。预订员每天核对下个月同一天抵店的客人，然后以电话、传真或邮件等方式与订房客人进行联系核对订房内容。主要核对抵达日期、住店天数、房间数量与房间类型等内容。如果没有变化，则按准确订房处理；如果有更改或取消订房，则按照订房的修改或变更程序做相应处理。

（2）在客人抵店前一周做第二次核对，处理程序与第一次核对程序相同。

（3）在客人抵店前一天做第三次核对，主要采用电话方式进行核对。预订员对预订内容要仔细检查，并将确切的订房信息传递给总台接待处。如果有取消预订的客人，应立即通知总台，以便及时将这些取消预订的客房出租给其他未经预订而抵店的散客。

总之，做好预订的核对工作可以最大限度地保障酒店的开房率，对大型团体客人而言，核对预订的工作应该更加细致，增加核对次数，以避免因为团队取消预订或更改预订造成大量客房的闲置，而使酒店蒙受巨大的损失。

8）抵店前的准备工作

做好客人抵店前的准备工作，既有利于缩短已订房客人办理入住登记的时间，又能提前做好各项接待准备工作，提供有针对性的服务工作。

抵店前的准备工作大致可以分为三个阶段：

（1）提前一周或数周将酒店主要客人情况，如贵宾（VIP）、大型团队、会议接待等信息通知相关部门，可以采取分发"一周客情预报表""重要宾客预报表"等方法，或由总经理或主管副总经理主持协调会来发布。

（2）客人抵店前，将客人情况及具体的接待安排以书面形式通知相关部门，做好接待准备。酒店常使用的通知书有 "VIP 接待通知单""次日抵店客人一览表""接站单""订餐单""鲜花水果篮通知单"等。

（3）客人抵店的当天，前台接待员应根据客人的订房要求提前做好排房工作，并把钥匙、"住房登记单"准备好，将有关接待细节（包括变更或补充事项）通知相关部门，共同完成客人抵店前的各项准备工作。

2.2.2　超额预订

在当今竞争激烈的酒店业市场中，作为酒店不可能要求客人做到百分之百地精确预订，总有预订不到或者临时取消预订的情况发生，但可以通过某些措施来加强自我保护，以求最大限度地减少酒店的损失。超额预订就是其中一种措施。

1）超额预订率的影响因素

每家酒店所处的市场环境、目标客户的行为习惯等因素不同，都会影响酒店超额预订的决策。因此酒店在决定超额预订率的时候，需要考虑以下因素：

（1）酒店入住的散客和团队客人比例

通常而言，团队客人由于用房数量大，会提前和酒店签订订房合同，支付订金。同时合同里会有明确条款规定临时取消等行为的处理方式。因此，团队客人出现临时取消和没有按约入住的概率比较低。若酒店当日客房中有较大比例的团队客人，酒店应该适度收紧超额预订率。反之，则酒店可以适当地增加比率。

（2）天气原因

天气是影响酒店超额预订率最重要的因素之一。恶劣的天气，将直接导致客人临时改变行程，从而发生没有按约入住的情况。因此，酒店在执行超额预订策略之前，需要实时关注天气情况。

（3）客人订房担保率

酒店在预订时，往往会建议客人使用信用卡作担保，其目的就是尽可能减少没有按约入住的概率。若当日酒店客人订房担保率占比高，则适当减少超额预订量。

（4）历史经营数据

结合历史同时期经营数据可以辅助收益经理作出超额预订决策。例如历史数据表明某一渠道的散客没有按约入住的概率比较高，如果这一渠道的客人在当日预订量中占比高的话，酒店可以适当增加超额预订量。

（5）竞争酒店的出租率

酒店收益经理可以随时关注竞争对手的客房出租率，如果同一时间竞争对手出租率偏低，酒店可以帮助因超额预订而无法入住的客人寻找替代酒店，此时酒店可以适当提高超额预订率。

2）超额预订及其幅度的控制

超额预订，是指在酒店预订已满的情况下，再适度增加预订的数量，以弥补少数客人临时取消预订而出现的客房闲置。超额预订通常出现在旅游旺季或是常年开房率较高的酒店。这样做的目的在于充分利用酒店的客房，提高客房出租率，减少客人预订不到给酒店带来的损失。

超额预订既是酒店经营者胆识与能力的表现，又是一种风险行为。因此，超额预订应该有个"度"的限制，以免因"超订过度"而使预订客人不能入住，或因"超订不足"而使客房闲置。这个"度"的把握是超额预订成功与否的关键，应根据以往酒店客房出租经验，以及对市场和客情的预测分析来把握这个"度"。

学习微平台

随堂测 2-1

同步思考 2-2

超额预订

背景资料： 在旅游旺季，各酒店出租率均较高，为了保证经济效益，一般酒店都实行超额预订。一天，在大堂副理及前台的配合下，大部分客人已安排妥当。下午 6 时左右，又有一位预订客人 A 到达。原分配给客人 A 的 2305 房间的住店客 B 在入店之初即提出了延住，而且因客人 A 到店较晚，酒店又无法联系到客人 B，而所有其他空房又出租给了早到的客人，使得客人 A 现在无房可住。大堂副理向客人 A 解释了情况，并保证可以将他安排在其他酒店，一旦有房间，再将其接回，但客人 A 态度坚决地说："这是你们酒店的问题，与我无关，我哪也不去。"鉴于客人 A 态度十分坚决，而且多次表示哪怕房间小一点也没关系，他就是不想到其他酒店，在值班经理的允许下，大堂副理将客人 A 安置到了值班经理用房，客人 A 对此表示满意。

问题：此情境是否属于超额预订？为什么？

理解要点：此情境属于超额预订。客人 A 在规定的时限内抵达酒店，而酒店却因客满无法为其提供预订的客房。酒店接受并确认了客人 A 的订房要求，即酒店承诺了客人 A 具有得到"自己的住房"的权利。因此，酒店应尽力为客人 A 解决此问题，否则就要承担违约责任。

根据订房数量统计不同类别客人的数量和比例，利用公式计算超额订房数和超额预订率，其计算公式如下：

$$X=(A-C+X)\times r+C\times f-D\times g \tag{2-1}$$

$$X=[(A-C)\times r+C\times f-D\times g]\div(1-r)$$

式中：X 表示超额订房数；A 表示酒店可供出租客房数；C 表示续住客房数；r 表示临时取消和变更，以及预订不到的比率；D 表示预期离店客房数；f 表示提前离店率；g 表示延期住宿率。

设超额预订率为 R，则可得出以下公式：

$$R=X\div(A-C)\times100\% \tag{2-2}$$

业务链接 2-1

超额订房数和超额预订率的计算

某酒店有标准客房 600 间，根据资料统计分析，10 月 2 日预计续住客房数为 200 间，预期离店客房数为 100 间，该酒店临时取消和变更率通常为 8%，预订不到率为 5%，提前离店率为 4%，延期住宿率为 6%。试问，就 10 月 2 日而言，该酒店：

①应该接受多少超额订房数？

②超额预订率多少为最佳？

③总共应该接受多少预订房数？

解：①该酒店接受的超额订房数为：

$$X=[(A-C)\times r+C\times f-D\times g]\div(1-r)$$

$$=[(600-200)\times(8\%+5\%)+200\times4\%-100\times6\%]\div[1-(8\%+5\%)]$$

$$\approx62（间）$$

②超额预订率为：

$$R=X\div(A-C)\times100\%$$

$$=62\div(600-200)\times100\%$$

$$=15.5\%$$

③总共应该接受的预订房数为：

$$A-C+X=600-200+62=462（间）$$

根据国际酒店行业的管理经验，一般情况下，酒店将超额预订率控制在 5%～20% 为宜，如果超额预订比例过大，很可能出现客人到店而无房可住的情况，因此妥善控制超额预订的幅度是很重要的，但这恰恰是有很大难度的。

5%～20%这个超额预订率的指标仅供参考，因为它是依据酒店以往的统计数据得来的，未来状况到底会怎样，还要考虑其他因素做具体分析。

3）超额预订过度的补救方法

超额预订是订房管理艺术的最高体现，处理妥当会提高客房出租率，增加酒店的经济效益。但是，超额订房数和超额预订率毕竟只是根据历史经营资料及人们主观分析得出的结果，因此在实际酒店经营过程中，超额预订失败的案例也时有发生。如果客房超额预订工作操作失控，客人持有酒店的预订确认书，在预订时间内抵达酒店，酒店因客满而无法为其提供所订住房，势必会引起客人的不满，甚至影响酒店的声誉。因超额预订过度而使客人无法入住，是酒店的违约行为，所以一旦发生这种情况，酒店必须采取积极的补救措施，妥善安排好客人，以消除客人的不满情绪，尽量挽回不良影响，维护酒店的声誉。

对于不同类别的预订，出现超额预订过度时酒店的解决措施也不尽相同。对保证类预订，尽可能预留订房；而对非保证类预订，尤其是持有酒店书面确认函的确认类预订，出现超额预订过度的情况，除积极解决客人的入住问题外，可视具体情况，为客人提供一些帮助，如免费为客人提供一次长途电话费或传真费，以便客人能够将临时改变地址的情况通知有关方面。

学习微平台

随堂测2-2

业务链接2-2

处理超额预订过度的一般方法

（1）诚恳地向客人说明原因，并赔礼道歉。如有必要，可由总经理亲自出面向客人致歉。

（2）事先联系其他备用酒店。同本地区同等级酒店加强合作，建立业务联系。在酒店附近联系几家相同等级的酒店作为协议单位，一旦超额预订过度，可安排客人到协议单位暂住。

（3）免费将客人送到其他酒店入住。如果房价高于本店房价，差价由本店支付。

（4）记录客人相关信息。虽然客人到其他酒店入住，但是酒店总台也应将客人的姓名及相关情况记录在问询卡上，以便向该客人提供邮件及查询服务。

（5）做好后续服务。虽然酒店为客人联系了其他酒店入住，也应征询客人的意见，对愿意于次日返回本店住的客人，应留下其大件行李。次日排房时，优先考虑该客人的用房安排。次日一早，由酒店派人将客人接回本店，由大堂副理或值班经理在大厅迎候并再次向客人致歉，陪同其办理入住手续，并在房间内放上致歉卡，让客人感觉到酒店对他的尊重及歉意。这类客人回到酒店后应该享受VIP待遇。

▶ 本章概要 ▶

　　□ 内容提要与结构

　　▲ 内容提要

　　● 客房预订是酒店销售客房产品的中心环节。开展预订业务，既可以满足客人的住宿需求，又可以促进酒店客房销售量的增加，实现酒店的经营目标。

●本章主要介绍了客房预订业务的基本概念、预订程序及方法，并且探讨了酒店如何进行超额预订工作及出现订房纠纷的处理。

●准确地做好客房预订工作对于提高酒店开房率、提高酒店经济收益、提供优质对客服务、树立酒店"品牌"有着重要的意义。

▲内容结构

本章内容结构如图2-2所示。

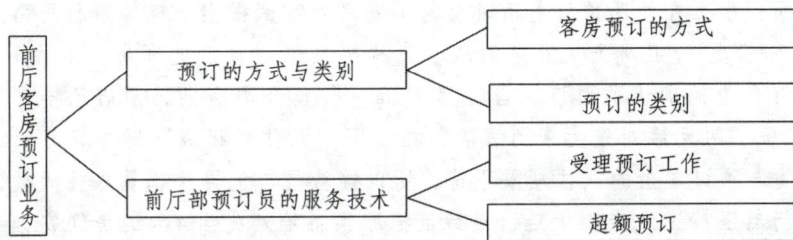

图2-2　本章内容结构

□ 主要概念和观念

▲ 主要概念

客房预订　临时类预订　确认类预订　保证类预订　超额预订

▲ 主要观念

前厅预订业务　超额预订

□ 重点实务与操作

▲ 重点实务

受理电话预订业务　处理超额预订过度

▲ 重点操作

前厅客房预订

⮞ **基本训练** ⮞

□ 理论题

▲ 简答题

1）客房预订的渠道、方式和类别是什么？

2）酒店决定是否接受客人预订的因素有哪些？

3）简述超额预订幅度控制的考虑因素。

▲ 讨论题

1）酒店一般应采用书面确认的方式向客人寄发确认函吗？为什么？

2）间接渠道订房与直接渠道订房，哪个更有优势？为什么？

□ 实务题

▲ 规则复习

1）接受订房的修改（变更或取消）时，预订员应该注意哪些问题？

学习微平台

随堂测2-3

2）简述受理客房预订的程序。

3）简述对于确认类预订的客人，超额预订过度时应采取的一般补救措施。

▲ 业务解析

1）小王是某酒店的预订员，他接到一位客人的订房电话，经过询问，小王得知该客人要预订9月18日的2间标准间。经查询预订记录，他发现该时间段已无空余标准间，于是就对客人说道："感谢您对本酒店的关照，不过实在抱歉，9月18日已经没有您需要的空房了，希望下次能为您提供服务，再见。"

请问：小王在处理预订电话时有何不妥之处？试提出正确的解析思路。

2）一天，一位刘先生致电酒店，声称要预订两日后的客房，入住时间为5天。预订员为他确认了预订。当时为"五一"黄金周假期，酒店已接受了超额5%的订房。两天后刘先生来到酒店，在填写"入住登记表"时却只写明入住一天。因为与预订单上的入住期限不符，所以接待员与他再次确认入住天数，可是刘先生仍然坚持说没错。于是，接待员把原预留给刘先生4天的房间安排给了另一位客人。到了第二天中午，当接待员打电话给刘先生谈及退房和有人预订的问题时，刘先生说登记表上是他的"笔误"，反正他不退房，酒店如果硬要他走，他就要把"酒店赶走客人的行为"曝光……

请问：出现这样的问题你该如何处理？遇见此类客人的一般处理措施是什么？当客人有错的时候我们应该怎么办？

□ 案例题

▲ 案例分析

【训练项目】

案例分析-II。

【训练目的】

见本章"学习目标"中的"案例目标"。

【教学方法】

采用"案例教学法"。

【训练任务】

1）体验本章理论与实务知识在案例分析中的运用。

2）体验对"附录三"附表3"解决问题"能力"初级"的"基本要求"和各技能点"参照规范与标准"的遵循。

3）体验对"相关案例"多元表征中的"结构不良知识"的高级学习过程。

4）撰写、讨论和交流《案例分析报告》。

【相关案例】

客房重复预订之后

背景与情境： 预订部接到一个旅游团队住宿的预订，在确定了房间类型和安排在同一楼层（10楼）后，预订部开具了"来客委托书"，交给了总台石小姐。由于石小姐工作疏忽，错输了电脑记录，之后，石小姐在接到酒店的常客王先生的来电预订后，便把10楼1015房间预订给了这位王先生。

当发现客房被重复预订之后，石小姐受到了严厉的处分。但是酒店仍处于被动地位。王先生如期来到酒店，当得知旅游团队到来使自己不能如愿入住1015房间时，他表现出极大的不满。王先生坚决不同意换客房，无论总台工作人员怎么解释和赔礼，王先生仍指责酒店背信弃义，"我先预订，我先住店，这间客房非我莫属。"预订部王经理向王先生再三致歉，并道出了事情的原委和对石小姐失职的处罚，还转达了酒店总经理的态度——一定要使王先生这样的酒店常客最终满意。

通过交谈，王经理了解到王先生对10楼楼号及客房的陈设、布置、色调、家具十分喜爱。最终，王经理以调换相同的家具到8楼客房的做法打动了王先生。经协商，王先生同意更换楼层。王经理查看酒店的客史档案，得知王先生酷爱打保龄球，因此提议陪同王先生去打保龄球，同时酒店则以最快速度调换房间物品，以保证让王先生满意。

（资料来源 佚名. 酒店案例分析［EB/OL］.［2018-11-23］. https://ishare.iask.sina.com.cn/f/avqCX7l8FqY.html.经过改编）

问题：

1）总台石小姐在接受预订时的失误之处是什么？

2）简述本案例中王经理业务处理的成功之处。

3）假如此项业务由你来处理，你对处理重复预订有何建议？

【训练要求】

同第1章"基本训练"中本题型的"训练要求"。

▲ 课程思政

课程思政-Ⅱ。

【训练目的】

见本章"学习目标"中的"案例目标"。

【教学方法】

采用"案例教学法"。

【训练任务】

1）体验本章理论与实务知识及通过互联网查询的相关规范和标准在"思政研判"中的运用。

2）体验对"附录三"附表3"解决问题"能力"初级"的"基本要求"和各技能点"参照规范与标准"的遵循。

3）体验对"相关案例"多元表征中的"结构不良知识"高级学习过程。

4）体验课程思政相关规范和标准在"思政研判"中的运用。

5）撰写、讨论和交流《思政研判报告》。

【相关案例】

罗先生无房了

背景与情境： 某日，客人罗先生通过本地公司预订某大酒店一个标准间，入住时间为2天。但在总台办理入住手续时，接待员告诉罗先生，其预订的入住时间只有1天。现在又正值旅游旺季，第二天的标准间难以安排。罗先生听后，强调自己让本地公司在为他订房时明确要住2天的，订房差错的责任肯定在酒店。由此，接待员与客人在总台形成了僵持的局面。

问题：

1）本案例中存在哪些思政问题？

2）若查明原因，失误的责任在代订公司，酒店可以采取的做法是什么？

3）接待员面对此情景应该怎样做？

【训练要求】

同第1章"基本训练"中本题型的"训练要求"。

□ 实训题

【训练项目】

"前厅客房预订"业务胜任力训练。

【训练目的】

见本章"章名页"中"学习目标"中的"实训目标"。

【训练内容】

专业能力训练：其领域、技能点、名称和参照规范与标准见表2-1。

表2-1　　专业能力训练的领域、技能点、名称和参照规范与标准

领域	技能点	名称	参照规范与标准
前厅客房预订	技能1	客房预订技能	（1）能够按照预订流程，完成散客预订 （2）能够按照预订流程，完成团队预订 （3）能够完成预订变更和取消的受理
	技能2	处理超额预订技能	（1）能控制超额预订的幅度 （2）能计算超额预订房数量和超额预订率 （3）能有效地进行超额预订过度的补救
	技能3	撰写《前厅客房预订实训报告》技能	（1）能合理设计酒店前厅客房预订业务的调查项目，层次分明 （2）能依照商务应用文的规范撰写《前厅客房预订实训报告》 （3）遵照本教材网络教学资源包中《学生考核手册》考核表2-2所列各项"考核指标"和"考核标准"

职业核心能力和职业道德素养训练：其内容、种类、等级与选项见表2-2；各选项的"参照规范与标准"见本教材"附录三"附表3和"附录四"附表4。

表2-2　　职业核心能力与职业道德素养训练的内容、种类、等级与选项

内容	职业核心能力							职业道德						
种类	自我学习	信息处理	数字应用	与人交流	与人合作	解决问题	革新创新	职业观念	职业情感	职业理想	职业态度	职业良心	职业作风	职业守则
等级	初级	初级	初级	初级	初级	初级	初级	顺从级	顺从级	顺从级	顺从级	顺从级	顺从级	顺从级
选项			√	√	√	√	√		√	√	√	√	√	√

【组织形式】

将班级学生分成若干实训团队，根据实训内容和项目需要进行角色划分与协作。

【训练任务】

（1）对表2-1所列专业能力领域的各技能点，依照其"参照规范与标准"实

施应用相关知识的基本训练。

（2）对表2-2所列职业核心能力选项，依照本教材"附录三"附表3中"参照规范与标准"实施应用相关知识的"初级"强化训练。

（3）对表2-2所列职业道德素养点选项，依照本教材"附录四"附表4中"参照规范与标准"实施"顺从级"相关训练。

【训练要求】

（1）实训前学生要了解并熟记本实训的"目标"、"能力与道德领域"、"任务"与"要求"；了解并熟记本教材网络教学资源包中《学生考核手册》考核表2-1和考核表2-2的"考核指标"与"考核标准"内涵，将其作为本实训的操练点和考核点来准备。

（2）通过"训练步骤"，将"训练任务"所列三种训练整合并落实到本实训的"活动过程"和"成果形式"中。

（3）实训后，学生要对本次"前厅客房预订"的实训活动进行总结，在此基础上撰写实训报告。

【情境设计】

将学生分成若干实训团队，分别选择不同的酒店（或本校专业实习基地），运用前厅客房预订知识，参与其前厅客房预订实训，完成本实训的各项实训任务。各实训团队对所选酒店（或本校专业实习基地）的前厅客房预订实训体验进行总结，并对其本次实训的成功经验和存在的问题进行分析，提出改进方案或建议，最后撰写《××酒店前厅客房预订实训报告》。

【指导准备】

知识准备：

（1）"客房预订的方式与类别"的理论与实务知识。

（2）"客房预订工作程序"的理论与实务知识。

（3）"超额预订"的理论与实务知识。

（4）本教材"附录一"附表1中"职业核心能力"选项的"'知识准备'参照范围"中所列知识。

（5）本教材"附录三"附表3和"附录四"附表4中涉及本章"职业核心能力领域"各技能点和"职业道德素养领域"各素养点，需要对学生事先培训"参照规范与标准"知识。

操作指导：

（1）教师向学生阐明"训练目的"、"能力与素养领域"和"知识准备"。

（2）教师就"知识准备"中的第（4）、（5）项，对学生进行培训。

（3）教师指导学生对操练项目进行调研、资料收集与整理。

（4）教师指导学生撰写《××酒店前厅客房预订实训计划》。

（5）教师指导学生实施《××酒店前厅客房预订实训计划》，并对操练项目进行现场指导。

（6）教师指导学生撰写《××酒店前厅客房预订实训报告》。

【训练时间】

本章课堂教学内容结束后的双休日和课余时间，为期一周。

【训练步骤】

（1）将班级每8～10位同学分成一团队，每团队确定1人负责。

（2）分配各团队实训任务，确定每团队实训的酒店。

（3）各实训团队参与所选酒店（或本校专业实习基地）的前厅客房预订实训。

（4）各实训团队对实训操作的实际情况进行总结。

（5）各实训团队在此基础上，总结实训酒店（或本校专业实习基地）前厅客房预订的成功之处和不足之处，并提出改进建议。

（6）各实训团队在实施上述训练的过程中，融入对"数字应用"、"与人交流"、"与人合作"、"解决问题"和"革新创新"等职业核心能力各"技能点"的"初级"强化训练（突出其"'知识准备'参照范围"所列知识的学习和应用），以及对"职业理想"、"职业态度"、"职业良心"、"职业作风"和"职业守则"等职业道德各"素养点"的"顺从级"相关训练。

（7）撰写作为最终成果形式的《××酒店前厅客房预订实训报告》。

（8）在班级交流、讨论各实训团队的《××酒店前厅客房预订实训报告》。

（9）根据交流、讨论结果，各实训团队修订其《××酒店前厅客房预订实训报告》，并使之各具特色。

【成果形式】

实训课业：《××酒店前厅客房预订实训报告》。

课业要求：

（1）本课业应以学生对所选酒店（或本校专业实习基地）的前厅客房预订的全面总结为基本内容，并分析本次运作中的问题与不足，最后提出改进建议，并包括"关于'能力与道德领域'其他训练的补充说明"等内涵。

（2）报告格式与体例参照本教材"课业范例"的"范例综-3"。

（3）各实训团队的《××酒店前厅客房预订实训报告》初稿必须先经过团队讨论，然后才能提交班级交流讨论。

（4）经过班级交流讨论的《××酒店前厅客房预订实训报告》由各团队进一步修改与完善。

（5）《××酒店前厅客房预订实训报告》定稿后，在其标题下注明"项目团队队长姓名"和"项目团队成员姓名"。

（6）将附有"教师点评"的优秀实训报告在班级展出，并纳入本校该课程的教学资源库。

━ 单元考核 ➤

考核要求："考核模式""考核目的""考核种类""考核方式、内容与成绩核定"及考核表等规范要求，见本教材"网络教学资源包"中的《学生考核手册》。

第3章
前厅客房销售

● 学习目标

引例 香格里拉酒店的全新会员
计划——香格里拉会

3.1 前厅客房销售的基础知识

3.2 客房价格的管理

● 本章概要

● 基本训练

● 单元考核

学习目标

通过本章学习，应该达到以下目标：

理论目标： 学习和把握"前厅客房销售"的相关概念，客房价格的构成与类型、影响客房定价的因素、客房定价目标以及二维码资源等陈述性知识；能用其指导本章"同步思考"、"教学互动"和"基本训练"中"理论题"各题型的认知活动，正确解答相关问题，体验本章"初级学习"中专业认知的横向正迁移。

实务目标： 了解和把握客房销售的方法与要求、客房销售报价技巧、客房价格的控制及客房定价的方法，以及"业务链接"等程序性知识；能以其建构"前厅客房销售"的规则意识，正确解析本章"业务链接"和"基本训练"中"实务题"的相关问题，体验本章专业规则与方法"初级学习"中的横向正迁移和"高级学习"中的重组性迁移。

案例目标： 能运用本章理论与实务知识研究相关案例，培养和提高"前厅客房销售"情境中的多元表征专业能力和"团队协作""与人交流"通用能力；结合"前厅客房销售"教学内容，依照相关规范或标准，对专栏"课程思政3-1"和章后"课程思政-Ⅲ"等案例中的企业及其从业人员行为进行思政研判，培养高尚的道德情操，树立社会主义核心价值观；体验本章"高级学习"中"专业"与"通用"知识和行为规范的重组性迁移。

实训目标： 参加"前厅客房销售"业务胜任力的实践训练。在了解和把握本实训所涉及"能力与道德领域"相关技能点的"规范与标准"的基础上，通过切实体验"前厅客房销售"各实训任务的完成、系列技能操作的实施、《××酒店前厅客房销售实训报告》的准备与撰写等有质量、有效率的活动，培养"前厅客房销售"的专业能力，强化"信息处理"、"与人交流"、"与人合作"、"解决问题"和"革新创新"的通用能力（初级），并通过"顺从级"践行"职业观念"、"职业态度"、"职业良心"、"职业作风"和"职业守则"等素养规范，促进健全职业人格的塑造，体验本章"实践学习"中"专业"与"通用"规则、技能、态度和行为规范的"重组性""产生性"迁移。

引例　香格里拉酒店的全新会员计划——香格里拉会

背景与情境：近日，香格里拉将屡获殊荣的"贵宾金环会常客奖励计划"焕新升级成"香格里拉会"，共设四个不同的会员等级，包括黄金级、翡翠级、钻石级和帝星级。其中，新增设的"帝星级"是一个仅限邀请制的顶级会籍，会员将享受最高等级的专属礼遇，包括在非入住时可使用香格里拉的设施，享受私人礼宾服务，与家人分享钻石级礼赠，以及定制专享体验等。除此以外，"香格里拉会"也同步升级了App手机应用程序。无论是计划旅行、预订美食体验，还是在香格里拉精品店购买商品，会员均可享受专属优惠和更多礼遇。应用程序还新增了一键访问会员卡功能，方便会员直接管理账户，实现轻松预订。

为了进一步提升会员体验，"香格里拉会"从2022年6月6日开始，开启"香逢在6"会员日活动。这一活动将每月6日设定为"会员日"，在6日上午9点至8日上午9点的48小时内发布一系列限时优惠，包括专属会员价格与多重奖励积分等。

（资料来源　佚名. 香格里拉正式发布焕新会员计划"香格里拉会"［EB/OL］.［2022-06-01］. https://cn.chinadaily.com.cn/a/202206/01/WS62972a77a3101c3ee7ad8683.html. 经过改编）

问题：作为在全球享有盛誉的香格里拉酒店新推出的"香格里拉会"，其实质是什么？

在酒店营业总收入中，客房收入通常能够占到50%左右。销售工作是前厅部的重要职能之一，前厅部不仅要完成预订和办理入住登记，每位员工还是销售员，要充分利用销售技巧，推销客房产品，提高客房利用率。销售工作的前提是掌握房态变化和房价政策。总台接待员必须掌握并合理运用客房销售方法与技巧，将合适的客房销售给合适的客人。

3.1　前厅客房销售的基础知识

3.1.1　客房销售的方法与要求

1）客房销售的方法

（1）掌握客人特点

酒店客人的年龄、性别、职业、国籍、住店目的等各不相同，前厅接待员应掌握客人的特点灵活推销，要识别客人的需求，使之与可提供的客房相匹配。例如，在酒店住四晚的客人可能比只住一晚的客人更愿意住一间面积大点的客房或独立的客房，度蜜月或度假的客人可能更愿意住一间能看到自然景色的客房。

同步思考3-1

问题：是否可以随意向客人销售客房？为什么？

理解要点：酒店入住客人的需求不尽相同，应该根据客人的需求有针对性地销售客房。前厅客房销售要做的是向客人推销真正适合他们需求的客房。

商务客人：对房价不太计较且重复入住可能性大，应推荐环境安静舒适、办公设备齐全、便于会客、价格较高的客房或商务套房。

度假客人：应推荐景色优美、价格适中的客房。

蜜月客人：应推荐安静、不易受干扰的大床间。

老年客人或行动不便的客人：应推荐出入方便、靠近电梯、餐厅的客房。

（2）介绍酒店产品

很多客人的消费是由前厅接待员的服务与引导来决定的。前厅接待员应了解酒店的销售政策及价格变动情况，将酒店设施及服务、酒店的特色服务、酒店内举办的娱乐活动及当地举办的各种节庆活动和所接受的付款方式向客人推荐。

（3）巧妙商谈价格

商谈价格时应使客人感到酒店销售的产品是物有所值的，因此在销售过程中应着重推销的是客房的价值而不是价格。可以根据客房的特点，在客房前面加上恰如其分的形容词，如湖景房、海景房、中式套房、西式套房等。除了介绍客房自然特点外，还应强调客房对客人的好处。在商谈房价的过程中，前厅接待员的责任是引导客人，帮助客人进行选择。在向客人报房价时，可根据客人的特点报两种或三种不同的价格，报价由高到低，以供客人选择，对客人的选择要表示赞同。

客人在选择价格时会表现出计较或犹豫不决，前厅接待员可用提问的方式了解客人的特点与喜好，分析客人的心理，耐心地、有针对性地介绍，消除客人的疑虑，并运用销售技巧帮客人作出选择。

尽可能在客人提出的客房标准的基础上销售客房，然后告知房价。描述客人提出的标准和升级的客房之间的不同之处，以及两种客房的价格和优惠。在推销过程中要把客人的利益放在第一位，推荐适合客人消费层次的客房，不要使客人感到他们是在被迫的情况下接受高价客房。如果让客人勉为其难，客人心中会不舒服、不满意，酒店将失去现有客人和潜在客人。

（4）主动带客人参观

客人在选择客房中表现犹豫时，可以建议客人参观客房，在参观过程中前厅接待员要自始至终表现出有信心、有效率、有礼貌，即使客人不住，也要对客人的光临表示感谢并欢迎再次光临。

（5）尽快作出安排

如果客人在参观中对客房感兴趣，则应用提问的方式促使客人作出选择。一旦客人作出选择，应对客人的选择表示赞赏与感谢，并立即为客人办理入住登记手续，缩短客人等候的时间。

同步案例3-1

总台服务的延伸

背景与情境： 1月9日，酒店总台服务员小冉当班，下班时间是早上6：50。此时，李女士和她的先生来到总台，询问酒店的房价情况，并表示因春节期间工作调动，全家想在酒店住一个月，希望酒店提供舒适、经济实惠的客房。

根据李女士谈到的情况和提出的要求，小冉首先安排他们参观了2号楼的标准间。李女士看过后，对房间不是很满意，要求给予较大的折扣。小冉向客人解释道："2号楼的房价本来就比较低，考虑到你们入住一个月的时间，可以再给予一定的优惠，但肯定达不到你们要求的折扣。如果你们对2号楼标准间的条件还不十分满意，可以带你们到前栋楼的客房去看看，房价可以商量。"

李女士同意后，小冉随即安排他们到前栋楼717房间看房，然后立即向上司汇报客人的情况及要求，上司经过考虑给出了一个综合底价，使小冉心中有数。李女士看过后，对这种标准间的入住条件表示满意，也接受了报出的优惠价，但同时提出了一个附加条件：她先入住一个星期，若各方面条件令她满意，她就继续住下去，但不管怎样，她试住的这一个星期要享受已谈成的价格。随后，小冉又就此事请示上司，上司同意了李女士提出的最新要求。小冉迅速为李女士办理了入住手续，并通知有关楼层的工作人员做好接待准备。李女士离开总台时，小冉的下班时间已过去几个小时了。

问题：本案例中小冉是如何成功销售客房的？此案例说明了什么？

分析提示：本案例中小冉通过掌握客人特点、巧妙商谈价格、主动带客人参观、尽快作出安排，成功实现了客房的销售。酒店客房的销售不仅是销售部门的事，而且应该是整个酒店每个部门、每个员工自觉的行动，即全员销售。特别是总台这些"窗口"岗位有着非常重要的作用，应该得到充分的发挥，尽量在服务中延伸其销售的功能。

2）客房销售的要求

优秀的前厅接待员，从客人步入店门那一刻起，在简单的迎宾过程中，就应慧眼识人，并因人而异，运用不同的推销策略，尽量达到销售目的。为了卓有成效地开展客房销售，前厅接待员需要遵循以下要求：

（1）做好销售准备工作

前厅接待员首先要熟练掌握本酒店客房基本情况及特点。例如，本酒店共有多少客房、房间类型、分布、今日房态等。

（2）根据客人需求销售客房，而非销售价格

酒店客房的层级标准不一，收费也有差别。每位抵店客人入住的目的及支付能力各不相同，因此，前厅接待员要根据客人的实际需求，为客人推荐客房，从而达到客人满意和酒店盈利的双赢目标。

（3）仪表得体，语言讲求艺术性

前厅接待员直接对客服务，是酒店的一张活名片，代表着所在酒店的形象。在客房销售的服务过程中，前厅接待员必须做到仪表得体，符合规范，语言表达清晰，同时讲求艺术性，在客人心目中塑造一个良好的形象。

（4）需要掌握的要领

① 以微笑迎接客人，不管是从声音还是从面容上，保持愉悦，销售和服务的同时也在推销自己。

② 与客人保持眼神的接触。

③ 记住客人名字，对话中至少三次称呼客人，用客人的姓加上礼貌称谓，如"先生""小姐"等，不要直接称呼客人的名字。

④ 快速完成登记程序。

⑤ 感谢客人，祝愿他们入住愉快。

在客人离开柜台前，前厅接待员应该感谢客人选择了本酒店和表达祝客人居住愉快的意愿。有些酒店规定在客人入住客房不久后，前厅接待员需要致电客人询问其对房间的满意程度。

教学互动 3-1

主题：机器人接待

背景资料：前台接待、行李搬运、客房服务都是机器人，这样的机器人酒店在日本越来越多。名为"怪异"的机器人连锁酒店（以下简称"怪异"酒店）于2018 年 12 月至 2019 年 3 月在东京、大阪、福冈和京都新开了 10 家店，每家店都设有 100 间至 200 间客房。

第一家"怪异"酒店建于 2015 年，坐落在长崎豪斯登堡主题公园内。一个头戴制服小帽、系着领结的机器恐龙是这里的前台接待员。它会对客人说："如果您想办理入住手续，请按 1……"客人按照它的提示在触摸屏上操作几下即可入住。如果客人不喜欢机器恐龙，还可以选择旁边那位漂亮的"小姐姐"，当然，她也是机器人。

办理完入住手续后，客人可以让机器人帮忙存放贵重物品、搬运行李。一个玩偶样的光头机器人会告诉客人早餐时间等基本信息。

客房采用面部识别系统，所以进门不是刷房卡，而是"刷脸"。客房内还有一个小机器人，可以回答诸如当前时间、天气等问题，帮着开关照明设备。客人还可以用客房内的平板电脑叫机器人进行客房服务。

互动问题：你是如何看待机器人接待服务的？

要求：同"教学互动 1-1"的"要求"。

同步链接 3-1

稳进提质开新局，奋楫笃行谱新篇

西溪投资深入学习宣传贯彻党的二十大精神，迎难而上，稳中求进、稳中求新，积极修炼内功，不断创新产品和服务。西溪投资提前开展市场预判，深入分析市场需求，及时改变经营策略，在三季度交出亮眼的成绩单。喜来登通过更新亲子房装饰和产品，提升了亲子客房销售；其积极创新产品，将客房和餐饮进行打包销售，推出的"望山楂送房下午茶"以及"王者荣耀KPL客房套餐"，深受年轻客群的喜爱。三季度喜来登客房收入预计达 2 290 万元，同比上年同期增长570 万元，涨幅 33%。

（资料来源　西溪投资. 稳进提质开新局，奋楫笃行谱新篇 [EB/OL]. [2022-10-02]. https://www.163.com/dy/article/HIMO066K05382U3L.html. 经过改编）

3.1.2 客房销售报价技巧

对客人而言，价格是客房产品中的一个敏感因素。对客报价是前厅工作人员为扩大客房产品的销售，运用语言艺术以引起客人购买欲望的一种推销方法。在实际工作中，各酒店因酒店设施以及床的种类的不同而设置了若干种价格类型，前厅客房标牌价格可能相差很大，前厅接待员应娴熟地利用各种技巧，吸引客人选择中档或豪华客房，增加客房收入。客房销售的主要报价方法有：

1）选择性报价法

根据客人的支付能力，提供适当的房价范围。太低的报价容易使酒店标准遭受客人质疑，太高的报价则容易使客人有被宰的感觉。选择性报价会让客人觉得实际、实惠，并大大缩短客人的选择时间从而加快办理入住登记的速度。

2）由高及低报价法

对一些支付能力强的客人，首先报最高价格的客房，客人不感兴趣时再转向较低价格的客房。虽然客人拒绝了高价格的客房，但是仍有可能选择中、低价格的客房。这种报价方法适用于未经预订、直接抵店的客人。

3）由低及高报价法

先报最低价格的客房，然后再逐渐报出高价格的客房。同时应积极推销酒店有特色的附加服务，重点强调只需在原收费标准的基础上稍微提高一些价格。例如，前厅接待员帮助客人办理入住登记，客人预订的是一间低档次的客房，如果前厅接待员说"若再加10元，可给您安排一间大床房"，或者"若再加20元，您能住进可看到海滨风景的豪华房"，或者"只要再加35元，您可以享受到我们的全价服务，包括两个人的早餐和晚餐"。由低到高报价，可以让客人有更多选择余地，适用于对价格敏感的客人。

4）"冲击式"报价法

"冲击式"报价法，是指在前厅接待服务过程中，前厅接待员先向客人直接报客房价格，再介绍酒店和酒店客房所提供的设施设备和服务项目。"冲击式"报价法主要适用于价格不高、档次偏低客房的销售或消费能力不高的客人。

5）"鱼尾式"报价法

"鱼尾式"报价法，是指在向客人推销客房时，前厅接待员先介绍酒店和酒店客房所提供的设施设备和服务项目，突出其客房的特色与优势，然后再报房价。"鱼尾式"报价法适用于中档客房的销售。

6）"三明治式"报价法

"三明治式"报价法，也称"夹心式"报价法，是指在向客人推销客房时，前厅接待员先介绍酒店和酒店客房所提供的服务项目，再报房价，最后介绍这种价格的客房所配备的设施设备，以缓冲价格冲击，增加客人购买的可能性。"三明治式"报价法主要适用于中、高档客房的销售。

同步案例3-2

巧妙推销留住客人

　　背景与情境： 某酒店总台来了两位客人提出要开特价房。前厅接待员礼貌地告知客人："对不起，先生，今日的特价房已售完，您看其他房间可以吗？"话未说完，客人就不高兴地说："怎么这么快就卖完了呢，特价房只是个幌子还是有却不卖给我们？"前厅接待员耐心解释道："先生，我们的特价房数量有限，每天只推出十几间答谢客人。今天刚好周末，特价房销售特别火爆，早早就售完了。下次您需要的话提前打个电话，我们一定帮您预留出来。今天我们刚好还有一间非常舒适的贵宾房，要是您住的话我帮您申请个优惠价，比特价房贵不了多少，但条件好很多，您意下如何？"客人正犹豫，前厅接待员紧接着问道："请问两位是住一天还是两天？"客人随口答道："两天。"接下来便顺利地办理了入住登记。

　　问题： 本案例中前厅接待员是如何运用客房销售报价技巧的？你从案例中得到了什么启示？

　　分析提示： 本案例中前厅接待员能够根据客人的特点灵活选择合适的报价方法，运用了由低及高报价法。究竟是否入住酒店，往往是客人一念之间的事。而在这一念之间，前厅接待员的销售工作扮演着重要角色，这是帮助客人作出决定的重要推动力，也是酒店成功赢得客人、取得效益的关键所在。

3.2　客房价格的管理

　　客房价格，是指客人住宿一夜所支付的住宿费用，是客房产品价值的货币表现形式。房价制定是否合理对客房产品和服务的销售及在市场上的竞争地位，以及对酒店的销售形象及营业收入和利润都会产生很大的影响。酒店经营是否成功，在很大程度上取决于价格决策正确与否。因此，前厅接待员应在酒店销售策略的指导下，对客房价格、房间类型、房价制定的目标和方法等方面进行有效的控制，以维护客人和酒店双方的利益。

3.2.1　客房价格的构成与类型

1）客房价格的构成

　　客房价格由客房成本和经营利润构成。其中，客房成本包括工程投资、客房资产折旧、经营费用、修缮费用、客房人员工资、各种税费等。经营利润包括客房净利润和所得税。

2）客房价格的类型

　　（1）公布房价

　　公布房价，又称标准房价、门市价，是在酒店价目表上公布的各种类型客房的现行价格。

　　（2）追加房价

　　追加房价是在公布价格的基础上，根据客人的住宿情况另外加收的房费。

白天租用价——对白天在酒店休息而晚上不住宿的客人收取的费用，一般按房费的半价收取。

加床费——对在客房内临时加床的客人收取的费用。

深夜房价——对凌晨抵店的客人收取的费用，一般为半天或一天的房费。

保留房价——住客短期外出旅行，但需要继续保留所住客房，或预订客人因特殊原因未能及时抵店而要求酒店保留房间，酒店通常要求客人支付为其保留客房的房费，但一般不再加收服务费。

（3）特别房价

特别房价是对公布价格作出各种折让的客房价格。

团队价——酒店提供给旅游、会议等团体客人的一种折扣房价，目的是确保酒店长期、稳定的客源，保持较高的出租率。

折扣价——酒店向常客、长住客人等提供的优惠房价。

商务合同房价——与有关公司或机构签订合同，按合同规定以优惠价格向客人销售客房。优惠幅度在10%～25%之间，主要依客源数量、客人在酒店的消费水平而定。

季节价——客房产品因淡旺季而形成的价格差额。

家庭租用价——为吸引家庭客人入住而制定的优惠价格，如以优惠价加床或免费加婴儿床等。

免费——为了建立良好的公共关系，酒店对某些特殊身份的入住客人免收房费。例如，社会知名人士、酒店同行、旅行社代理商、会议主办人员、媒体的记者等。此外，还有"十六免一"的惯例，即对满15名付费成员的团队，免费提供双人间客房的一张床位。

同步思考3-2

背景资料： 一位自称是某公司职员的杨小姐入住酒店，由于没有预订，又不能出示该公司名片或证明是该公司人员的证件，前台接待员告诉她不能享受商务合同房价。

问题： 本案例中前台接待员的做法对不对？酒店的规定是什么？如果一位客人没有订房传真或有效身份证明而坚持要求按商务合同房价入住，前台接待员应该怎样处理？遇到上述情况如何保证酒店利益不受损失，而客人又不进行投诉？

理解要点： 现行酒店房价中有一类特别房价，即商务合同房价，是酒店与有关公司或机构签订合同，按合同规定以优惠价格向客人销售客房。入住客人要享受此合同价格，只要提供属于合同公司或机构的证明或者持合同订房书即可。除此之外，可根据具体情况进行处理。

本案例中前台接待员的做法是正确的，因为客人无法提供能够享受商务合同房价的任何证明。如果客人无法证明自身身份而又坚持享受特别房价，可先同客人协商暂时按当日饭店优惠价入住，待次日收到公司订房传真或有能证明公司身份的证件后再更改房价。接待过程中再遇到类似的情况，可按此方法处理。前台接待员要尽可能地帮助客人确认身份，可同客人商量是否可以代为联系，确认其身份，以便更好地实现对客服务。

3.2.2　客房定价目标与控制

1）客房定价目标

（1）追求利润最大化

追求利润最大化是制定客房价格最基本的目标。利润最大化分为短期利润最大化和长期利润最大化。酒店经营者必须在不同时期确定不同的价格水平。从严格意义上来讲，应以长期利润最大化作为追求目标，避免盲目调价和相互杀价。客房的需求量还受到除价格以外很多不确定因素的影响，因而对需求量和成本的测算往往还要根据市场影响变动。实践证明，高房价并不能保证实现利润最大化，而低房价也未必意味着客房利润的减少，只有适当的价位才能实现客房产品利润的最大化。

（2）提高市场占有率

酒店要提高市场占有率，不仅要增加客房销售量，还要提高其他设施设备的利用率，降低经营成本。就价格因素而言，要达到提高市场占有率的目的，就要采取价格策略。酒店经营者要注意价格策略所带来的不利影响：

① 低价位并不一定能够增加客源，提高市场占有率。因为客房产品需求量还会受诸如政治、经济、交通、季节等多方面因素的影响。

② 低价位可能有损酒店自身形象和声誉，影响服务质量。不应忽视低价对管理人员和服务人员的误导，出现"低价位、低水平服务"的现象。

（3）提高竞争力

价格是竞争的有力手段，但具有竞争力的价格可以有不同形式：

① 与竞争对手同价。在少数卖方市场的情况下，酒店客房产品与竞争对手的客房产品没有明显差别，而且只要了解本地区产品价格水平，就可以采取跟随行业领头人定价的方法。

② 高于竞争对手价格。如果酒店的硬件设施设备水平包括客房产品和服务质量等方面，超出竞争对手，则可以确定较高的价位。

③ 低于竞争对手价格。在一定条件下，酒店采用低价进入市场，可以很快扩大市场份额，提高市场占有率，达到竞争的目的。

（4）实现预期投资收益率

预期投资收益率是酒店经营方针的最重要指标之一，也是必须考虑的客房产品定价目标之一。

2）房价控制管理

在客房价格制定之后，酒店一定要建立房价制度，既要使房价具有严肃性与稳定性，又要在实际运用过程中具有弹性。

（1）严格执行房价制度

管理人员必须让前厅工作人员全面了解和掌握已建立的各项政策和制度，如对优惠房价的报批制度，酒店房价优惠的种类、幅度及对象，各类特殊用房的留用数量，有关管理人员对优惠房价所拥有的决定权限，前厅工作人员对标准价下浮比例的决定制度，房价执行情况的审核程序和要求等。

课程思政 3-1

优惠房价失去客人

背景与情境： 在盛夏的旅游旺季，正是海滨城市某酒店接待客人的繁忙时期。酒店总经理根据来自全国各地的客户与酒店的不同业务关系，分别给予不同的优惠房价。为了便于前厅部销售客房，总经理将需要给予优惠房价的客户名单及具体优惠幅度，列了一个清单交给了前厅工作人员，优惠幅度从七折到九折不等。一天，与酒店有业务关系的一位客户来到酒店前厅，某实习生接待了这位客户。该实习生查阅客户登记资料发现，这位客户属于给予优惠房价的客户，优惠幅度为八五折。该实习生告诉客户："酒店总经理关照给您的房价打八五折。"客户一听很高兴，连声道谢，非常满意。这时，该实习生拿出总经理开列的优惠清单，指着客户的名字说："您看，这是总经理定的优惠价格。"客户接过清单一看，自己名下确实是八五折，忙说："好，好，就这样吧。"等客户一看其他人名下的折扣，不由得笑容消失而皱起了眉头，问道："都是你们酒店的客户，怎么给别人打七折、八折，给我却打八五折？"该实习生亮清单亮出了麻烦，不知如何答复客户。客户生气地把清单摔给实习生，愤然离店。酒店总经理得知此事后十分生气，但又无可奈何地说："这实习生的头脑怎么简单到如此地步，素质太差了！"

问题： 本案例中实习生对房价制度执行得如何？其行为符合思政要求吗？

研判提示： 酒店总经理对部分客户的房价给予优惠是一种营销策略，对增进与客户的友情、吸引客源、拓展业务是有益的。但因客户与酒店的业务关系不同，对酒店经营与发展起的作用不同，也就不能同等对待。总经理给予前厅部的优惠清单，仅供酒店内部人员掌握，绝不能泄露给客户（这是酒店内部的机密文件，是不能外传的）。因此，保守酒店机密是每位员工的职责。本案例中实习生错误地把优惠清单交给客户看，把本来已经很满意的客户惹得不高兴。实习生泄露了酒店机密，又得罪了客户，更让酒店陷入被动局面，严重影响了客户与酒店的关系，后果是严重的。实习生的行为不符合思政要求。

（2）适时采用房价限制措施

房价限制的目的是提高客房实际平均价格，实现酒店客房收益最大化。市场不断变化，当酒店客房的出租率发生较大变动，并能够预测到未来某个时期的客房出租率很高时，前厅工作人员可以采取房价限制措施，如限制出租低价房或特别房价的客房、不接或少接团体客人、房价不打折等。

（3）灵活运用房价杠杆

酒店的客房价格制定后，管理人员必须密切关注市场动态，尤其是竞争对手的情况，充分考虑各种可能，确保酒店客房利润目标的实现，主要措施是调整房价，使房价更适应客观现实的需要。房价的调整一般包括适度调低房价和适度调高房价两类。

学习微平台

延伸阅读 3-1

学习微平台

随堂测 3-1

3.2.3 客房定价的方法

酒店客房定价的方法主要包括以下三种：

1）以成本为中心的定价方法

（1）建造成本法，也称千分之一法。将建造该酒店的总成本除以客房总间数，得出平均每间客房所占的建造成本，再除以 1 000，所得即客房价格。其计算公式为：

平均房价=酒店建造总成本÷房间数÷1 000 (3-1)

业务链接3-1

建造成本法

某酒店总建造成本为 8 000 万元，共有 160 间客房。求：平均房价是多少？

平均房价=酒店建造总成本÷房间数÷1 000

    =80 000 000÷160÷1 000

    =500（元）

（2）成本核算定价法，也称赫伯特定价法。这是由美国酒店和汽车旅馆协会主席罗伊·赫伯特于 20 世纪 50 年代首创。成本核算定价法是以目标收益率为定价出发点，在确定计划期各项成本费用及酒店利润指标的前提下，通过计算客房部应承担的营业收入指标，最终确定客房价格。这种定价方法计算的结果比较准确，但需要大量的市场信息和相应的资料。

（3）客房面积定价法。这是先通过确定客房预算总收入来计算单位面积的客房应得的收入，然后再确定每间客房应得收入，从而确定客房价格。

（4）保本点定价法，又称盈亏平衡定价法。在既定的固定成本、变动成本和客房产品估计销量的条件下，实现销售收入与总成本相等的客房价格，即为保本点房价，其侧重于保本经营，主要用在市场不景气的情况下。其计算公式为：

保本点房价=全年固定成本总额÷全年预计销售客房数+单位变动成本 (3-2)

业务链接3-2

保本点定价法

某饭店有客房 400 间，每间客房分摊固定成本为 150 元，单位变动成本为 40 元，饭店预计年均出租率为 70%。问：房价定为多少才能使饭店保本？

保本点房价=全年固定成本总额÷全年预计销售客房数+单位变动成本

    =（400×150）÷（400×70%）+40≈254（元）

（5）成本加成定价法，又称成本基数定价法。将客房产品的成本（单位变动成本加上单位固定成本就可获得单位客房产品的全部成本）加上一定比例的加成额，即客房价格。

2）以需求为中心的定价法

这是以消费者的价值偏好为依据的定价方法。

（1）直觉评分法，即邀请客人或中间商等，在分析竞争对手的基础上，根据酒店自身的客房产品和服务水平确定客房价格。

（2）相对评分法，即对多家酒店的客房产品进行评分，按照分数的相对比例和市场的平均价格计算客房价格。

（3）特征评分法，即请客人对酒店不同等级客房产品的可感知性、可靠性、保证性、移情性等特征进行评分，并给出每个特征的权重，以市场的平均价格乘以每个特征的权重，得出客房价格。

3）以竞争为中心的定价法

（1）随行就市法，即以同一地区、同档次竞争对手的客房价格作为定价的依据，从而确定酒店客房价格。随行就市法既可以以同等级酒店的平均价格作为定价标准，又可以保持与"领导型酒店"相应的客房价格。

（2）保本销售定价法，即根据盈亏平衡分析，客房销售收入能够补偿客房固定成本和变动成本的客房价格。

从上述内容中可以看出，不同的客房定价方法有不同的前提与特点，要想确保客房定价策略的成功，酒店应根据不同方法，综合各种影响因素，确定适合自己酒店的客房价格。

学习微平台

随堂测 3-2

教学互动 3-2

主题：不推销产品设施的酒店

背景资料：某酒店是一家客房近千间，综合设施齐全，集商务、会议及康乐等设施于一体的大型豪华酒店。酒店客人档次较高，平均停留时间超过 4 天，酒店出租率一直稳定在 75% 以上。然而，酒店的销售额并不高。为此，酒店总经理开展了较为全面的调查。在观察前厅接待员办理入住登记手续时，总经理发现当客人提出折扣要求时，前厅接待员总是欣然应允。此外，前厅接待员也很少主动向客人介绍酒店其他服务设施。当总经理询问前厅接待员为什么不向客人介绍时，前厅接待员回答道："一是怕耽误办理登记手续的时间，违反酒店在 3 分钟之内办完登记的规定；二是怕过多推荐会引起客人的反感；三是推荐与不推荐没什么两样，何必冒那么多风险。"

互动问题：你认为前厅接待员的回答正确吗？请结合所学知识进行分析。

要求：同"教学互动 1-1"的"要求"。

▣ 本章概要

□　内容提要与结构

▲　内容提要

●在前厅业务中，客房销售是重头戏，对于实现酒店的利润目标有直接的、重要的意义。在销售客房及酒店其他产品的过程中，始终将客人的利益放在第一位，让客人感受到一切销售都是为了满足其需求。

●客房销售的要求是做好销售准备工作，根据客人需求销售客房而非销售价格；客房销售的方法是掌握客人特点，介绍酒店产品，巧妙商谈价格，主动带客人参观，尽快作出安排。客房销售报价技巧有选择性报价法、由高及低报价法、由低及高报价法、"冲击式"报价法、"鱼尾式"报价法和"三明治式"报价法。

● 客房价格由客房成本和经营利润构成。客房价格的类型有公布房价、追加房价、特别房价。影响客房定价的因素包括内部影响因素和外部影响因素。客房定价目标是追求利润最大化，提高市场占有率，提高竞争力，实现预期投资收益率；房价控制管理应严格执行房价制度，适时采用房价限制措施，灵活运用房价杠杆。酒店客房定价的方法主要包括以成本为中心的定价法、以需求为中心的定价法、以竞争为中心的定价法。

▲ 内容结构

本章内容结构如图3-1所示。

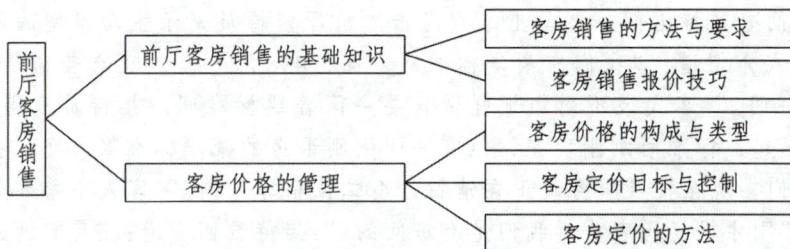

图3-1 本章内容结构

□ 主要概念和观念

▲ 主要概念

"冲击式"报价法 "鱼尾式"报价法 "三明治式"报价法 客房价格

▲ 主要观念

客房销售 客房价格管理

□ 重点实务与操作

▲ 重点实务

客房定价的方法

▲ 重点操作

前厅客房销售

➡ 基本训练 ➡

□ 理论题

▲ 简答题

1）简述酒店客房价格的构成要素。

2）影响酒店客房价格的因素有哪些？

3）一般酒店客房定价的目标是什么？

▲ 讨论题

1）酒店的特别房价在酒店发展过程中所起的作用是什么？

学习微平台

随堂测3-3

2）在面对同一市场竞争时，保持比竞争对手稍低的价格是最好的对策。你认为这种观点正确吗？

□ 实务题

▲ 规则复习

1）怎样灵活实现对客的客房销售？

2）如何对客房价格进行控制管理？

3）爱尔兰农村有个只有40间客房的小饭店，客房清洁、雅致，供应优质的食品和饮料，但客房没有电话，小饭店也没有任何娱乐设施。经过广告宣传之后，小饭店的生意一直很好，如何理解小饭店的成功？

▲ 业务解析

1）一天深夜，两位面容疲倦的客人来到前台接待处。经询问，两位客人需要一间普通标准间，想马上拿到房卡。前厅接待员秉承主动推销的原则向两位客人介绍道：“我们有豪华标准双人间，498元一套，还有普通三人间，588元一间。”客人很不耐烦地强调只要一间普通标准间。接待员只得说道：“真对不起，标准间刚刚卖完，但有一间刚刚退房的豪华标准双人间，也非常适合你们。现在楼层服务员正在清扫，请二位稍等片刻。”客人不禁皱起了眉头说：“刚才机场代表告诉我们是有房的。”接待员回应道：“是有的，但请稍等一会儿，我们马上清理出来，请二位在大堂吧略坐片刻，我们会通知你们的。”客人看了看接待员，不悦地走向大堂吧。15分钟过去了，30分钟过去了，两位客人再次走向接待处，高声责问接待员：“你们到底有没有房间？把我们骗到这儿，根本没房间，我们不在你们这儿住了。”说完，便向门外走去。这时，大堂经理走了过来想留住两位客人，可没等他说话，客人就劈头盖脸地说：“你不用多说了，我们已经在这里白等了半个多小时了。”说完便愤然离去。

请问：接待员在接待销售过程中有何不当之处？试对本业务进行解析。

2）在一年的旅游淡季中，许多酒店纷纷采取降价对策以吸引旅客。某酒店在降价大潮之下，推出一系列的优惠措施。其中，最吸引人的优惠措施是，住一个星期打八折优惠，超过两个星期打七折优惠。优惠措施推出后，立即吸引了大批旅客，客房很快爆满。这天，一位李先生来到该酒店，由于他入住的客房是其助理预订的，对这些优惠不是很清楚就订了房。当李先生听到这些优惠时，他皱了皱眉，过了片刻，他对前台接待员说：“对不起，我突然有一些事要办，恐怕不能住了，我要求退房。”细心的前台接待员觉得纳闷：如果有事要办，房间可以预留，为何要退房呢？在前台接待员的委婉追问下，李先生说出了真心话：“你们酒店与其他酒店相比，客房价格简直是太优惠了，给我的感觉是质量应该没有多大保障，可能不能满足我的需要。而且我出得起钱，希望住得好一点。我情愿去住贵一点的酒店，这样可以放心些。”

请问：在什么情况下，降价反而会引起客人的不满意？结合客房价格调整的相关内容对本业务进行解析。

□ 案例题

▲ 案例分析

【训练项目】

案例分析-Ⅲ。

【训练目的】

见本章"学习目标"中的"案例目标"。

【教学方法】

采用"案例教学法"。

【训练任务】

1）体验本章理论与实务知识在案例分析中的运用。

2）体验对"附录三"附表3"解决问题"能力"初级"的"基本要求"和各技能点"参照规范与标准"的遵循。

3）体验对"相关案例"多元表征中的"结构不良知识"的高级学习过程。

4）撰写、讨论和交流《案例分析报告》。

【相关案例】

给客人留住面子

背景与情境：一位客人来到总台，在办理入住手续时向接待员提出房价七折的要求。按酒店规定，只向住店六次以上的常客提供七折优惠。这位客人声称自己也曾多次住店，接待员马上在电脑上查找核对，结果没有发现这位先生的名字，当接待员把查找结果当众道出时，这位先生顿时恼怒起来。此时正值总台入住登记高峰期，他的恼怒、叫喊，引来了许多好奇的目光。

（资料来源　佚名. 服务员培训［EB/OL］.［2019-03-25］. https://ishare.iask.sina.com.cn/f/iSiOKwpSn8.html. 经过改编）

问题：

1）接待员在处理此问题时的失误之处是什么？

2）若值班经理出面，该如何解决此问题？

3）结合此种情况提出一般处理措施。

【训练要求】

同第1章"基本训练"中本题型的"训练要求"。

▲ 课程思政

课程思政-Ⅲ。

【训练目的】

见本章"学习目标"中的"案例目标"。

【教学方法】

采用"案例教学法"。

【训练任务】

1）体验本章理论与实务知识及通过互联网查询的相关规范和标准在"思政研判"中的运用。

2）体验对"附录三"附表3"解决问题"能力"初级"的"基本要求"和各技能点"参照规范与标准"的遵循。

3）体验对"相关案例"多元表征中的"结构不良知识"高级学习过程。

4）体验课程思政相关规范和标准在"思政研判"中的运用。

5）撰写、讨论和交流《思政研判报告》。

【相关案例】

出租车发票不见了

背景与情境： 20日傍晚，客人王先生到酒店办理入住，因为第二天早上要出门办事，他特地提醒前台服务人员小王让客房服务员帮忙打扫房间，并嘱咐桌上私人物品不要动。小王答应了下来，并和客房部的同事交接了工作。

但是第二天下午，当客人王先生回到房间时，却发现自己放在办公桌上的三张出租车发票不见了。他生气地来到前台质问。

资料来源　佚名．酒店人必看的30个客诉服务案例［EB/OL］．［2021-03-06］．https：// new.qq.com/rain/a/20210306A00X1B00）

问题：

1）王先生的发票为什么会不见了？

2）总台接待员可以采用的处理方法有哪些？

3）总台接待员在思政方面应该加强的是什么？

【训练要求】

同第1章"基本训练"中本题型的"训练要求"。

□ 实训题

"前厅客房销售"业务胜任力训练。

【训练目的】

见本章"章名页"中"学习目标"中的"实训目标"。

【训练内容】

专业能力训练：其领域、技能点、名称和参照规范与标准见表3-1。

表3-1　　　　专业能力训练的领域、技能点、名称和参照规范与标准

领域	技能点	名称	参照规范与标准
前厅客房销售	技能1	前厅客房销售调查技能	（1）能够正确运用询问法和问卷法，通过一般渠道采集资料较可靠、数据较准确的有效信息 （2）能够对调研资料进行初步汇总和解析 （3）能根据调研分析与结论，按照规范格式写出调研报告，并掌握一定的写作技巧
	技能2	客房销售技能	（1）能把握客人的不同需要 （2）能正确地选择客房销售方法 （3）能有针对性地运用客房销售技巧 （4）能较有效地销售客房

领域	技能点	名称	参照规范与标准
前厅客房销售	技能3	客房房价管理技能	（1）能把握客房价格的构成与类型 （2）能根据酒店主客观条件，选择特定房价给相应的客人 （3）能根据影响客房定价的因素和客房定价的方法，制定合理的客房房价 （4）能提出可供选择的前厅客房销售建议
	技能4	撰写《前厅客房销售实训报告》技能	（1）能合理设计《前厅客房销售调查问卷》的结构，层次较分明 （2）能依照商务应用文的规范撰写《××酒店前厅客房销售实训报告》 （3）遵照本教材网络教学资源包中《学生考核手册》考核表3-2所列各项"考核指标"和"考核标准"

职业核心能力和职业道德素养训练：其内容、种类、等级与选项见表3-2；各选项的"参照规范与标准"见本教材"附录三"附表3和"附录四"附表4。

表3-2　　职业核心能力与职业道德素养训练的内容、种类、等级与选项

内容	职业核心能力							职业道德						
种类	自主学习	信息处理	数字应用	与人交流	与人合作	解决问题	革新创新	职业观念	职业情感	职业理想	职业态度	职业良心	职业作风	职业守则
等级	初级	初级	初级	初级	初级	初级	初级	顺从级	顺从级	顺从级	顺从级	顺从级	顺从级	顺从级
选项		√		√	√	√	√		√		√	√	√	√

【组织形式】

将班级学生分成若干实训小组，根据实训内容和项目需要进行角色划分。

【训练任务】

（1）对表3-1所列专业能力领域的各技能点，依照其"参照规范与标准"实施应用相关知识的基本训练。

（2）对表3-2所列职业核心能力选项，依照本教材"附录三"附表3中"参照规范与标准"实施应用相关知识的"初级"强化训练。

（3）对表3-2所列职业道德素养选项，依照本教材"附录四"附表4中"参照规范与标准"实施"顺从级"相关训练。

【训练要求】

（1）实训前学生要了解并熟记本实训的"目标"、"能力与道德领域"、"任务"与"要求"；了解并熟记本教材网络教学资源包中《学生考核手册》考核表3-1和考核表3-2的"考核指标"与"考核标准"内涵，将其作为本实训的操练点和考核点来准备。

（2）通过"训练步骤"，将"训练任务"所列三种训练整合并落实到本实训

的"活动过程"和"成果形式"中。

（3）实训后，学生要对本次"前厅客房销售"的实训活动进行总结，在此基础上撰写实训报告。

【情境设计】

将学生分成若干实训团队，分别选择不同的酒店（或本校专业实习基地），运用前厅客房销售知识，参与其前厅客房销售实训，完成本实训的各项实训任务。各实训团队对所选酒店（或本校专业实习基地）的前厅客房销售实训体验进行总结，并对本次实训的成功经验和存在的问题进行分析，提出改进方案或建议，最后撰写《××酒店前厅客房销售实训报告》。

【指导准备】

知识准备：

（1）"客房销售的方法与要求"的理论与实务知识。

（2）"客房销售报价技巧"的理论与实务知识。

（3）"客房价格的构成与类型及影响客房定价的因素"的理论与实务知识。

（4）"客房定价目标与控制"的理论与实务知识。

（5）"客房定价的方法"的理论与实务知识。

（6）本教材"附录一"附表1中"职业核心能力"选项的"'知识准备'参照范围"中所列知识。

（7）本教材"附录三"附表3和"附录四"附表4中涉及本章"职业核心能力领域"各技能点和"职业道德领域"各素养点，需要对学生事先培训"参照规范与标准"知识。

操作指导：

（1）教师向学生阐明"训练目的"、"能力与素养领域"和"知识准备"。

（2）教师就"知识准备"中的第（6）、（7）项，对学生进行培训。

（3）教师指导学生对操练项目进行调研、资料收集与整理。

（4）教师指导学生撰写《××酒店前厅客房销售实训计划》。

（5）教师指导学生实施《××酒店前厅客房销售实训计划》，并对操练项目进行现场指导。

（6）教师指导学生撰写《××酒店前厅客房销售实训报告》。

【训练时间】

本章课堂教学内容结束后的双休日和课余时间，为期一周。

【训练步骤】

（1）将班级每8~10位同学分成一个团队，每团队确定1人负责。

（2）分配各团队实训任务，确定每组实训的酒店。

（3）各实训团队参与所选酒店（或本校专业实习基地）的前厅客房销售实训。

（4）各实训团队对实训操作的实际情况进行总结。

（5）各实训团队在此基础上，总结实训酒店（或本校专业实习基地）前厅客房销售的成功之处和不足之处，并提出改进建议。

（6）各实训团队在实施上述训练的过程中，融入对"信息处理"、"与人交流"、"与人合作"、"解决问题"和"革新创新"等职业核心能力各"技能点"的"初级"强化训练（突出其"'知识准备'参照范围"所列知识的学习和应用），以及对"职业观念"、"职业态度"、"职业良心"、"职业作风"和"职业守则"等职业道德各"素养点"的"顺从级"相关训练。

（7）撰写作为最终成果形式的《××酒店前厅客房销售实训报告》。

（8）在班级交流、讨论各实训团队的《××酒店前厅客房销售实训报告》。

（9）根据交流、讨论结果，各实训团队修订其《××酒店前厅客房销售实训报告》，并使之各具特色。

【成果形式】

实训课业：《××酒店前厅客房销售实训报告》。

课业要求：

（1）本课业应以学生对所选酒店（或本校专业实习基地）的前厅客房销售的全面总结为基本内容，并分析本次运作中的问题与不足，最后提出改进建议，并包括"关于'能力与道德领域'其他训练的补充说明"等内涵。

（2）报告格式与体例参照本教材"课业范例"的"范例综-3"。

（3）各实训团队的《××酒店前厅客房销售实训报告》初稿必须先经过团队讨论，然后才能提交班级交流讨论。

（4）经过班级交流讨论的《××酒店前厅客房销售实训报告》由各团队进一步修改与完善。

（5）《××酒店前厅客房销售实训报告》定稿后，在其标题下注明"项目团队队长姓名"和"项目团队成员姓名"。

（6）将附有"教师点评"的优秀实训报告在班级展出，并纳入本校该课程的教学资源库。

◀━ 单元考核 ━▶

考核要求： 同第1章"单元考核"的"考核要求"。

第**4**章
总台接待

● 学习目标
引例　塑造一张"脸"，打造一个店
4.1　总台接待概述
4.2　入住接待服务
● 本章概要
● 基本训练
● 单元考核

学习目标

通过本章学习，应该达到以下目标：

理论目标：学习和把握"总台接待"的相关概念、客房状态的类型、影响客房状态的因素、接待员客房分配的技术以及二维码资源等陈述性知识；能用其指导本章"同步思考"、"教学互动"和"基本训练"中"理论题"各题型的认知活动，正确解答相关问题，体验本章"初级学习"中专业认知的横向正迁移。

实务目标：学习和把握总台接待的准备工作，客房状态，散客、团队、贵宾（VIP）、商务行政楼层总台接待的程序，入住登记中常见问题及处理方法，接待员客房销售技巧，以及"业务链接"等程序性知识；能以其建构"总台接待"的规则意识，正确解析本章"业务链接"和"基本训练"中"实务题"的相关问题，体验本章专业规则与方法"初级学习"中的横向正迁移和"高级学习"中的重组性迁移。

案例目标：运用本章理论与实务知识研究相关案例，培养和提高在"总台接待"情境中的多元表征专业能力和"团队协作""与人交流"通用能力；结合"总台接待"教学内容，依照相关规范或标准，对专栏"课程思政4-1"章后"课程思政-Ⅳ"等案例中的企业及其从业人员行为进行思政研判，培养高尚的道德情操，树立社会主义核心价值观；体验本章"高级学习"中"专业"与"通用"知识和行为规范的重组性迁移。

自主学习：参加"自主学习-Ⅱ"训练。在实施《自主学习计划》的基础上，通过阶段性学习和应用"附录一"附表1中"自主学习"（中级）"'知识准备'参照范围"所列知识，收集、整理与综合"入住登记中的常见问题及处理方法"的前沿知识，讨论、撰写和交流《"入住登记中的常见问题及处理方法"最新文献综述》，撰写《"自主学习-II"训练报告》等活动，体验本章"自主学习"中"专业"与"通用"规则和技能的"重组性"迁移。

引例　塑造一张"脸"，打造一个店

背景与情境： 美国一家酒店的老门童要退休了，美国总统都亲自表示挽留，在其退休后又派人送花篮表示感谢。老门童和总统并不沾亲带故，是什么原因使得美国总统这样做呢？是因为这家酒店经常接待美国参、众两院的会议人员，多年经验使得老门童能大声喊出每个人的名字，准确无误地为客人们点好合口味的菜式，引导他们的座驾停在熟悉的泊位……这一切给人们留下了难忘而美妙的回忆。有的酒店总台会给入住的客人（尤其是外宾）提供一张本酒店的名片，以备客人外出后回酒店之用；有的酒店在总台摆设薄荷糖果盘，供抵离酒店之际经过总台的客人随意拿取，祛除口腔异味之用。

总台是酒店的一张名片，是酒店的脸面所在。为了打造一个店，各大酒店竭尽所能塑造"总台"这张"脸"，在客人心目中树立良好的第一印象。

问题： 总台接待怎样才能做得更好？

总台，是前厅服务与管理的中枢，是酒店开展业务活动及实施对客系列服务的综合性部门。总台接待是前厅服务全过程的关键阶段。总台接待工作主要包括接待准备工作、为不同类型客人办理入住登记手续。总台为住店客人所提供的接待服务，具有面对面接触、规程严谨、内容多且复杂、工作效率高等特点，而且对前厅客房销售、协调服务、建账结账、客史建档等多项工作产生重要的影响。

4.1　总台接待概述

前厅部是酒店客房销售的一线。总台在销售客房时首先需要了解房态，知道哪些是住客房，哪些是空房，哪些是脏房，哪些是待修房等，否则无法销售客房。所以，前厅部必须和客房部随时核对房态。

1）客房状态的类型

酒店客房状态通常有以下类型：

（1）VC（Vacant Clean）：已清洁的空房

（2）VD（Vacant Dirty）：未清洁的空房

（3）OD（Occupied Dirty）：未清洁的住客房

（4）OC（Occupied Clean）：已清洁的住客房

（5）OOO（Out Of Order）：待修房。硬件出现故障，正在或等待维修

（6）ECO（Estimated Check Out）：预计退房

（7）NS（No Smoking）：无烟房

（8）S/O（Slept Out）：外睡房。住店客人外宿未归

（9）DND（Do Not Disturb）：请勿打扰

（10）MUR（Make Up Room）：请即打扫

（11）CO（Check Out）：走客房。客人已结账离店，房间正在清扫之中

（12）CI（Check In）：入住房。住店客人正在使用的客房

（13）CFR（Confidential Room）：保密房

（14）BR（Blocked Room）：保留房。这是一种内部掌握的客房。酒店提前

为大型团体客人（如参加国际会议的客人）预留的客房

2）影响客房状态的因素

客房状态因排房、入住、换房、退房、待修房、关闭楼层等因素不断地变化，总台工作人员应随时准确地掌握客房状态，及时传递房态变化的信息。

（1）排房。为了减少客人办理入住登记的时间，总台工作人员为已订房的客人提前做好排房工作。对于已预排好的客房，应将客房状态转换成保留房的状态。必要时应提前一天完成排房工作并把接待要求以书面形式通知有关部门。

（2）入住。客人入住后，总台工作人员应及时将保留房或空房状态转换成住客房状态，并及时通知客房部。

（3）换房。换房是将客人调换出的客房由住客房状态转换成走客房状态，调换进的客房由空房状态转换成住客房状态。总台工作人员还应开具"客房变更通知单"下发有关部门，作为换房、转换房态的凭证。

（4）退房。总台工作人员在接到客人退房离店信息后，应及时将住客房状态转换成走客房状态，并通知客房部。

（5）待修房。客房因设施设备损坏需要维修而暂时不能销售时，客房部应及时通知总台工作人员将此房转换成待修房状态，等得到客房部的恢复通知后再及时取消。

（6）关闭楼层。由于出租率下降，酒店为节约能源、减少成本或利用淡季改造、维修、保养客房，常采用相对集中排房、关闭一些楼层的措施。此时，总台工作人员根据酒店规定，将关闭楼层的客房转换成保留房或关闭楼层的状态。

3）客房状态的显示

客房状态的显示，是指把酒店每一间客房的类型、房态随时准确全面地显示出来。客房状态显示系统，是指用电脑操作系统综合显示客房状态的信息管理系统，具有查询客房类型、客房房态、客房消费等功能，可查询在住、当日入住、预计离店、预计抵店等客人资料。

同步案例4-1

重房事件

背景与情境：凌晨1点，蔡先生从外面应酬回来，拖着疲惫的身躯打开4010房门，心想终于可以好好休息了。打开灯后猛然发现床上躺着一个熟睡的陌生人，而对方也被突如其来的灯光弄醒了，看到有人半夜进来，大呼："你是谁？怎么三更半夜跑到我的房间里来了？"无辜的蔡先生以为自己走错了房间，便拿着房卡来到总台。经接待员读卡确认后，此卡的确是4010房间的房卡。此时，接待员出于职业的敏感，已经察觉到可能是中班接待员卖重房了，赶紧向蔡先生道歉，急忙给他重新安排了房间。

没过几分钟，被惊醒的4010房间的客人打来了电话，怒吼道："你们是怎么搞的，怎么让陌生人来我的房间，房费我不付了，让你们总经理马上向我道歉。"说完便挂断了电话。这样的场面，接待员还是第一次碰到，这么晚了，只能请示值班经理。经过值班经理的再三道歉，并答应减免当天的房费，客人的怒气才算平息。

后经调查，原来是中午的时候房间比较紧张，蔡先生的4010房间属于脏房入住，但中班接待员忙乱中忘记通知房务中心，且未及时修改4010房间的房态，而蔡先生拿走房卡后就出去应酬了，未进入4010房间，楼层服务员在查房时也未发现任何问题，就这样导致了重房事件的发生。事后，中班接待员依照规定受到了处罚。

问题：总台接待员对客房状态应如何控制？你认为应该怎样避免类似问题的发生？

分析提示：重房事件属于总台接待中的"高压线"，总台接待员负有不可推卸的责任。为避免类似问题的发生，一是要求总台接待员加强责任心，二是要求总台接待员熟悉酒店房态，加强房态的显示与控制，三是要求总台接待员不仅讲求工作高效率，更要讲求工作细致入微。工作中用心、细心是永远没有错的。

4.2　入住接待服务

入住接待服务，是前厅部门童、行李员、接待员、收银员等工作人员协调对客服务的全过程。本节中所讲的入住接待服务仅指接待员的入住接待服务。接待员根据散客或团队有无预订等具体情况进行接待，对特殊客人，如贵宾（VIP）、长住客人等，提供有针对性的个性化服务；接待员还应与客房服务员配合，完成商务楼层的接待服务工作。对不同类型客人的入住登记有不同的要求。

业务链接4-1

入住接待服务的一般流程

（1）向客人问好，对客人表示欢迎

（2）确认客人有无预订

接待预订客人时，可能会遇到以下情况：①当大预订单上没有客人的名字；②客人已经预订，但抵店时同等价格的客房已没有了；③客人停留天数与预订的不符；④预订客人提前抵店。对于以上情况，总台接待员应灵活处理。

（3）将客人信息录入酒店管理系统

若无预订：正确录入客人信息、房号、房价、抵店与离店的日期和时间、通信地址，接待员签名。若有预订：在电脑中打开客人预订单，将客人二代身份证放在读卡器上，读取客人信息，与客人确认房间楼层。

（4）采集客人图像信息

邀请客人在图像采集器前拍照，将客人的图像等信息上传到公安系统。

（5）制作客人账单

在账单上打印客人姓名、抵达日期、结账日期、房号、房间类型及房费等，并请客人签字确认。

（6）确定付款方式

（7）准备客用房卡

房卡在客人办理完入住登记后由总台接待员制作、发放，每间客房可根据客人的数量或要求制作多张房卡。

（8）将客用钥匙和身份证件一并交给客人

业务链接 4-2

证件的种类

（1）护照：普通护照（Passport）；公务护照（Service Passport）；外交护照（Diplomatic Passport）；官员护照（Official Passport）；特别护照（Special Passport）；团体护照（Group Passport）；联合国护照（United Nations Passport）；海员护照（Seaman's Passport）。

（2）身份证件：中华人民共和国居民身份证；港澳居民来往内地通行证；台湾居民来往大陆通行证；回美证（Permit To Reenter The United States）；返日证（Reenter Permit To Japan）；中华人民共和国旅行证；中华人民共和国外国人居留许可；中华人民共和国外国人临时居留证；中国人民解放军军士证；中国人民武装警察部队警士证。

（3）签证种类及代码：外交签证（W）；公务签证（U）；礼遇签证（Y）；团队签证（T）；互免签证（M）；定居签证（D）；职业签证（Z）；学习签证（X）；访问签证（F）；旅游签证（L）；乘务签证（C）；过境签证（G）；常驻我国的外国记者签证（J-1）；临时来华的外国记者签证（J-2）。

4.2.1 散客接待服务

散客分为有预订散客（VIP 除外）和无预订散客，入住登记的程序与要求见表 4-1。

表 4-1　　　　　　　　　　　　**散客入住登记的程序与要求**

程序	要求
1）欢迎客人	（1）客人进入大堂区域，接待员在没有为其他客人提供服务的情况下，在 1.5 米以外应和客人保持目光接触，主动向客人问好，表示欢迎（如图 4-1 所示） 图 4-1　欢迎客人

续表

程序	要求
1) 欢迎客人	（2）如果接待员正在为其他客人提供服务，则要通过礼貌的语言和目光表示已注意到客人的到来，如有其他同事当班则请其立即协助接待客人（或请客人先到休息区稍坐），不能让客人感觉被冷落。客人等候期间，宾客关系员可以为客人提供欢迎饮品（如图4-2所示），减少客人等候时的负面情绪  图4-2　递送饮品 （3）如果只有一人当班，并无法同时接待两位以上客人时，需要服务过程中每隔一段时间，向在总台的其他客人表示歉意，并尽快处理手头工作，按先来后到、先急后缓的原则处理散客接待工作 （4）接待有预订散客：当客人是有预订的散客时，将客人提供的信息与预订单上的内容认真核对，对于已付定金的客人，应向客人确认已收到的定金数额，并进一步了解客人实际情况与预订是否有变更（实到人数、实要房数）（如图4-3所示）  图4-3　查询并核对预订 接待无预订散客：当客人是无预订的散客时，主动了解客人所需房间类型及入住天数，并按从高至低或从低至高的房价向客人推荐客房，必要时提供房间照片供客人参考或安排行李员带客人参观房间，与客人确定房型及入住天数后，查看电脑房态，为客人分配已做好清洁的房间；在办理入住登记手续的过程中，除回答客人的提问外，还应不失时机地宣传本酒店的特点，介绍餐饮、娱乐、会议等设施和服务项目，使客人加深对酒店服务的认可和信任 （5）如果客人到达时间较早，未能及时提供已清洁的客房给客人，则应向客人做好解释，建议客人先办理好入住手续，向客人提供存放行李服务，方便客人游玩及用餐

续表

程序	要求
2）办理入住手续	（1）确定房间后，与客人确认房价和离店日期，请客人出示有效证件及进行证件扫描（如图4-4所示）  **图4-4 进行证件扫描** （2）邀请客人采集个人图像信息，并上传公安系统 （3）请客人核对打印出的入住信息，并请客人签字 （4）询问客人以何种方式结算，请客人在入住单上签上全名 对于有预订的贵宾或常客，酒店已经掌握较完整的资料，准备工作可以做得更充分具体，提前准备欢迎卡、钥匙卡，并装入信封，查验身份证件后，只需在入住单上签名确认即可；对于贵宾，酒店可以提供专人引领、先入房间，享受在房内办理登记手续的特殊礼遇
3）收取押金，提供其他帮助	（1）若客人以现金结账，视信用情况决定是否预先收取押金；收取押金时应先将客人的资料输入电脑，然后带客人至收银处交押金，或直接收取客人的押金（如图4-5所示）；若客人以信用卡结账，按规定核对并复印客人信用卡，预刷信用卡的授权，把信用卡的卡号输入电脑中，放入客史档案中  **图4-5 收取客人押金**

程序	要求
3）收取押金，提供其他帮助	（2）入住登记完毕后，询问客人是否需要行李员帮助 （3）接到收银员已收客人押金的通知后，将准备好的房卡交给客人（如图4-6所示），告知客人所住房间类型、具体位置，向客人解释房卡的用途（房卡是住客的凭证，凭卡可在使用酒店服务设施时签单记入房账），若有两位以上客人，房卡应该人手一张  图4-6 递送房卡

4.2.2 团队接待服务

团体客人人数较多，团队接待方式与其他接待方式有所不同，其入住登记的程序与要求见表4-2。

表4-2 团队入住登记的程序与要求

程序	要求
1）准备工作	（1）根据团队接待任务通知单中用房、用餐及其他要求，在团队抵店前进行预排房并确认 （2）提前准备团队的钥匙卡、欢迎卡、餐券、宣传品等，并装入信封内；控制已预排好的客房 （3）团队用餐安排提前通知餐饮部或有关餐厅；逐项落实有关车辆、行李员、与团队领队和陪同联系接洽等事宜 （4）当班人员应清楚每个团队领队的名字、联系电话、单位和特殊事项，并做好和房务中心、销售部的沟通
2）迎候客人	（1）团体客人抵店时，大堂副理及酒店联络员一同礼貌地把团体客人引领到团队接待处，并向客人表示欢迎和问候 （2）根据预订单信息与团队领队和陪同核对人数、房间数、是否订餐等事项，内容无误后，团队领队要在"团队人员住宿登记表"上签字认可。特殊情况下需要增减房间时，礼貌征询团队领队意见，并请其签字，然后通知房务中心和收银处做好相应变更。礼貌地向团队领队征询团队活动的安排，以便为客人提供服务 （3）酒店联络员告知团队领队及客人有关事宜，包括早、中、晚餐地点及酒店其他设施，是否安排叫醒服务等事项

续表

程序	要求
3）填单、验证、分房	（1）请团队领队提供入住客人名单，查验团体签证或个人身份证件，对所有团员的有效证件进行登记、扫描，境外人员需要填写"境外人员临时登记表"，境内人员需要填写"团队资料登记表" （2）邀请每位客人采集个人图像信息，并上传公安系统 （3）询问客人以何种方式结算，房间是否开外线、杂项收费方式（如果团队领队确认是入房账结算，则请团队领队协助提供可入房账客人的名单，并在入住单上注明其签名模式以方便客人消费），确认以上内容后请团队领队在入住单上签名确认，如果团队是挂账的可免去每人签单，由团队领队统一签单 （4）接到收银员已收客人押金的通知后，将准备好的房卡交给团队领队，并告诉团队领队房间的具体位置，由团队领队将预订房间分配给客人。若客人以现金结账，酒店预先收取客人的押金 （5）VIP团入住时，可先发房间钥匙给客人，让客人先进房，留下团队领队及陪同办理入住登记即可（注：全陪为某团队在组团、发团时的随行导游，地陪为当地旅行社导游，所有房间费用、结账事宜均与地陪确认，所有团队的房价对全陪及团员保密，团队入住后相关事宜则与全陪确认）
4）信息传递	（1）接待员将准确的房号、名单送到行李部，请行李员引领团员进房，同时将入住房号通知房务中心 （2）将"团队接待单"或相关服务要求送往有关部门，同时制作"团队主账单"和"个人消费分账单"，送收银处

同步思考4-1

　　问题： 团队接待与散客接待是否相同？为什么？

　　理解要点： 团队与散客的特点不同，需要注意根据团队与散客的区别，细致周到地做好团队的接待服务。

　　在房间上，团队房间在5间以上；在房价上，团队房价远低于散客房价，且房价一般对在住团员及领队保密；在付款方式上，团队房费统一由旅行社支付，团员不需要交付押金，在酒店除房费外的消费需要团员自行结清；散客在消费限额范围之内的、在酒店任何场所的消费均可记入房账，离店时统一结清；团队的活动较为集中，出入时间较有规律，统一住店，统一退房。

4.2.3　VIP接待服务

　　VIP（Very Important Person）是酒店的贵宾，是对酒店影响较大的客人，这类客人通常包括同行业的高层管理者和职位较高或社会影响较大的政界、文化界、体育界的名人等。有的酒店将这类客人又进行划分，分为VIP1级、VIP2级等。VIP接待服务程序较之一般入住客人的接待服务程序，要求更加规范和严格，通常由酒店成立专门接待组，确定接待规格与接待程序。贵宾（VIP）入住登记的程序与要求见表4-3。

表4-3	贵宾（VIP）入住登记的程序与要求
程序	要求
1）贵宾抵达前的准备工作	（1）提前一天预分次日的VIP客房，并请大堂副理批准后报送客房部、餐饮部及其他相关部门。分房时应注意，客房必须是清洁过的空房，千万不能预分第二天才离店的客房。如果客房紧张，分房顺序为：VIP1级、VIP2级……依此类推 （2）夜班总台工作人员必须准备好第二天将抵达酒店的贵宾的"VIP抵达通知单"和"入住欢迎卡" （3）入住当天早上，由大堂副理负责核对所有的"VIP抵达通知单"、"入住登记表"和"入住欢迎卡"，确保所有内容正确无误 （4）总台领班根据所分配的房号，制作房卡
2）贵宾抵达前大堂副理的准备工作	（1）根据预订要求，确认VIP客房的布置规格，填写"VIP客房特别布置申请表"，报请客房部经理审批 （2）审阅当天的"贵宾预订单"，确认所有客房类型、抵离日期、房价、抵达时间，以及其他特殊要求是否落实无误 （3）所有VIP客房必须在贵宾抵达至少1小时前，按照"VIP房检查单"仔细检查一遍 （4）查房时主要检查以下几个方面：卫生状况、小酒吧中的物品是否按规定的数量放置、电视机的节目频道是否与电视指南相符、VIP客房布置规格是否落实、房内的物品摆设是否齐全、位置是否正确、电话号码及线路是否正确、所有的灯具和床头控制器及电力供应是否正常 （5）根据需要，对VIP1级贵宾分配礼宾员，准备专用电梯迎接贵宾进房 （6）任何临时的更改都必须及时通知相关部门
3）贵宾抵达时的迎接与入住登记	（1）大堂副理根据VIP接待规格的要求，在贵宾抵达前20分钟通知有关接待员前来大厅等候，并告知接待员贵宾具体抵达的时间 （2）若贵宾由酒店派专车迎接，酒店代表接到贵宾后应立即通知大堂副理抵店时间 （3）大堂副理须保证门口车道畅通无阻，前厅门童、行李员根据接待规格的要求做好准备，随时待命 （4）所有接待员在贵宾到店前10分钟都必须到达大厅准备欢迎 （5）根据酒店需要，提前5分钟准备专用电梯，由大堂副理负责指定迎宾员开电梯 （6）贵宾抵达酒店时，由保安开车门并用酒店标准语言欢迎贵宾光临本酒店 （7）大堂副理代表酒店欢迎贵宾，邀请贵宾测量体温，并把贵宾介绍给主要负责接待的总经理或副总经理，必要时通知有关部门经理列队欢迎 （8）负责接待的总经理、副总经理、客房部经理、大堂副理陪同贵宾直接进房 （9）客房部经理率当班管理人员及优秀服务员在楼层迎接 （10）客房部经理或大堂副理向贵宾简单介绍酒店的服务设施和客房设施，并负责办理贵宾的入住登记手续 （11）总经理、副总经理、客房部经理、大堂副理与贵宾暂别，并祝愿贵宾入住愉快 （12）大堂副理负责保证贵宾的行李正确无误地送至客房 （13）在贵宾入住5分钟内，根据贵宾人数送上欢迎茶和小毛巾 （14）销售部准备名人题词簿、签名簿，供贵宾留言 （15）总台、总机、房务中心要熟悉贵宾的房号、姓名、职务，当接到贵宾打来的电话时，应立即称呼贵宾的姓氏、职位，为其提供服务

程序	要求
4）信息储存	（1）复核有关贵宾资料的正确性，并准确输入电脑 （2）在电脑中注明贵宾的相关信息，以提示其他部门或人员注意 （3）为贵宾建立档案，并注明身份，作为日后订房和查询的参考资料
5）退房结账服务	（1）确定贵宾退房时间后，大堂副理必须通知总台结账处提前20分钟准备好贵宾的所有账单资料 （2）贵宾入住时的所有账单都必须由大堂副理亲自审阅，以防有任何差错，如有问题应提前解决 （3）大堂副理通知总经理、副总经理、客房部经理及其他有关部门经理在大厅欢送贵宾 （4）大堂副理通知礼宾员收取贵宾行李的时间 （5）大堂副理负责安排好贵宾的交通工具 （6）当贵宾到达总台结账处时，由大堂副理协助贵宾办理退房手续 （7）退房结束，总经理、副总经理、客房部经理、大堂副理等为贵宾送行并告别，必要时通知有关部门经理列队欢送

课程思政 4-1

一位贵宾（VIP）的遭遇

背景与情境：酒店即将到店的客人中，有两位是某公司的高级行政人员。该公司深圳方面的负责人专程赴酒店为这两位客人预订了行政楼层的客房，并要求酒店安排 VIP 接待，该公司其他客人的房间则安排在普通楼层。客人到店之前，相关部门均做好了准备工作。就在一切准备就绪，等待贵宾（VIP）到店之际，其中一位贵宾（VIP）出现在酒店，并声称已入住普通楼层的客房。

经过一番查证，发现客人确实已下榻酒店普通楼层的客房。但这并非客人要求的，而是由于接待员的工作失误造成的。这位贵宾（VIP）与其他客人一行三人抵达酒店时，自称来自同一家公司，接待员 A 只核实了第一位客人的姓名与预订单上客人姓名相符，未进一步在电脑系统中查询另外两位客人的预订。然而，这张预订单是该公司为本应入住普通楼层的三位客人预订的，接待员 A 在只核实了其中一位客人信息的情况下，将本应入住行政楼层客房的客人与其他客人一同安排在普通楼层。接待员 A 主观认为是预订单上客人姓名写错了，并将预订单上客人名字更改成已入住客人的名字。实际应入住普通楼层的客人在抵店时，接待员 B 却无法查到该客人的预订信息。虽然接待员 B 在客人出示该公司名片后确认了身份，并马上安排客人入住，但已使客人对酒店的服务水平产生怀疑。

问题：接待员 A 的行为符合酒店思政要求吗？你认为应该如何改变？

研判提示：VIP 接待工作的失败，是因为接待员 A 未能加以足够的重视，当值主管未尽其监督之责。接待员 A 的行为不符合酒店思政要求。接待员应端正工作态度，提高工作的细致性和准确性，认真对待每一个工作细节，踏实完成每一个工作步骤，为客人提供周到优质的服务。

4.2.4 商务行政楼层接待服务

商务行政楼层（Executive Floor）是高星级酒店（通常为四星级以上）为了接待高档商务客人等高消费群体，向他们提供特殊的优质服务而专门设立的楼层，商务行政楼层被誉为"店中之店"。住在商务行政楼层的客人，不必在总台办理住宿登记，客人的住宿登记、结账等直接在商务行政楼层由专人负责办理。另外，在商务行政楼层通常还设有客人休息室、会客室、咖啡厅、报刊资料室、商务中心等。因此，商务行政楼层集酒店的总台登记、结账、餐饮、商务中心于一体，为商务客人提供更为温馨的环境和各种便利，让客人享受更加优质的服务。商务行政楼层接待的程序与要求见表4-4。

表4-4 　　　　　　　　　　商务行政楼层接待的程序与要求

程序	要求
1）准备工作	商务行政楼层的客人也是酒店的贵宾，准备工作与VIP接待程序大致相同
2）商务客人入住接待（一般实行专人跟踪服务）	（1）客人在大堂副理或客户关系主任（GRO）陪同下来到商务行政楼层服务台后，商务行政楼层经理或主管应微笑站立迎客并自我介绍，请客人在接待台前坐下 （2）将已准备好的登记表取出，替客人填写登记卡，请客人签名确认，注意检查并确认客人的护照、付款方式、离店日期与时间等内容，邀请客人采集图像信息，将已经准备好的欢迎信及印有客人姓名的烫金私人信封呈交给客人，要求整个服务过程不超过5分钟 （3）主动介绍商务行政楼层设施与服务项目，包括早餐、下午茶、鸡尾酒、图书报刊赠阅、会议室租用、商务中心、免费熨衣、委托代办以及擦鞋等服务。行政楼层经理或主管应主动邀请新入住客人接受早餐、下午茶或鸡尾酒等服务 （4）走在客人左前方或右前方引领客人进房；告诉客人如何使用房卡；介绍房内设施，预祝客人居住愉快 （5）通知礼宾部行李员，10分钟内将行李送至客人房间
3）欢迎茶服务	客人登记入住时，接待员为客人提供欢迎茶 （1）事先准备茶壶、带垫碟的茶杯、一盘干果或糖果、饼干，以及两块热毛巾 （2）称呼客人的姓氏，表示问候并介绍自己，同时将热毛巾和茶水送到客人面前 （3）如果客人是回头客，应欢迎客人再次光临
4）鲜花、水果服务	（1）依据确认的抵店客人名单准备好总经理欢迎卡、商务行政楼层欢迎卡 （2）将需要补充鲜花、水果的房间在住店客人名单上做好标记 （3）将鲜花、水果、刀叉和餐巾备好，装上手推车送入客房，并按规定位置摆放好 （4）做好记录，提前一天根据预抵店名单填写申请单，以备用 提醒：鲜花、水果一定要保证质量。根据客人的口味、喜好补充；补充时，要将不新鲜的花和水果撤出，更换用过的刀叉

续表

程序	要求
5）早餐服务	配合餐饮部人员，在开餐前10分钟做好全部准备工作，包括将自助餐台摆好、将食品从厨房运至餐厅、将餐桌按标准摆放、更换报纸杂志、调好电视频道、在每张餐桌上放好接待员的名片等 （1）称呼客人姓氏或头衔尊称并礼貌地招呼客人；引领客人至餐桌前，为客人拉椅子、让座；将口布打开递给客人；礼貌地询问客人是用茶还是咖啡 （2）礼貌地询问客人在收银处结账还是将账单送至收银处 （3）客人用完餐离开时，应称呼客人姓氏或头衔尊称并礼貌地告别 （4）统计早餐用餐人数，做好收尾工作，配合客房部服务员做好场地清理工作 提醒：可根据计算机提供的住店客人名单确认用餐客人姓名，餐具在客人用过后1分钟内撤换，始终保持自助餐台整洁
6）下午茶服务	商务行政楼层免费下午茶服务时间一般为每天16：00—17：00 （1）提前10分钟按要求准备好茶台，包括茶、饮料和小点心等 （2）微笑、主动地招呼客人，引领客人至茶台前，为客人拉椅子、让座，并询问房号，请客人随意饮用 （3）注意观察，当客人杯中饮料不足1/3时，要及时询问、续添，将用过的杯盘及时撤走 （4）在下午茶即将结束的前5分钟，通知客人免费服务时间即将结束 （5）客人离开时应向其表示感谢，并与客人道别 （6）填写记录表，如果客人消费时间超过了免费时间，账单由客人签字后记在客人账户上
7）退房结账服务	（1）提前一天确认客人结账日期和时间 （2）询问客人结账的相关事宜，如在何处结账、用何种付款方式、行李数量、是否代订交通工具，并及时检查酒水消费情况 （3）将装有客人账单明细的信封交给客人，请客人在账单上签字，询问客人结账方式并为客人办理结账手续 （4）通知行李员取行李，代订出租车 （5）询问是否需要做"返回预订" （6）感谢客人入住并与之告别

同步思考4-2

　　问题：长住客人与贵宾（VIP）接待服务的程序和标准是否相同？为什么？

　　理解要点：长住客人是与酒店签订合同并且至少住宿一个月的客人，长住客人与贵宾（VIP）接待服务的程序和标准稍有不同，应对照长住客人接待服务的程序和标准来回答。

4.2.5　长住客人接待服务

1）长住客人抵店时的接待
当长住客人抵达酒店时，按照贵宾（VIP）接待程序和标准进行。

2）收取押金
（1）若客人以现金结账，酒店预先收取客人的押金。

（2）若客人以信用卡结账，接待员按规定核对并复印客人信用卡，把信用卡的卡号输入电脑中，并与登记表一起放入客史档案中，以便随时查询。

（3）为客人建立两份账单，一份为房费单，另一份为杂项账单。

4.2.6　入住登记中的常见问题及处理方法

1）无房
遇到客人到达却无房入住的情况，如果该（批）客人是超额预订的客人，酒店应负责将其安排到就近的同等星级的酒店，并承担交通费用。如果是没有预订的散客，酒店可以介绍几家同等星级的酒店给客人，并可以主动帮助预订；也可以将客人列入等候名单，一旦有取消的预订或在预订时间内未达的预订，便可将此类预订房间安排给等候的客人。

同步案例4-2

巧妙提醒客人办理退房
背景与情境： 在酒店经营的旺季，往往会出现前面入住客人还未办理退房而后面就有等待入住的客人抵店的情况。一日，某酒店总台接待员小张接待了一位刚从外地来的预订客人，在办理入住时，小张发现该客人所预订的房间尚未退房。已入住客人本该当天11：30退房，现在已是11：40。于是，小张立即安排抵店客人到大堂吧休息等候，并及时拨打了该房间的电话。电话被接起，小张从容不迫、客气地询问道："××先生，您好！我是总台的接待员，请问您打算什么时间离店，以便我们及时给您安排好行李员和出租车。"此刻正在房间收拾行李的客人立即明白了其中的意思，笑道："我马上下楼，麻烦你们帮忙叫一辆出租车。"

问题： 该总台接待员的退房提醒是否恰当？为什么？

分析提示： 总台接待员小张的提醒恰到好处。凡是入住酒店的都是尊贵的客人，不能"人走茶凉"，不恭地对待即将离店的客人。但在酒店经营的旺季，为了尽快安置新抵店的客人，有时又需要对即将离店的客人做好提醒工作。只要在做提醒的时候注意措辞委婉，同样能够给客人留下良好印象。

2）换房
为了提前做好接待准备工作，总台一般会给预订的客人预分房，这有助于加快抵店客人入住登记的办理，但往往也会出现客人对预分房间状况不满意的情况；还有客人入住以后，发现不合适而要求换房的情况。

（1）询问换房的原因。

（2）查询房态，了解是否有符合客人要求的空房。如果没有，则应安抚客人，答应一旦有合适的房间马上安排给客人。如果有合适的空房，则向客人介绍推荐。

（3）在系统中为客人变更房间，并更改房卡以及相关的入住信息。

3）加床

成年人入住客房需要加床的，收加床费；儿童与父母同住需要加儿童床的，不加收床费。接待员应在系统中注明"加床"。

4）延住

已经入住的客人，由于计划变动等原因，可能会提出延住请求。接待员应按以下程序处理：查看房态，确认实际接待情况是否能够让客人延长住宿；如果不能延长住宿，则应该耐心向客人解释清楚，并积极协助联系其他酒店；如果能够延长住宿，要通知客人到总台确定支付方式；若涉及因延住调换到新的客房，则需要填写"房间变更单"。

学习微平台

图示4-1

5）未成年人登记入住

在发现未成年人入住或接待未成年人和成年人共同入住时，接待人员应当询问父母或者其他监护人的联系方式、入住人员的身份关系等有关情况；发现有违法犯罪嫌疑的，应当立即向公安机关报告，并及时联系未成年人的父母或者其他监护人。

6）登记时客人不愿填写某些项目

在登记时，若客人不愿填写某些项目，总台接待员应耐心地向客人解释"住宿登记"的必要性；若客人有顾虑，怕住店期间被打扰，而不愿他人知其姓名、房号或其他情况，可以告诉客人，酒店可以将客人的要求输入电脑或记录下来，通知相关部门的工作人员，保证客人不被打扰。

7）访客查询住店客人

当有访客查询住店客人时，总台接待员需要询问访客住店客人房间号，在查到房号后，与住客电话联系，征得住客的同意后，再告诉访客："客人在××房间等候。"

8）住店客人要求保密

总台接待员对于客人入住时提出的不接听电话、不接待来访客人、房号保密等特殊要求，应予以高度重视，立即在电脑中做特殊标记，并通知总机、客房部、保安部等相关部门的工作人员，应谨慎行事，以避免引起客人的投诉。在值班日志上做好记录，记下客人的姓名、房号及保密程度。有人访问要求保密的客人时，总台接待员一般可以以客人没有入住或暂时没有入住为理由予以拒绝。通知总机做好客人的保密工作，当有电话查询要求保密的客人的信息时，总机的接线员应告诉来电者该客人未住店。

9）客用房卡丢失

客用房卡丢失，应马上检查丢失的原因，采取必要的措施及时处理以保证客人的生命财产安全。客房部经理应亲自检查，并报告值班经理，更改房卡密码，并督促服务员，仔细回忆，做好记录。如果房卡未能找到，通知大堂副理，由其出面与客人交涉有关索赔事宜。报前厅部经理，由其签发"配换房卡通知单"，工程部人员凭此通知单进行换锁，换锁原因及房卡号码应在房卡记录簿中记录备案。

学习微平台

微视频 4-1

10）客人有不良记录

总台接待员在遇到有不良记录的客人光顾酒店时，凭以往经验或客史档案，要认真、机智、灵活地予以处理。对于信用程度低的客人，通过确立信用关系、仔细核验、复印信用卡、收取预付款等方式，确保酒店利益不受损失，并及时向大堂副理汇报有关处理情况。

学习微平台

随堂测 4-1

教学互动 4-1

主题：记住客人的姓氏

背景资料：一位客人第一次入住市内某酒店，总台接待员从登记卡上看到客人的姓氏，迅速称呼他以示欢迎，客人先是一惊，陌生感顿时消失，显出非常高兴的样子。另一位外地客人从酒店外面回来，当他走到总台，还没等他开口，接待员就主动微笑地把房卡递上，并轻声称呼他的姓氏加尊称，客人大为吃惊，这使他产生一种强烈的亲切感，旧地重游如同回家一样。一位贵宾（VIP）随陪同人员来到总台登记，接待员通过接机员的暗示，得悉其身份，马上称呼客人的姓氏加尊称，并递上打印好的登记卡请他签字，客人感到自己的地位不同，由于受到超凡的尊重而感到格外开心。

互动问题：总台接待员需要记住客人的姓氏吗？这种做法有哪些好处？

要求：同"教学互动 1-1"的"要求"。

4.2.7　接待员的客房分配技术与销售技巧

1）客房分配顺序

客房分配是指为当天抵达酒店的客人预先安排好房间，这样可以减少客人办理登记入住的时间，同时可使客人尽快到房间休息。客房分配由总台接待员负责，通常可按下列顺序进行分配：

（1）团体客人

（2）贵宾（VIP）

（3）已付定金等保证类预订客人

（4）要求延期的预期离店客人

（5）普通预订客人，并有准确的航班号或抵达时间

（6）常客

（7）无预订的散客

（8）不可靠的预订客人

2）客房分配原则

根据客人的要求，如房间类型、朝向、楼层、熟客对某房间的特别爱好等分配客房。散客安排在较高楼层。团体客人安排在较低楼层，并且尽量安排在同一楼层、同一类别房间，房号最好是连续的，以免引起同一团队客人的异议。大型团队，可适当分散在不同的楼层，避免行动集中出现拥堵的状况。老幼及行动不便的客人尽量安排在靠近服务台或电梯的房间。因语言、风俗习惯等不同，内宾和外宾应该安排在不同楼层。

3）客房销售技巧

商务客人对房价不太敏感，但要求房间安静，可安排他们入住房价较高、楼层较好的套间，便于他们接待客人。游客一般白天外出旅游购物，在房间逗留的时间较短，可将这些客人安排在经济型房间。尊重不同客人的风俗习惯，在楼层、房号安排以及房间的摆设装饰上要注意客人的忌讳。例如，西方人忌讳"13"这一数字；菊花被视为丧葬用花；日本人忌讳"4""9"数字。在对散客排房时要特别留意，尽量按客人的要求排房，如果两个预订房间的客人是朋友或相熟的人，应尽量安排在相邻房间。为了使酒店的高档客房有较高的销售量，应该有技巧地使无预订客人入住高档客房，但切记不能用欺骗或过分推销的手段。如果客房不足，可以采用以下方法补救：使用前一晚或当天不到的预订；有技巧地使客人提前离店；谢绝客人的任何延期或延时离店要求；必要时，由前厅部经理决定是否为客人另找酒店；某类型客房不足时，由前厅部经理批准，优待客人住到升级房，但酒店仍需以原房价收费，被优待客人的逗留时间需在一天或两天以内，以免酒店损失太多，通知客人已经被优待，以免客人误会酒店的房间价值。

学习微平台

随堂测4-2

教学互动4-2

主题：处理升级房

背景资料：某日晚上，分别有两位客人登记入住，A客人预订了豪华房，B客人预订了商务房（豪华房比商务房贵100元）。由于当天没有可用的商务房给B客人，因此接待员就把B客人订的商务房升级为豪华房，并且开房时向B客人解释清楚，可以让B客人以商务房的房价入住豪华房，B客人很高兴。旁边的A客人听见了，心理很不平衡，认为大家都住豪华房，为什么B客人的房价比自己的便宜。于是，A客人也要求以商务房的价钱入住豪华房。

互动问题：酒店为什么给B客人升级房间？如何解决A客人要求降低房价的问题？

要求：同"教学互动1-1"的"要求"。

◀═ 本章概要 ═▶

　　☐　内容提要与结构

　　▲　内容提要

　　●总台接待是酒店接待服务中的关键环节之一。总台接待工作的质量直接影响酒店的社会效益，进而影响其经济效益。

●总台接待的准备工作主要包括掌握酒店房间状态、预期抵达客人名单及离店客人名单、重要客人名单等，熟悉相关客房状况报表，制订客用房预分方案，做好团队抵店前核对工作，检查待出售房间，准备入住资料。

●客房状态的类型及影响客房状态的因素。

●散客、团队、VIP 接待服务、商务行政楼层的接待服务都有各自具体的程序和要求。

●入住登记中遇到无房、换房、加床、延住等常见问题，根据具体问题采取相应的处理方法。

●总台接待员应遵循客房分配顺序和原则分配客房，运用销售技巧销售客房。

▲ 内容结构

本章内容结构如图 4-7 所示。

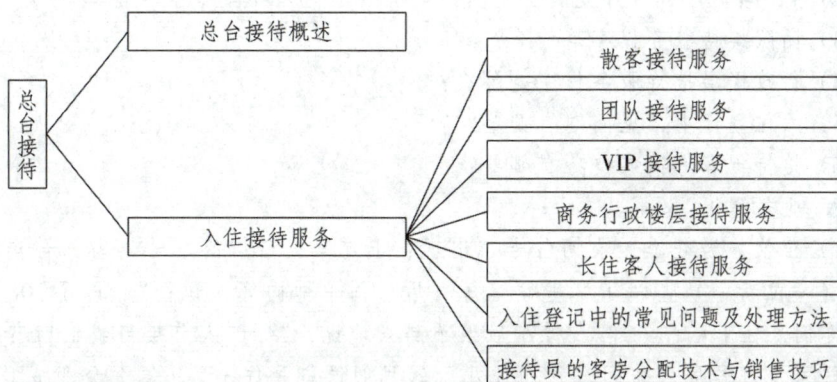

图4-7　本章内容结构

□ 主要概念和观念

▲ 主要概念

总台　客房状态的显示　入住接待服务

▲ 主要观念

客房状态的类型　影响客房状态的因素　接待员的客房分配顺序和原则

□ 重点实务与操作

▲ 重点实务

接待准备　客房状态控制　散客接待服务程序　团队接待服务程序　VIP 接待服务程序　商务行政楼层接待程序　入住登记中常见问题及处理方法　接待员的客房销售技巧

▲ 重点操作

总台接待

基本训练

☐ 理论题

▲ 简答题

1）客房状态的类型有哪些？

2）影响客房状态的因素是什么？

3）接待员客房分配的技术有哪些？

▲ 讨论题

1）总台接待的特点有哪些？

2）影响客房状态的因素及其与客房状态的关系是什么？

☐ 实务题

▲ 规则复习

1）散客接待服务程序是什么？

2）VIP接待服务程序是什么？

3）团队接待服务程序是什么？

4）行政楼层接待服务程序是什么？

5）入住登记中常见问题有哪些？

6）接待员客房销售技巧有哪些？

▲ 业务解析

1）正值旅游旺季，有两位专家出现在上海某大酒店的总台。当总台接待员小刘（一位新手）查阅了订房登记簿之后，简单地向客人说："已订了708号房间，你们只住1天吧。"客人听了后很不高兴地说："厂方人员接待我们时答应为我们联系预订客房，并问过我们住几天，我们说打算住3天，怎么会变成1天了呢？"小刘机械地用没有丝毫变通的语气说："我们没有错，你们有意见可以向厂方人员提。"客人此时更加不悦地说："我们要解决住宿问题，根本没有兴趣也没有必要去追究预订客房的差错问题。"一时之间形成了僵局。

请问：遇到此类情况，总台接待员在处理时应掌握什么原则？如果现在请你出任此酒店的总台主管，你认为应该怎样做才能圆满处理此事件？

2）住在上海某酒店的一位客人要去南京办事，需停留几天，然后仍旧要回上海办事，所以在离店时要求为其保留房间。总台接待员小吴立即回复客人说："客人要求保留房间，过去没有先例可循，这几天住房紧张，您就是自付几天房费不来住，我们也无法满足您的要求！"客人碰壁后很不高兴地离店。

请问：遇到此问题，总台接待员在处理时应掌握什么原则？如果你是总台接待员小吴，应该怎样做才能挽留住客人？

☐ 案例题

▲ 案例分析

【训练项目】

案例分析-IV。

学习微平台

随堂测4-3

【训练目的】

见本章"学习目标"中的"案例目标"。

【教学方法】

采用"案例教学法"。

【训练任务】

1）体验本章理论与实务知识在案例分析中的运用。

2）体验对"附录三"附表3"解决问题"能力"初级"的"基本要求"和各技能点"参照规范与标准"的遵循。

3）体验对"相关案例"多元表征中的"结构不良知识"的高级学习过程。

4）撰写、讨论和交流《案例分析报告》。

【相关案例】

离奇的重房事件

背景与情境： 一天早晨，一位姓董的客人到总台要求办理0815房结账手续，接待客人的是总台接待员小魏。董先生表示该房由他和朋友共同住宿，他的朋友中午12：00离开，而他因要赶往外地签合同，必须马上离开。因为房间费用由董先生支付，所以他想立即结账。小魏犯了难，按照酒店规定，客人必须完全离店，方可作退房处理，客人将所有费用结清后，才能取走剩余押金。经协商，董先生同意在其朋友中午12：00离开房间后退房，剩余的押金待其返回饭店后取走。因害怕押金单丢失，董先生执意将其留在总台，接待员小魏请董先生将身份证号码和电话号码写在押金单背面以便下次办理退款手续，之后未核查客人信息，便收下了董先生的押金单。

临近中午，一位汪先生到总台办理0815房退房手续，接待客人的是总台接待员小王。小王并不知道董先生的情况，于是按照酒店的程序，开始为汪先生办理退房手续。楼层服务员查房后告诉小王房内有客人睡觉，等候在总台结账的汪先生得知此情况后情绪激动地嚷着："不可能，0815房是我昨晚给客户开的房间，客户因故未来酒店住宿，房间怎么会有人呢？"汪先生认为酒店存在安全隐患，要求报案，并拒付房费。

汪先生的怒吼声惊动了总台接待员小魏，当他得知客人要办理0815房退房手续时，猛地想起早上接待过的董先生，于是急忙找出董先生的押金单查看，原来董先生押金单上的房号是0805。接下来又有一件麻烦事发生了，正在0815房休息的客人因楼层服务员查房时打扰了他的睡眠，便气冲冲地来到总台，质问接待员为什么没有按照事先约定的中午12：00结账，客人认为酒店不讲信誉，出尔反尔，一气之下将房卡甩给了总台，小王拿起房卡一看房号是0815。顿时，两位接待员陷入了尴尬的境地。

就在客人在总台争执不休时，大堂副理赶了过来。经过反复核查，事情真相终于水落石出。原来，前一天晚上10：00，汪先生在总台开了0815房，3小时后，董先生到总台登记入住，接待员为其开了0805房，客人的押金单、登记单、电脑信息的房号均是0805房，但房卡、钥匙却被接待员做成了0815房。幸好汪先生的客户因故未到酒店住宿，董先生和他的朋友才未受到惊扰。两位客人均要求减免房费，酒店无奈之下只得让步。

（资料来源　佚名．前台经典案例分享［EB/OL］．［2018-03-27］．https://max.book118.com/html/2018/0415/161646119.shtm.经过改编）

问题：

1）总台分重房会给酒店带来什么坏处？

2）你认为造成本案例中一系列问题的原因是什么？

3）为了避免发生总台分重房的事件，你有哪些建议？

【训练要求】

同第1章"基本训练"中本题型的"训练要求"。

▲ 课程思政

课程思政-Ⅳ。

【训练目的】

见本章"学习目标"中的"案例目标"。

【教学方法】

采用"案例教学法"。

【训练任务】

1）体验本章理论与实务知识及通过互联网查询的相关规范和标准在"思政研判"中的运用。

2）体验对"附录三"附表3"解决问题"能力"初级"的"基本要求"和各技能点"参照规范与标准"的遵循。

3）体验对"相关案例"多元表征中的"结构不良知识"高级学习过程。

4）体验课程思政相关规范和标准在"思政研判"中的运用。

5）撰写、讨论和交流《思政研判报告》。

【相关案例】

半小时住房

背景与情境： 某天深夜，一位客人来到某三星级酒店总台要求住宿。总台接待员礼貌地按常规问他：

"您好，先生，欢迎光临。请问您需要什么样的房间？"

"随便。"客人答道。

"请问先生一个人吗？那我为您准备一个豪华单人间吧，房价是480元/间。"接待员依然热情地说。

"行，快点。"客人不耐烦地说。

"您住一天吗？"

"是，就一晚。"客人说着扔出了身份证，让总台接待员帮他登记，随即快速地交了押金，拿了房卡便去了房间。

谁知，总台接待员刚刚完成通知房务中心该房入住、检查完该客人的登记单并输入电脑等一系列工作，就听到客梯"叮咚"一声，刚才的那位客人又下来了，并且来到总台要求退房。理由是他不满意该酒店的客房，不想住了，并且说他没动过房间，所以酒店不应收取任何费用。

（资料来源　佚名. 酒店前厅案例［EB/OL］.［2020-07-08］. https://www.docin.com/p-2482270533.html. 经过改编）

问题：

1）总台接待员可以采用的处理方法有哪些？

2）通过网上或图书馆调研等途径收集处理方法所依据的行业规范。

3）本案例给酒店管理人员的启示是什么？

【训练要求】

同第1章"基本训练"中本题型的"训练要求"。

□　自主学习

【训练项目】

自主学习-Ⅱ。

【训练目的】

见本章"学习目标"中"创新型学习"的"自主学习"目标。

【教学方法】

采用"学导教学法"和"研究教学法"。

【训练要求】

1）以班级小组为单位组建学生训练团队，各团队依照本教材"附录三"附表3中"自主学习"（中级）的"基本要求"和各技能点的"参照规范与标准"，制订《团队自主学习计划》。

2）各团队实施《团队自主学习计划》，自主学习本教材"附录一"附表1中"自主学习"（中级）各技能点的"'知识准备'参照范围"所列知识。

3）各团队以自主学习获得的"学习原理"、"学习策略"与"学习方法"知识为指导，通过校图书馆、院资料室和互联网，查阅和整理近两年以"入住等级中的常见问题及处理方法"为主题的国内外学术文献资料。

4）各团队以整理后的文献资料为基础，依照相关规范要求，讨论、撰写和交流《"入住等级中的常见问题及处理方法"最新文献综述》。

5）撰写作为"成果形式"的训练课业，总结自主学习和应用"学习原理"、"学习策略"与"学习方法"知识（中级），依照相关规范，准备、讨论、撰写和交流《"入住等级中的常见问题及处理方法"最新文献综述》的体验过程。

【成果形式】

训练课业：《"自主学习-Ⅱ"训练报告》

课业要求：

1）内容包括：训练团队成员与分工；训练过程；训练总结（包括对各项操作的成功与不足的简要分析说明）；附件。

2）将《团队自主学习计划》和《"入住等级中的常见问题及处理方法"最新文献综述》作为《"自主学习-Ⅱ"训练报告》的"附件"。

3）《"入住等级中的常见问题及处理方法"最新文献综述》应符合"文献综述"规范要求，做到事实清晰，论据充分，逻辑清晰。

4）结构与体例参照本教材"课业范例"的"范例综-4"。

5）在校园网的本课程平台上展示班级优秀训练课业，并将其纳入本课程的教学资源库。

━ 单元考核 ━➤

考核要求：同第1章"单元考核"的"考核要求"。

第5章
前厅系列服务

● 学习目标

引例　中国年龄最大的门童

5.1　礼宾服务

5.2　金钥匙服务

5.3　问询邮件服务

5.4　总机服务

5.5　商务中心服务

5.6　收银服务

● 本章概要

● 基本训练

● 单元考核

学习目标

通过本章学习，应该达到以下目标：

理论目标： 学习和把握前厅系列服务的相关概念、"金钥匙"概述及发展、问询服务的工作范围、总机服务及商务中心服务以及二维码资源等陈述性知识；能用其指导本章"同步思考"、"教学互动"和"基本训练"中"理论题"各题型的认知活动，正确解答相关问题，体验本章"初级学习"中专业认知的横向正迁移。

实务目标： 了解和把握礼宾服务的工作流程、"金钥匙"的服务项目、问询服务的操作规程、总机及商务中心的服务操作程序、收银管理的操作方法、相关"业务链接"等程序性知识；能以其建构"前厅系列服务"的规则意识，正确解析本章"业务链接"和"基本训练"中"实务题"的相关问题，体验本章专业规则与方法"初级学习"中的横向正迁移和"高级学习"中的重组性迁移。

案例目标： 能运用本章理论与实务知识研究相关案例，培养和提高在"前厅系列服务"情境中多元表征专业能力和"团队协作""与人交流"通用能力；结合"前厅系列服务"教学内容，依照相关规范或标准，对专栏"课程思政5-1"和章后"课程思政-Ⅴ"等案例中的企业及其从业人员行为进行思政研判，培养高尚的道德情操，树立社会主义核心价值观；体验本章"高级学习"中"专业"与"通用"知识和行为规范的重组性迁移。

实训目标： 参加"前厅系列服务"业务胜任力的实践训练。在了解和把握本实训所及"能力与道德领域"相关技能点的"规范与标准"的基础上，通过切实体验"前厅系列服务"各实训任务的完成、系列技能操作的实施、《××酒店前厅系列服务实训报告》的准备与撰写等有质量、有效率的活动，培养"前厅系列服务"的专业能力，强化"自我学习""与人交流""与人合作""解决问题"和"革新创新"的通用能力（中级），并通过"认同级"践行"职业观念""职业态度""职业良心""职业作风"和"职业守则"等素养规范，促进健全职业人格的塑造，体验本章"实践学习"中"专业"与"通用"规则、技能、态度和行为规范的"重组性""产生性"迁移。

引例　中国年龄最大的门童

背景与情境："您好！欢迎您的到来。"左手背在身后，右手放在身前，微微弯腰拉开车门。客人下车时，他便侧身立在车门外侧，右手自然地遮挡住车门上沿，左手则始终保持背在身后。这一套熟练且利落的迎宾动作，来自一位70岁的老人。他叫陆耋恒，是长沙一家星级酒店的礼宾员，也是长沙年纪最大的星级酒店礼宾员。

2002年，50岁的陆耋恒从长沙锌厂的冶炼工人，变成一名下岗职工。为了养家糊口，他不得不再找工作。2004年4月30日，52岁的陆耋恒成为某星级酒店总务部的一名正式员工——大门口礼宾员，即俗称的"门童"，开始了他崭新的职业生涯。他温暖的笑容，成为当时就职酒店的一块"活招牌"。2011年他被评为全国旅游系统劳动模范，2015年他成为唯一一位获得酒店行业"金钥匙"荣誉的门童。"我是会员里面年龄最大的，大家也笑称我是'中国最大门童'。"回忆起当时获奖的情形，陆耋恒很是激动。1991年陆耋恒入党，作为一名30年党龄的老党员，他说自己就像一颗小小的螺丝钉，会要求自己做到永不生锈。"把来往的宾客像亲人一样对待，贡献自己的余热"。

（资料来源　佚名. 一天说300遍"您好"的中国最大门童［EB/OL］.［2021-05-09］. https：//baijiahao.baidu.com/s？id=1699207820399017284.经过改编）

问题：陆耋恒为什么能成为酒店的"活招牌"？

前厅系列服务，是指前厅部业务范围内的有关问询、代办、查询、电话、商务、邮件等项目的服务。前厅系列服务的概念，从广义上来讲，是指客人从进店到离店前这段时间里，酒店对客人的所有服务。它包括生活服务、委托服务、旅游服务、商务服务等。从狭义上来讲，前厅系列服务是指客人从进店到离店前，由前厅部提供给客人的所有服务。这样有区别地划分前厅系列服务的范围，其目的在于说明前厅系列服务的内容并不只限于前厅部，它还包括酒店的其他各个部门的服务。只有各个部门彼此协调好，酒店的工作才会正常运转。

5.1　礼宾服务

酒店前厅是客人进入酒店的第一个接触点，客人一下榻酒店，首先接触到的就是酒店的礼宾服务，同时它又是客人离开酒店的最后接触点，直接关系到客人的住宿满意程度和对酒店的印象。

每家酒店前厅礼宾部的管辖范围及提供的服务项目并不完全一致。目前，我国大部分酒店的前厅礼宾部，其英文名称为"BELL SERVICE"，主要为客人下榻酒店时和离店时提供迎送服务、行李服务及其他服务。

5.1.1　迎送宾客服务

1）店外迎接服务

为了更有效地对客服务，越来越多的酒店在机场、火车站及码头设立接待处，安排酒店代表专门负责住店客人的迎接和送行服务，以及向客人推销酒店的各种产品。

当重要客人到达机场时，酒店代表（机场代表）要事先将信息送入海关，以便检查，并随时把重要客人的情况通知酒店以便接待。若飞机、车船的到达时间有变动，机场代表则应该立即把变动情况通知酒店。同时，机场代表应该在掌握酒店当日房态的基础上，力争更多的未订房客人入住。

2）门厅迎送服务

门厅迎送服务由门厅迎宾员（Door Men，又称门卫或门童）负责，是代表酒店在正门专职迎送宾客的工作人员。其一般工作流程如下：

（1）客人到达时

①客人步行到店时，迎宾员向客人致意，并致欢迎词"欢迎光临，请"。用手示意客人进入大厅，并为客人拉开酒店正门（自动门、旋转门则可不必）。如果客人的行李较多，迎宾员应协助客人提拿行李，或者示意行李员。

②客人乘车到达时，迎宾员要把车引到客人容易下车的地方。车停稳后，要用左手开车门，右手挡在车门上沿，为客人护顶。如果客人乘坐的是出租车，应等客人付完车费后再打开，同时记下客人所乘出租车的车号。然后热情地向客人致意问候，对 VIP 客人应能准确使用客人的姓氏或头衔尊称以示尊重。如果客人的车停在不办理入住登记手续的楼门前，则应把客人的车引到接待处。迎宾员迎接客人的程序如图 5-1 所示

| 引导车辆 | 上前迎接 | 开门护顶 | 清点行李 | 指引入店 |

图5-1　迎宾员迎接客人程序

③团体客人到达时，迎宾员做好接车的准备工作。车停稳后，迎宾员在车门一侧站立迎接客人下车。对客人点头致意并问好，扶助行动不便的客人下车；对随身行李多的客人，应帮助其提拿行李。客人下车后，迎宾员要示意司机把车开走，停在酒店停车场。有些酒店设有专职团体联络员，这时应由团体联络员迎接客人，迎宾员在一旁维持秩序。

④贵宾（VIP）下榻宾馆，迎宾员根据预订处的接待通知做好准备。根据需要负责升降国旗、店旗。

同步思考 5-1

礼宾部服务的延伸

背景资料： 10月17日11：30，入住深圳某酒店的一位上了年纪的客人来礼宾部取机票，迎宾员小钟帮客人办好了手续。之后，小钟顺便问客人有没有其他需要帮忙的。客人非常高兴地问能不能帮他订一间上海的三星级或者四星级酒店

的客房，并且要求在浦东机场附近。小钟答应客人可以帮他预订，并询问了客人入住时间、房型以及其他要求等。然后，小钟请客人先回房间休息，等联系好以后打电话告诉他具体的预订情况。

小钟告知了领班小陈，经过查询，得知上海酒店的房间很紧张，没有客人要求的两张床的标准间，离上海浦东机场最近的一处酒店也只有一间大床豪华房了。小钟把这一情况告诉了客人。客人与其朋友商量之后，决定预订华美达酒店。随后，小钟到客人房间为客人订下了该酒店的豪华房，房价是807元/间/天，含一份早餐，并按照订房中心的要求用客人信用卡做了担保。另外，担心客人找不到该酒店，小钟还给客人写了一份该酒店的名称、地址以及电话，方便客人联系酒店。该客人于10月18日早飞往上海，他对酒店的服务非常满意。

问题： 门厅迎宾员的职责是什么？此案例中，门厅迎宾员超常规服务的意义是什么？

理解要点： 虽然门厅迎宾员小钟本身的工作职责不是帮助客人预订酒店，但是他懂得客人是上帝，当客人有需要时，应当主动设法帮助解决，如果用"不"、"我不是……"、"我不会"和"没有"等这类的否定句是不妥的。

在酒店行业大力提倡超值服务的今天，绝不能轻易地拒绝客人，就是婉言拒绝也不足取。酒店员工应该牢牢树立"客人的需求是我们根本的服务项目"的思想，哪怕有困难和麻烦，也应该尽全力用诚实、高效的超值服务去赢得住店客人的满意。

（2）送别客人

① 散客步行离店时，迎宾员与客人道别，可根据具体情况对待。对暂时外出的客人，可以礼节性地问候；对结账离店的客人，则礼貌地说"再见，欢迎您再来"或"一路平安"。

② 对乘车离店的散客，门卫要把车引到便于客人上车而又不妨碍装行李的位置。车停稳后，拉开车门，请客人上车、护顶。关车门时，注意不要夹住客人的衣物等。

③ 如果客人行李多，迎宾员可协助行李员把行李装好，并请客人核实。

④ 送别团体客人时，迎宾员应站在车门一侧，一边点头致意，一边注意观察，如果发现有行动不便的客人，扶助其上车。在得到领队确认客人全部上车后，迎宾员可示意司机开车。迎宾员站在车的斜前方1米左右的位置，向客人挥手道别，目送客人离店。迎宾员送别客人程序如图5-2所示。

| 送客出门 | 行李装车 | 确认行李 | 送客上车 | 与客道别 |

图5-2 迎宾员送别客人

（3）其他服务项目及注意事项

① 下雨天，迎宾员要摆放醒目的标志牌或以口头的形式提醒客人小心路滑，以防意外，并提供雨伞临时寄存服务，设置伞架、防滑除尘踏垫等。

② 经常检查门、玻璃等是否处于良好状态，发现问题要及时报修。

③ 为客人拉开车门和大门时，要注意安全，防止客人碰撞或挤伤；在为客人护顶时，要注意对两种人不能为其护顶：一种是信仰佛教的人；另一种是信仰伊斯兰教的人。

④ 迎宾员还要负责维持大门口的秩序，协助做好安全保卫工作；正确指挥交通，引导和疏散车辆，保证大门前的交通畅通；能够回答一般问询，指示方位。

5.1.2　行李服务

行李服务是前厅部向客人提供的一项重要服务，由行李员或者迎宾员协助完成这项工作。根据预订处和接待处提供的"当日抵店客人名单"和"当日离店客人名单"，做好工作安排。散客、团体客人有许多不同的特点，这就决定了散客、团体客人的行李服务规程是不同的。

1）散客行李服务规程

（1）散客抵店

散客抵店行李服务流程如图5-3所示。

问好 ➡ 引领 ➡ 登记 ➡ 乘梯 ➡ 进房 ➡ 道别 ➡ 登记

图5-3　散客抵店行李服务流程

① 散客乘车抵店时，行李员向客人表示欢迎。客人下车后卸下行李，并请客人清点过目，准确无误后再帮助客人提拿。根据行李的多少来决定手提还是使用行李车。对客人的贵重、易碎物品要格外小心。

② 行李员引领客人时，在客人左前方，外侧手提拿行李。步伐节奏应尽量与客人保持一致，不时用手示意前进的方向并在适当的时刻介绍酒店的情况。

③ 引领客人到接待处后，行李员放下行李，站在柜台边侧，等候客人登记。

④ 客人办完入住登记手续后，接待员应把钥匙交给行李员，由行李员引领客人去客房。

⑤ 乘电梯时，若电梯有专职管理员，则秉行客人"先进先出"的原则，若电梯无专职管理员，则行李员"先进后出"。如果使用行李车，或大件行李挡住了客人的出路，行李员应先把行李提出，或先将行李推出电梯，然后请客人走出电梯。

⑥ 到客房门口，行李员先敲门并通报待确认无人回答后，方可用钥匙开门进入。打开房门后，扫视一下客房，如果是OK房，再请客人进房。把行李放在行李架上，摆放的方法是正面朝上，把手朝外，以方便客人开箱。根据实际情况向客人介绍房间内的设施及使用方法，对常客只需要介绍酒店新增的服务项目及

服务设施即可。

⑦ 行李员在离开客房前，应询问客人是否还有吩咐，若无其他要求，则礼貌地向客人道别，退出房间，轻轻地把门关上。返回行李部后，应在散客行李进店登记簿（见表5-1）上登记。

表5-1　　　　　　　　　　　　　　　散客行李进店登记簿　　　　　　　　　　　　日期：

房号	行李员姓名	进店时间	行李员回到大厅时间	行李件数	备注

学习微平台

微视频5-2

（2）散客离店

散客离店行李服务流程如图5-4所示。

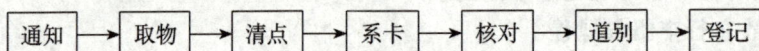

通知 → 取物 → 清点 → 系卡 → 核对 → 道别 → 登记

图5-4　散客离店行李服务流程

① 行李员在前厅大门附近，要随时注意是否有人离店，若有则立即上前提供服务。

② 按行李领班的通知收取行李后，核对客人的房间号码、行李件数和收取时间。

③ 叩门，通报身份，得到客人允许后，进入客房取行李。帮助客人清点行李，将行李系上填好的行李卡，请客人核实（注明"OUT"字样、房号、件数）。

④ 如果客人不在房间，应请楼层服务员开房门，取出行李，核对件数，并注意检查房内有无遗忘物品等。

⑤ 到前台收银处确认客人是否已结账，交回了客房钥匙；若客人仍未结账，应礼貌地告诉客人收银处的位置。再次请客人清点行李件数，确认无误后，将行李装上车，向客人道别。

⑥ 返回大厅，填写"散客离店行李搬运记录"（见表5-2）。

表5-2　　　　　　　　　　　　　　　散客离店行李搬运记录　　　　　　　　　　　　日期：

房号	迎客行李员姓名	收到行李的时间	离店时间	送客行李员姓名	行李件数	行李存放卡号码	车号	备注

2）团体客人行李服务规程

（1）团队抵店

①团体行李到店前，行李部根据接待处提供的当日预计抵店客人的名单及团体分房表，把预计抵店的团队名称、人数等信息，填写在"团体行李进出店登记簿"（见表5-3）上，领班派行李员等候。

表5-3 **团体行李进出店登记簿**

团体名称				人数		
抵达日期				离店日期		
进店	卸车行李员		酒店行李员		领队签字	
离店	装车行李员		酒店行李员		领队签字	
行李进店时间：	车号：		行李收取时间：	行李出店时间：		车号：
房号	行李箱		行李包		其他		备注
	入店	出店	入店	出店	入店	出店	
合计							

入店行李主管： 出店行李主管：

日期/时间： 日期/时间：

②团体行李到达时，领班要与行李押运人核对行李，此时若发现行李破损或短缺，应由行李押运人在备注栏中注明，通知团队陪同或领队，并请负责人签字。

③行李员按要求卸下行李后，把行李集中在一起（一般是在大门或大厅右侧）；如果几个团队的行李同时到店，不同团体的行李用网罩住，并应留有空隙。

④行李被运进行李房后，每件都挂上行李标签。行李员根据接待处提供的团体分房表，认真填写核对客人姓名、房号、行李件数，以便分送到客人房间（某件行李上如果没有客人姓名，应把行李放在一边，在行李标签上先写上团体名称及到店时间，以备查找，也可以尽快与团队陪同联系以确定客人的姓名与房号）。

⑤分完房后，把写上房号的行李装上团体行李车，使用团体行李电梯，或工作人员专用电梯，迅速送到客人房间。为提高效率，装卸客人的行李时，遵循

"同团同车，同层同车，同侧同车"的原则。

⑥进入楼层，行李员将行李车停放在房门一侧，叩门，自报身份。客人开门后，向客人问好，将行李送入客房，经客人确认后道别。

⑦行李分送完毕，应将客人房号及行李件数记录在"团体行李进出店登记簿"上，与抵店时的总数核对后存档。

（2）团队离店

①接到团队离店通知后，确定团队离店的时间及收取行李的时间、件数，并把每个团体行李的出店时间、件数记录在"团体行李进出店登记簿"上，然后在规定的时间内到楼层收取客人放在门口的行李。收取行李时，按客人入店时的分房名单收取。行李员要核对每个房间的入店行李件数和出店行李件数。

②团体行李收齐后，放在大厅内的另一侧（一般为左侧），也就是存放出店行李的一侧，同一团体的行李应放在一起，必要时用网罩住。行李装上送往车站或机场的行李车后，要请陪同核对行李件数，并在"团体行李进出店登记簿"上签名，注明车号。

③填写完善"团体行李进出店登记簿"后存档。

3）换房行李服务

（1）接到换房通知后，行李员要确认换房客人原来的房号和新换房间的房号。

（2）叩门，自报身份。经许可后进入房间，请客人清点行李物品。根据行李物品的多少来确定是否使用行李车。

（3）引领客人到新换的客房，放好行李，收回原来客房的房卡和钥匙，将新的房卡和钥匙交给客人后道别。

（4）行李员将收回的房卡和钥匙交给前厅接待员，并告知换房完毕。

4）行李寄存服务

（1）如果客人要求寄存行李，行李员请客人填写一式两联的"行李寄存单"（见表5-4），或由客人口述，行李员代为填写，请客人过目无误后签字。"行李寄存单"上要写明客人姓名、房号、寄存时间等，一联交给客人，作为取行李的凭证，另一联系在所寄存的行李上，同时做好行李暂存记录（见表5-5）。

表5-4　　　　　　　　　　　　　　**行李寄存单**

（正面）

姓名/Name＿＿＿＿＿＿＿＿＿　　行李数目/Luggage＿＿＿＿＿＿＿＿＿ 日期/Date＿＿＿＿＿＿＿＿＿＿　　时间/Time＿＿＿＿＿＿＿＿＿＿ 房号/Room No.＿＿＿＿＿＿＿＿　　客人签署/Guest's Signature＿＿＿＿＿＿＿ 行李员签署/Bellboy's Signature ＿＿＿＿＿＿＿＿＿＿＿＿＿ 请注意背面之条款/Note Conditions on Reverse

（背面）

CONTRACT RELEASING LIABILITY

No charge being inside for the receipt and storage for which this check is issued，it is agreed by the holder in accepting this check that the hotel shall not be liable for loss or damage to said property caused by negligence of the hotel or its employees or by water，fire，theft，moths or any other case. If property represented by the check is not called for within six months，the hotel may，at its option，sell the same without notice，at public or private sale.Hotel is authorized to deliver property to any person presenting this check，without identification.

如已签发此存放行李收条，绝不收取任何费用，但持有人应同意本酒店绝对不负任何有关本酒店之员工疏忽而造成的损失或破坏之责任，如水浸、火烧、盗窃、虫蛀或其他意外等。如果行李存入超过六个月，本酒店将会在不通知的情况下拍卖所有行李。本酒店有权将行李交给任何持有此收条的人士而不需要身份证明。

表5-5　　　　　　　　　　　　　行李暂存记录　　　　　　　　　　　　日期：

客人姓名	房号	件数	存放时间	保管条号	存放人	提取人	提取时间	备注

（2）客人填写"行李寄存单"时，行李员应告知客人酒店行李寄存服务的要求，不寄存易燃、易爆、易腐烂的物品，贵重物品及现金不宜寄存在行李房中，要请客人自己保管，或存放在收银处的小保险箱内。行李放入行李房中应分格摆放。行李房应上锁，钥匙由行李主管或领班保管。

（3）客人提取行李时，行李员首先要请客人出示"行李寄存单"，然后与系在行李上的寄存单核对，如果两部分完全吻合，行李员就可以把行李交给持寄存单的人。

（4）如果需要客人等待，行李员按"行李寄存单"上的姓名称呼客人，请客人稍候。

（5）"行李寄存单"的背面应说明酒店对客人的行李所负的责任范围，如果客人不及时来取寄存的行李，酒店将如何处理等。要特别注意纸袋等易散物品，发现将要松散的行李应在征求客人意见后重新包扎。行李房钥匙应由行李主管保管，两人在场才可以进入行李房。

同步案例5-1

王先生的困境

背景与情境： 中午12时许，一位客人提着行李箱走出电梯，径直往总台旁的行李房走去。正在行李房当班的行李员小张见到了打招呼说："王先生，您好！今天是什么风把您给吹来了？"王先生回答说："住得挺好的，生意也顺利谈完了。现在就到您这儿寄存行李，下午出去办点事，准备赶晚上8点多的班机回去。""好，您就把行李放在这儿吧。"小张态度热情，从王先生手里接过行李箱，对他说："您快去忙吧。"王先生问："是不是要办个手续？""不用了，咱们是老熟人了，下午您回来直接找我取东西就行了。"小张爽快地表示。"好吧，那就谢谢您了！"王先生说完便匆匆离去。下午4点30分，小张忙碌地为客人收发行李，行李员小李前来接班，小张便把手头的工作交给小李，下班离店。傍晚，王先生匆匆赶到行李房，不见小张，便对当班的小李说："您好，我的一个行李箱午后交给小张了，可他现在不在，请您帮我提出来。"小李说："请您把行李牌交给我。"王先生说："小张认识我，当时他说不用办手续了，所以没拿行李牌。您看……"小李忙说："哟，这可麻烦了，小张已下班了，他下班时也没有向我交代这件事。""请您无论如何想个法子帮我找到他，一会儿我要赶8点多的班机。"小李于是拨打小张的电话，可是一直打不通。"可能他正在挤公交车，家又住得远，现在联系不上他。"小李表示无可奈何。"我的行李提不出来，我就得误班机了！"王先生沮丧至极。"对不起，先生。"小李表示无能为力。"唉，想不到熟人帮忙，结果反而误了大事。"王先生不无抱怨地自言自语……

问题： 行李员小张犯了什么错误？酒店该如何避免类似事件的发生？

分析提示： 首先，行李员小张遇上熟人王先生存放行李，绝不能图方便随便免去手续，应照章办事，发给行李牌。这样客人在任何情况下都可以按正常手续及时领取行李，不至于发生提不出行李而延误班机的事件。

其次，小张在下班前应将王先生寄存行李之事交代给下一班的小李。这样，一开始没有办理登记手续的过错也能得到弥补。当然，行李员小李坚持照章办理，在没有凭据和没有得到上一班行李员交代的情况下绝不轻易发放行李，虽然客观上给客人带来了麻烦，但是这一做法是正确的，无可非议。

规章制度是在大量工作实践中总结出来的，是保证酒店正常运转、维护客人利益所必不可少的，酒店工作人员必须严格执行。特别是关系到客人财产安全的部门或环节，更要一丝不苟，来不得半点疏忽。本案例中客人因行李不能及时提出而误了班机，其责任在于行李员小张违反了服务规程，当引以为戒。

5）行李破损、错送、丢失的处理

（1）行李破损的处理

① 在酒店签收前发现破损的行李，酒店不负任何责任，但必须在"团体行李进出店登记簿"上登记。

② 签收后行李破损，由酒店负责。遇到这种情况，酒店应尽力修复，或者

与客人协调赔偿事宜。

（2）行李错送的处理

①当多出行李时，应把多余的行李存放在行李房中。在行李标签上注明到店时间及与哪个团体行李一起送来的，等候查找。

②当团体行李中少了行李时，也应在签收单上加以说明，同时与旅行社取得联系，尽快追回。

③对于错送的行李，要把非本团行李挂上行李标签注明后，存放于行李房，等候别的团队来换取，或通过旅行社联系换取事宜。

④对无人认领的行李，如价值较高，应尽量查找线索，找寻失主，如果超过了酒店规定的保存期，可予拍卖；如无价值，则可丢弃。

（3）行李丢失的处理

①行李到店前丢失。如果酒店运送的行李，是在去酒店的途中丢失的，酒店负责任。已订房客人的行李，如果因酒店的行李员在运往酒店的途中丢失，其处理方法同上。

②客人到达酒店后，在办理入住登记手续之前，或办理退房手续之后丢失的行李，酒店一般不负责任。但为了酒店的声誉和长远利益，酒店也可以酌情予以赔偿。

③已寄存的行李丢失，酒店在一定的限额内应予以赔偿，因为酒店对贵重物品的保存有明确的规定。

④客房中的行李丢失，酒店则应酌情赔偿。

⑤因客人的过失引发事故造成行李的损坏，酒店可以不负责任。如果酒店同时也有过失，则双方应视责任的大小各自承担一部分责任。

⑥因不可抗力（如地震、火灾等）造成的事故引起客人财物损失，酒店一般不负责任。

同步思考 5-2

客人行李箱上面的小轱辘不见了

背景资料：事情发生在英国的某酒店内。一位住店客人准备离店，行李员到该客人房间取走三件行李，用车推到前厅行李间以后才绑上行李牌，等待客人前来点收。当客人结完账，行李员准备搬上车，要客人清点时，那位客人忽然发现了什么，于是很不高兴地指着一只箱子说："这只箱子上面的轱辘被磕掉了，我要你们酒店负责！"行李员听罢感到很委屈，于是辩解道："我到客房取行李时，你为什么不讲清楚，这只箱子明明原来就是坏的，我在运送时根本没有碰撞过呀。"客人一听就恼火起来："明明是你弄坏的，自己不承认反咬我一口，我要向你的上级投诉。"这时前厅值班经理听到有客人在发脾气，于是马上走过来向客人打招呼，接着耐心听取客人的指责，在仔细观察了箱子受损的痕迹后，对客人说："我代表酒店向您表示歉意，这件事自然应该由本店负责，请您提出赔偿的具体要求。"客人听了这话，正在思索讲些什么的时候，前厅值班经理接着说：

"由于您及时让我们发觉了服务工作中的差错，非常感谢您！"客人此时感到为了一只小辖辘，没有必要小题大做，于是保持沉默，这时前厅值班经理便顺水推舟，和行李员一起送客人上车，彼此握别，了结了一起行李受损的事件。

问题：上述案例中的行李员在对客服务中犯了哪些错误？前厅值班经理的处理成功之处在哪里？为什么？

理解要点：前厅值班经理的做法是比较明智的。他果断地在没有搞清楚箱子究竟为何受损的真相之前，就主动向客人表示承担责任，这是由于：第一，行李员到客房内取行李时未查看行李是否完好无损，而且没有当场绑上行李牌请客人核对行李件数。第二，行李员已经直接和客人争辩，为了避免激化矛盾，这样做有助于缓和气氛。第三，前厅值班经理懂得如何把"对"让给客人，把"错"留给自己。在一般情况下，客人并不至于因此得寸进尺；相反，如果前厅值班经理也头脑发热，要和客人争个是非曲直，那么后果是不言而喻的。上述这种事件既然已经发生，那么谁是谁非的结论恐怕难以争论得明白，或者可以说根本不存在谁是谁非的问题。相反，客人越是"对"，酒店的服务也就越能使客人满意，从这个意义上理解，客人和酒店双方都"对"了。

5.1.3　委托代办服务

1）转交递送服务

这项服务的对象主要包括客人的信件、包裹、报纸、物品，以及酒店内部单据等。客人的信件、包裹等其他有关物品的递送，一定要面交客人，并请客人在登记本上签收，不得延误。之后填写"行李员工作任务记录表"。

2）出租服务

为了体现细致入微的服务，满足客人的需求，大多数酒店都提供租车、租雨具等服务。租用手续简单方便，填好租用单、预交订金即可。对于租用车辆的客人，应提醒其注意安全。

3）泊车服务

对于驾车出行的客人，有些酒店的前厅行李部专设泊车员来负责车辆的停放工作。当客人的车停到酒店门口时，泊车员将车辆钥匙寄存牌交给客人，将客人的车辆停妥后，将停车的车位、车号、经办人等内容填写在记录单上。这时，泊车员要仔细检查客人的车辆有无损坏之处、车内是否有贵重物品等，并提醒客人。当客人用车时，请其出示寄存牌，核对无误后，泊车员去停车场将客人的汽车开到酒店门口，交给客人，并在记录单上注明具体时间。

5.2　金钥匙服务

5.2.1　金钥匙概述

"金钥匙（Concierge）"是一种委托代办的服务概念。"Concierge"一词最早起源于法国，是指古代酒店的守门人，负责迎来送往和掌管酒店的钥匙。

随着酒店业的发展，其工作范围不断扩大，在现代酒店业中，"Concierge"已成为为客人提供全方位"一条龙"服务的岗位，只要不违反道德和法律，任何事情"Concierge"都应尽力办到，以满足客人的要求。其代表人物就是他们的首领"金钥匙"，他们见多识广、经验丰富、谦虚热情、彬彬有礼、善解人意。

金钥匙通常身着燕尾服，上面别着十字形金钥匙，这是委托代办的国际组织——国际酒店金钥匙组织联合会（Union International Concierge Hotel Les Clefs D'or）会员的标志，它象征着"Concierge"就如同万能的金钥匙一般，可以为客人解决一切难题。

尽管金钥匙不是无所不能的，但是一定要做到竭尽所能，这就是金钥匙的服务哲学。

5.2.2　中国金钥匙服务项目

国际金钥匙组织成立于 1952 年 4 月 25 日。这一天，在巴黎斯克拉酒店礼宾司捷里特先生的倡导下，在法国戛纳举行了第一届国际金钥匙组织会议，并在此会议上正式成立了国际金钥匙组织。捷里特先生也因此被誉为"金钥匙组织之父"。

国际金钥匙组织于 1995 年被正式引入中国，最早由著名爱国人士霍英东先生倡导引入广州白天鹅宾馆。1997 年，中国申请加入国际金钥匙组织，成为第 31 个成员。金钥匙服务已被原国家旅游局列入国家星级酒店标准。

2008 年，国际金钥匙组织中国区荣幸地受到第 29 届奥运会北京奥组委的邀请，作为唯一的品牌服务机构参与到运动员村和媒体村的接待服务工作中，百年奥运首次展现金钥匙的服务。

业务链接 5-1

中国酒店金钥匙服务项目

①行李及通信服务：运送行李、传真、电子邮件等。

②问询服务：指路等。

③邮寄服务：快递、紧急包裹等。

④接送服务：车站、机场接送服务。

⑤旅游服务：个性化旅游服务线路介绍。

⑥修理服务：修鞋、修电脑等。

⑦代订服务：订票、订花、订餐、异地订房等。

⑧出租服务：租车、租房等。

⑨代购服务：商场购物。

⑩其他：美容、按摩、看孩子等。

金钥匙服务不收服务费，如果需要外出为客人办理业务，将根据路程收取相应的车费。酒店对代办事项中所出现的任何问题不承担责任。

教学互动 5-1

主题： 金钥匙服务

背景资料： 1 月 21 日，某酒店金钥匙小孙在大厅遇见 6017 房客申先生，礼貌地上前问好，小孙看出申先生好像有什么心事，便主动问道："有什么可以帮忙的吗？"申先生就把周三要订婚的事情告诉小孙，因为家人都不在郑州，很多事情都不是太清楚，没有可商量的人。小孙关切地说："有什么困难可以和我们说，我们一定会尽力帮助您的。"申先生说："到时要送礼金，能否帮忙找个小盒子，大概装 6 万元现金。"小孙满口答应。告别客人后，小孙很快从精品屋找来一个装茶杯的盒子，但盒子颜色是白色的，好像和喜庆的气氛不合，小孙又找来一张红色的礼品包装纸，准备包装一下盒子，同时到商务中心下载了一张精美的卡通图片（两只可爱的小老鼠身着结婚礼服步入婚礼殿堂），贴在礼盒内侧。很快，一个包装精美、饱含着吉祥和祝福的礼盒呈现在大家眼前。当申先生回店拿到礼盒时非常高兴，一个劲地说"谢谢"。这时，申先生又不好意思地说，还有两件事需要麻烦一下：一是刚买了 5 千克糖果请帮忙分装一下，装成 22 袋；二是送的彩礼定为 66 666 元 6 角（6 个 6 比较吉利），帮忙换一下零钱。小孙爽快地答应了客人的要求，一边协调礼宾部的同事，利用工作空闲时间帮助客人包装糖果，一边联系财务部帮忙换零钱。很快，糖果包好了，并送到了客人房间。可是换零钱时遇到了麻烦，因为按当地风俗，送彩礼的钱应该尽量是面值为双数的，可财务出纳那里只有三张 20 元的，而三张 2 元的和三张 2 角的都没有。小孙决定去银行看看能不能换一下，跑了几家银行只换到三张 2 角的，还是没有三张 2 元的，只好用六张新的 1 元代替。第二天上午，小孙将申先生的礼金用红丝带全部扎好，正准备出发时，与申先生同行的一位长者说："按风俗，最好能用一块红布把礼盒包起来。"可是哪里有红布呢，眼看时间就快到了，小孙马上联系礼宾部小田外出给客人购买。申先生说："时间快到了，我们先去，如果买回来了，麻烦直接给我们送去。"并留下了地址。小田马上出发，用最短的时间买到红布，并送到申先生指定的地点。当申先生看见小田冻红的脸，对酒店的服务表示由衷的感谢。16：40，申先生一行订婚宴结束回到酒店，第一件事就是来大堂表示感谢，小孙只是微笑着说："没事的，我们只是做了一些小事，只要能帮助您解决问题，对我们来说就足够了。"

互动问题： 此案例中，金钥匙小孙提供了哪些服务？体现了金钥匙服务的什么精神？

要求： 同"教学互动 1-1"的"要求"。

5.3　问询邮件服务

前厅问询处的服务项目包括解答客人的各种询问服务、处理邮件以及收发保管客用钥匙等。

5.3.1　问询服务

问询员在掌握住客信息及其他大量信息资料的基础上，尽可能地解答客人提出的问题，尽量满足客人的要求，尽力帮助客人，以达到完美服务的境界，给客人以宾至如归的感觉。

1）回答到店访客的问询

若访客到店问询关于住店客人的信息，如客人是否在该酒店入住、房号、房间电话甚至同宿人的情况时，在访客不能讲清问询的缘由或者住客没有留言可以接受访客的问询的情况下，问询员一般要对住店客人的信息做保密处理。

若访客确知住客下榻在该酒店，问询房号或者电话号码时，问询员首先应与住客联系，确认其是否愿意将信息告知访客或接受访客拜访。如果住客在酒店，则可以征得客人意见；如果住客暂时不在酒店，则可以请访客留言，以便联系。

即使客人已经离店，一般情况下，也尽量不要把离店客人的信息、去向等告诉访客。

2）回答住店客人的问询

（1）回答客人有关酒店内部信息的问询

酒店内部信息包括：酒店各类客房不同季节的房价表，服务项目及收费标准和时间，酒店营业推广、促销活动的内容，内部服务设施的分布情况，酒店疏散通道平面图及消防设施配置图，酒店主要负责人及有关人员的地址、电话号码，酒店当日活动安排表、各项规定、制度等，酒店所属集团提供的旅游宣传品（如旅游小册子、风景明信片）等。

（2）回答客人有关酒店外部信息的问询

①关于酒店周边相关设施及配套服务情况的问询。当地著名的电影院、剧院地址，以及即日上映的电影和上演的节目及时间；当地的银行，特别是可兑换外币的银行的地址及营业时间；当地大医院的地址及电话号码，特别是急诊处的电话号码；市郊名胜古迹的特色、地址及开放时间；当地可供外宾参观的工厂、学校、幼儿园、村庄的地址及电话号码；当地著名大专院校以及学术研究机构的名称、地址和电话号码；当地政府各部门及各旅游机构的地址及电话号码；当地其他主要酒店的地址及电话号码；当地各大购物中心的地址及营业时间等。

②关于城市交通状况的问询。各种交通工具（包括飞机、火车、轮船、汽车等）的时刻表、价目表及里程表；出租汽车至市内主要景点、机场、车站和附近城市的里程及每千米收费标准；交通部门关于购票、退票、行李重量大小的详细规定；酒店所在城市至国内其他大城市的距离；当地市区的详细地图等。

③关于城市风土人情及娱乐方面的问询。当地的主要风土人情及习俗；当

地著名的土特产商店以及风味餐馆的地址、电话号码及营业时间；当地的主要公园、游乐场、风景区的地址及开放时间；当地著名展览馆、博物馆的地址及开放时间；当地著名娱乐场所的地址及开放时间；当地体育场、海滨浴场、游泳馆的地址、开放时间、比赛项目、场次安排等。

④ 其他问询。有关时差计算方法的资料；全国、全省、本市的电话号码簿及邮政编码簿；各类人名、地名、汉英、英汉、汉日、日汉等词典；当天本市的天气预报；本市及全国各主要旅游城市的气象资料等。有些酒店在公共区域包括大堂安置了电脑终端，用电脑终端来查阅信息，客人可以不用依靠前厅工作人员，自己就可以获得所需信息。此外，许多酒店用书面的日程告示或闭路电视系统来显示每日的活动。展示每日活动内容的布告栏通常将团体名称、活动内容、各项活动的时间及时发布，因此可减少总台的问询数量，同时客人也可以及时获得信息。

教学互动 5-2

主题：问询服务

背景资料：某天，两位客人来酒店前厅，要求协助查找一位叫温东来的客人，同时出示了一份公务公文，想知道他是否在此下榻，并想尽快见到他。问询员立即进行查询，果然有位叫温东来的客人。于是，问询员接通客人房间电话，但长时间没有应答。问询员便告诉访客，确有这位客人住宿本店，但此刻不在房间，也没有他的留言，建议访客在大堂休息等候或另约时间。这两位访客对接待员的答复不太满意，并一再说明他们与温东来的关系，要求问询员告诉他们温东来的房间号码。问询员和颜悦色地解释道："为了住店客人的安全，本店有规定，在未征得住店客人同意之前，不便将房号告诉他人。两位先生远道而来，不巧温东来先生不在房间，建议二位可以留言或直接跟温东来先生联系。"晚上，温东来先生回到酒店，问询员告知客人白天有人找他，并说明为保障客人的安全和不打扰客人休息，没有将房号告诉访客，敬请他原谅。温东来先生当即表示理解，并表示这条规定有助于维护住店客人的权益，值得赞赏。

互动问题：问询员没有满足访客的要求，是否违背了酒店"顾客就是上帝"的宗旨？请对本案例进行解析。

要求：同"教学互动 1-1"的"要求"。

5.3.2　邮件服务

在有些酒店，邮寄服务由行李员、问询员或接待员代办。邮寄服务包括为客人代发、代收邮件包裹等。

1）邮件的处理

收到邮件时，问询员要仔细清点、签字，明确邮件的到店时间、件数。

2）寄给住店客人的邮件

对寄给住店客人的邮件，按收信人姓氏的英语字母顺序排列、分类。按住店客人的房号发放住客邮件、包裹通知单（见表5-6），通知客人来取或立即给客人送去；如果客人门口挂着"请勿打扰"的牌子，应先与客人电话联系，然后根据客人的意见处理。客人接收特种邮件（如挂号信和电传等）时，应请客人在邮件收发簿上签字，表示收到，以免发生纠纷时责任不清。

表5-6　　　　　　　　　　　**住客邮件、包裹通知单**

_____女士或先生　　　　房号：_____ 您的邮件、包裹在问询处，请您在方便的时候与我们联系。 经手人：　　　　　　　日期：　　　　　　　时间：

3）"查无此人"的邮件

酒店住店客人名单上查无此人的邮件，可分为以下几种情况进行处理：

①对寄给已离店客人的一般邮件，如果客人离店时留下地址，并委托酒店转寄邮件，则酒店应予以办理，填写"邮件转寄单"（见表5-7）。

表5-7　　　　　　　　　　　　　　　**邮件转寄单**

姓名_____　房号_____ 转寄地址_____ 截止日期_____ 超过以上日期请送到_____联系电话_____ 永久地址_____ 注意：邮件转寄服务仅在30天内有效。 经手人：　　　　　　　　　　日期：

②客人订了房间但尚未抵店。这种情况应把邮件放在待领邮件架上，或与该客人的订房表一起存档，待客人入住时转交。

③客人订房后又取消了订房。除订房客人有委托，并留下地址，酒店应按地址予以转寄外，其余情况一律把邮件退给寄件人。客人的快件、电报等，应立即退给寄件人，如果客人订房后，只是推迟了抵店日期，仍要把给他的邮件放在待领邮件架上，或与订房表一起存档，等客人入住时转交给客人。

④客人姓名不详或查无此人。此种情况下，急件应立即退给寄件人；平信可保留一段时间，经常查对，确认无人认领后，再退给寄件人。

5.3.3　客房钥匙控制

酒店钥匙的分发与控制既是一项服务，又是一种保证安全的手段，为了保证客人的人身和财产安全，越来越多的酒店采用先进的科学技术来完善酒店的钥匙性能，如电子暗码锁、IC卡锁及电子磁卡钥匙。

在进行客房钥匙服务时，应注意以下几点：

① 客人外出回来未随身携带房卡，问询员应问清该客人的姓名，此时客人应有能证明身份的证件，然后请客人稍候，与信息系统的记录进行核对，确认无误后将钥匙交给客人。

② 对已遗失房卡的住客，且房卡与磁卡钥匙一体的，必须核实确认，方可补办。同时做好记录以备结算时核实，按规定赔偿。

③ 客人结算离店时，问询员应提醒客人归还钥匙，团队客房钥匙则由前厅负责收回，可请陪同或领队协助完成。

5.4　总机服务

5.4.1　总机服务项目

总机处是酒店内外信息沟通、联络的通信枢纽，也是为客人提供服务的工具。客人对酒店的第一印象，往往是在与话务员的第一次接触中形成的，而这种接触所具有的特点又使热情、快捷、高效的对客服务只能通过悦耳的嗓音体现出来。因此，总机处的服务越来越被酒店所重视。

电话总机提供的服务项目有转接电话；提供叫醒服务；充当酒店临时指挥中心等。

5.4.2　总机的服务操作程序

1）转接电话

电话总机是酒店对外的无形门面，话务员的服务态度、语言艺术和操作水平决定话务服务的质量，影响酒店的形象和声誉。因此，总机话务员在使用热情、礼貌、温和的服务语言的同时，还必须熟练掌握转接电话的技能：了解本酒店的组织机构、各部门业务范围；掌握各部门的职责范围、服务项目及最新住客资料等信息；熟悉酒店主要负责人和部门经理的姓名、声音；熟悉本店和本地常用电话号码。

（1）在接转来自店外的电话时，总机话务员要先报店名并向对方问好，然后询问需要提供什么帮助。

（2）在接转来自店内的电话时，总机话务员要先报总机，然后向对方问好，再转接；对无人接或占线电话，要主动提议是否需要受话者留言或再次打来。如果碰到查找不到受话人的姓名或房号的情况，应注意保持冷静，迅速仔细核对查找，切勿急躁。

在转接电话时，还应注意以下几点：

① 能够辨别电话的来源，尤其是店内电话能够辨别主要管理人员的声音并给予适当的尊称。

② 用热情、悦耳的语音和语调向来电者致意问好。

③ 报出酒店名称及岗位名称，必要时还要报出工号。

④ 听清和明确了解来电者的要求，按要求进行下一步操作。

⑤ 请来电者等候时，播放音乐。

教学互动 5-3

主题： 转接电话

背景资料： 某公司的毛先生是杭州某三星级饭店的商务客人。他每次到杭州，肯定入住这家三星级饭店，并且每次都会提出一些意见和建议。可以说，毛先生是一位既忠实友好又苛刻挑剔的客人。

某天早晨 8：00，再次入住的毛先生打电话到总机，询问同公司的王总住在几号房间。总机话务员接到电话后，请毛先生"稍等"，然后在电脑上进行查询。查到王总住在 901 房间，而且该房间并未要求电话免打扰服务，便对毛先生说"我帮您转过去"，说完就把电话转到了 901 房间。此时，901 房间的王总因昨晚旅途劳累还在休息，接到电话就抱怨下属毛先生不该这样早吵醒他，并为此很生气。

互动问题： 总机话务员的做法是否妥当？请对本案例进行解析。

要求： 同"教学互动 1-1"的"要求"。

2）提供叫醒服务

通过电脑系统可以自动实施叫醒服务，但许多酒店仍由总机话务员来完成叫醒服务，原因是客人最喜欢的依然是人工服务。

（1）人工叫醒服务的程序

① 受理客人的叫醒服务预订。

② 确认房号和叫醒的时间。

③ 填写叫醒记录，再次跟客人复述确认。

④ 使用定时钟定时。

⑤ 使用电话叫醒客人时，话务员先向客人问好，告之叫醒时间已到。

⑥ 核对叫醒记录。

⑦ 若无人应答，则应隔 5 分钟再人工叫醒一次。若再次无人应答，则应立即通知大堂副理和客房部，查明原因，采取措施。

学习微平台

微视频 5-4

（2）自动叫醒服务的程序

自动叫醒服务的程序跟人工叫醒服务程序的前三个步骤一致，不同的是确认客人的叫醒预订后，要输入电脑，并检查屏幕显示与打印记录是否一致，然后审核当日叫醒记录，并检查设备是否运转正常。注意查看是否有无人应答记录的房间，若有无人应答的房间，则应立即改用人工方式叫醒客人，并通知客房部，做详细记录。

（3）叫醒失误的原因

① 酒店方面的原因：话务员漏叫；话务员做了记录，但忘了输入电脑；记录得太潦草、笔误或误听；输入电脑时输错房号或时间；电脑出了故障。

② 客人方面的原因：客人本身错报房号；电话听筒没放好，无法振铃；睡得太死，电话铃响没听见。

业务链接 5-2

叫醒服务时，电话没人接怎么办？

客人提出叫醒服务时，服务员要根据客人要求在"叫醒时间表"或"交班记录表"上做好详细记录，通知总机话务员提供某房间客人的叫醒服务（包括时间、房号）。叫醒客人的时间必须准确，礼貌用语为："早上好……"

但是，有时房间无人接听电话怎么办？

这时应立即通知楼层，当值服务员去敲门，切实做好叫醒客人的服务。

有的酒店规定，即使有人听电话，但五分钟内还需要服务员亲自敲门嘱咐客人起床时间已到，做到双重保险，以防客人接完电话后埋头又睡着了。

3）充当酒店临时指挥中心

在酒店出现紧急情况（如发生火灾、水灾、伤亡事故、刑事案件等）时，电话总机除提供以上服务外，还应该成为酒店管理人员采取相应措施的指挥中心。有类似情况时，酒店管理人员必须借助电话系统迅速控制局势。此时，总机话务员应注意以下几个要点：

① 保持冷静。问清事情发生的地点、时间，以及报告者的姓名、身份，并迅速做好记录。

② 电话通报酒店有关领导及各部门，并根据现场指挥人员的指令，迅速与市内有关部门（如消防部门、公安部门等）联系。随后，话务员应相互通报，传递所发生的情况。

③ 严格执行现场管理人员的指令。

④ 坚守岗位，继续对客服务，安抚客人。

⑤ 详细记录紧急情况发生时的电话处理过程，并加以归类存档。

5.4.3　人工智能下的总机发展新趋势

随着人工智能（AI）的快速推广，酒店业开始步入人工智能时代。亚太地区知名的人工智能公司科大讯飞以 AI 总机为切入点为酒店提供智慧解决方案，该方案已经在洲际、凯悦、华住等多个酒店集团上线。

智能总机的工作内容包含：24 小时智能接听电话、接转电话、发送并跟进工单处理、客诉实时预警等。

智能总机的优势如下：

① 节约人力成本。智能总机协助酒店取消夜班，节省夜班人力成本；"数字员工"可以 24 小时无间断工作，仅有软件成本，无工资、五险一金等成本。

② 提升服务品质。智能总机可以多个电话同时接听，实时在线，免去客人在线等候的困扰，保障顾客诉求的响应效率。通过住中客诉预警、在店解决问题，提升宾客体验，避免客人离店负面点评，挽回口碑。

③ 增强运营管理效能。AI 记录每位顾客的诉求，协助酒店完善用户画像，

根据用户画像提供共性及个性化服务，提升群体体验。通过完善的用户行为数据分析，确定触达客户的营销信息，及时调整运营策略，提升营销投资回报率。将住中服务数字化，掌握住中服务数据，实现运营管理效能提升。

学习微平台

随堂测 5-1

5.5　商务中心服务

5.5.1　商务中心的服务项目

1）商务中心的主要职能

为满足客人的商务需要，越来越多的酒店设立了商务中心。通常商务中心设在酒店一层或二层的公共区域，并有明显的指示标记牌，便于客人查找。商务中心除拥有先进、齐全的设备和物品外，还应配备具有一定专业经验的工作人员。商务中心是现代酒店的重要标志之一，是客人"办公室外的办公室"。一般以房间为单位进行设计，具有安静、隔音、舒适、幽雅、整洁等特点。

商务中心拥有的设备和物品包括：复印机、传真机、多功能打字机、程控直拨电话机、录音机、装订机、碎纸机及其他办公用品，同时配备一定数量的办公桌椅、沙发，以及相关的商务刊物、报纸、指南、资料等。商务中心提供24小时的服务，显现出它在酒店中的特殊地位。商务中心工作的特殊性，要求商务中心的工作人员必须礼貌热情。商务中心的主要职能如下：

① 提供各种高效的秘书性服务。

② 为客人提供、传递各种信息。

③ 直接或间接地为酒店争取客源（特别是商旅客人）。

2）商务中心的服务项目

商务中心的服务项目包括复印、打字、电传、传真、电报、翻译（多种语言）、听写/会议记录、抄写、文件核对、代办邮件、会议室出租、文件整理及装订、信息咨询、会晤安排等。

5.5.2　商务中心的服务操作程序

1）复印服务工作程序

① 主动问候客人，按要求受理此项业务。

② 问明客人要复印的数量及规格，并做好记录。

③ 告知所能达到的最快交付文件的时间。

④ 告诉客人复印价格。

⑤ 复印后清点，按规定价格计算费用，办理结账手续。

⑥ 复印完毕，取出复印件和原件如数交给客人，询问客人是否需要装订或放入文件袋中。

⑦ 礼貌道谢。

⑧ 在"复印登记表"中登记。

2）打印服务程序

① 了解并记录客人的相关要求。

② 说明收费标准，征询付款方式。

③ 告诉所能达到的最快交付文件的时间。

④ 浏览原稿件，不明之处向客人提出。

⑤ 记录客人的姓名、联系电话、房号。

⑥ 打字完毕后认真核对一遍，并按照客人的要求予以修改、补充，确保无误。

⑦ 客人确认文件定稿后，询问文件是否存盘及保留的时间，或按客人的要求删除。

⑧ 通知客人取件，送到客人房间或指定地点。

⑨ 收费，礼貌道谢。

3）会议室出租服务程序

① 接到预约，要简明扼要地向客人了解租用者的姓名或公司名称，酒店房间号码或联系电话，会议的人数、起始时间、结束时间、其他要求等内容，并做好记录。

② 介绍租用费用，带领客人参观所租的会场。

③ 预收定金。租用会议室以收到定金时生效，如果客人取消预约但未及时通知酒店，影响酒店的再次出租，酒店可以不退还预收的定金。

④ 在"会议室出租预订单"上做好相关记录。

⑤ 将上述情况汇报主管或领班以及问询处，将预订单副本交前厅部。

⑥ 根据客人要求在其他部门的配合下安排布置会场或会议室。

5.6 收银服务

总台结账处，也称前台收银处，负责每天核算和整理各业务部门收银员送来的客人消费账单，为离店客人办理结账收款事宜，编制各种会计报表。从业务性质来说，一般情况下总台结账处直接归属于酒店财务部，但是由于它还处于接待客人的第一线岗位上，又需要接受前厅部的指挥，因此前厅客账管理工作的好坏，直接关系到能否保证酒店的经济效益和准确反映酒店经营业务活动的状况，也反映了酒店的服务水平和经营管理效率。

作为前厅工作人员，应该了解并掌握总台收银服务的主要工作任务、操作规程及相关要求。总台收银服务的主要工作任务包括客账管理、外币兑换服务、贵重物品保管服务。

5.6.1 客账管理

1）建立客人账户

前厅接待处给每位登记入住的客人设立一个账户，供总台结账处记录该客人在酒店居住期间的房费及其他各项花费（已用现金结算的费用除外）。该账户是

学习微平台

微视频 5-5

编制各类营业报表的信息来源之一，也是客人离店结算的依据。

（1）散客账户的建立

① 签收客人账单。检查账单各项内容是否填写齐全、正确，如有异议，应立即核实。

② 核准付款方式。对客人的信用状况予以核实。

③ 检查有关附件。例如，检查入住登记表、房费折扣审批单、预付款收据等是否齐全。

④ 将客人账单连同相关附件放入标有相应房号的分账户夹内，存入账单架中。

（2）团队账户的建立

① 签收团队总账单。检查总账单中团队的名称、号码、人数、用房总数、房价、付款方式、付款范围等内容是否填写齐全、正确。

② 查看是否有换房、加房、减房或加床等变更通知单。

③ 建立团体客人自付款项的分账单，注意避免重复记账或漏记账单。

④ 将团队总账单按编号顺序放入相应的账夹内，存入住店团队账单架中。

2）记录客人消费

① 客人在酒店入住期间所发生的费用，要分门别类地按房号设立分户账准确记录。

② 客人支付的预付款、应收账款等，应分门别类地记入该客人的分户账。

③ 逐项核收店内各营业点传递来的各种账单（凭证）。

④ 将核准的账单（凭证）内容分别记入分户账单或总账单内。注意把结账时要交给客人的单据与分户账单收存在账夹内，其他单据按部门划分收存，交稽核组复核。

3）客人账目结算

（1）散客结账

总台夜班接待员按时打印次日预期离店客人名单；向预期次日离店的客人房间发放离店结账通知书，由收银员通过电话联系等方式予以通知。核准房号、姓名、抵店及离店日期等。核准无误后打印账单，将总账单和所有附件交给客人过目，解答客人询问。通知楼层检查客房使用状况、最新消费、电话消费等情况，确保所有消费账目都已入账。根据不同付款方式结账，并在账单或收据上加盖"已收讫"印章，打印结账离店日期和时间。打出"离店单"，提醒客人离店时交回客房钥匙。告诉相关部门客人离店的信息，以更正核准客房房态信息。

课程思政 5-1

结账离店

背景与情境：某日，某酒店一位长住的客人到前台收银处支付其在店内用餐的费用。当他一看到打印好的账单时，马上火冒三丈地说："你们真是乱收费，我不可能有这么高的消费！"

收银员面带微笑地回答客人说："对不起，您能让我再核对一下原始单据吗？"客人表示同意。收银员开始检查账单，并对客人说："真是对不起，您能帮我一起核对吗？"客人点头认可，于是和收银员一起对账单进行核对，收银员顺势对几笔大的账目金额（如招待宴请访客以及饮用名酒……）做了口头提示以唤起客人的回忆。等账目全部核对完毕并无误后，收银员有礼貌地说："谢谢，您帮助我核对了账单，耽误了您的时间，费神了！"客人听罢连声说："小姐，麻烦你了，真不好意思！"

问题：本案例中收银员成功熄灭客人怒火的原因是什么？该收银员的行为符合思政的要求吗？

研判提示：上述案例中的收银员用美好的语言使客人熄灭了怒火。一开始她就揣摩到客人的心理，避免用简单生硬的语言（如"签单上面肯定有你的签字，账单肯定不会错……"之类的话），使客人不至于因下不了台而恼羞成怒。本来该酒店有规定：账单应该由有异议的客人自己进行检查，而这位收银员懂得"顾客就是上帝"这句话的真谛，因此在处理矛盾时，先向客人道歉，然后仔细帮客人再核对一遍账目。同时，对语言技巧的合理运用也是很重要的，尊重是语言礼貌的核心部分。说话时要尊重客人，即使客人发了火，也不要忘记尊重客人就是尊重自己这个道理。前台收银处对客人来说是个非常"敏感"的地方，也最容易引起客人不满。

通常情况下，长住客人在酒店内用餐后都喜欢用"签单"的方式结账，简单易行而且方便。但是，由于客人在用餐时往往会忽视所点菜肴和酒水的价格，因此等客人事后到前台付账，当看到账单上汇总的消费金额时，往往会大吃一惊，觉得自己并没有消费那么多，于是就责怪餐厅所报的账目（包括价格）有差错，把火气发泄到无辜的前台收银员身上。

（2）团队结账

根据预期离店团队的名称、房号等，通知客房服务中心、总机和礼宾部核准团队的付账范围，打印团队总账单，请团队陪同确认并签名。为团队分户自付账客人打印账单及收款。将团队账单转送有关部门进行收款。

（3）结账方式

①移动支付结账。随着智能手机的普及，移动支付成为最受酒店欢迎的结算方式。用户仅需要通过支付宝或微信，即可完成客房结账。这大大缩短了客人结账时间，提高了结账效率。

②现金结账。现金结账所收款额能立刻用于生产运营，在缩短了资金运转周期的同时，提高了酒店流动资金的运转效率。收银员按照电脑打印的账单或账单卡所列各项账目的应付款数额，请客人交款便可。

③信用卡结账。信用卡的使用减少了携带大量现金带来的麻烦。结算时，收银员首先核验客人所持信用卡是否属于在本酒店可以使用的信用卡，有无残缺、破损并核实有效期限，然后使用刷卡机刷卡，打印出签购单，请客人签名，

仔细核对上述情况和客人的签名。

④ 转账支付。收银员将客人要求与预订单付款方式核准无误后，向客人具体说明转账款项的范围，如房租、餐费、电话费、洗衣费等，同时当面向客人说明自付款项的有关手续及规定。对于转账，一般需制作两份账单：一份账单（A单）记录应由签约单位支付的款项（已在合同及预订单、登记表中标明范围）；另一份账单（B单）记录客人的自付款项。

⑤ 他人代付。有些客人提出为其他客人代为支付在店费用。总台收银员找出并核对代付客人所填写的"承诺付款书"（见表5-8），将相关账单转在代付客人名下。

表5-8　　　　　　　　　　　　　　　承诺付款书

××酒店承诺付款书
我承诺支付＿＿＿＿＿＿房＿＿＿＿＿＿先生/小姐＿＿＿＿＿＿的
1) 全部房费
2) 房费
3) 其他费用（请特别说明）
付款方式为现金/信用卡（信用卡号码：＿＿＿＿＿＿＿＿＿＿＿＿）
I will guarantee pay of the room number＿＿＿＿during the stay from＿＿＿＿to＿＿＿for Mrs./ Mr./ Ms.＿＿＿
ⅰ）total charges
ⅱ）room charges
ⅲ）others（please specify*）
By Cash/Credit Card（Credit Card No.：＿＿＿＿＿＿＿）
客人姓名　　　　　　签　名
Guest Name＿＿＿＿＿　Signature＿＿＿＿＿
房　号＿＿＿＿＿　　日期＿＿＿＿＿
Room Number＿＿＿＿＿　　Date＿＿＿＿＿
* 特别费用说明：
Please specify the other charges：
经办人： 　　　　　　　　　　　　　　　　　　Prepared by：

同步案例5-2

客人即将逃账

背景与情境：陈先生是某酒店的常客，每次到贵阳来都住在这里。这次在酒店住了一个星期，交的2 000元预付款已经用完，前台收银处依照惯例电话催收了一次，陈先生答应来补交。可是，过了一天陈先生没有来，前台收银处又催收了一次，陈先生说："我每次都住在你们酒店，你们应该很了解我，我不会赖账的，我还有那么多生意在贵阳，你们放心好了，我会交的。"可是几天过去了陈先生依然没来，欠款还在增加。这次酒店觉得陈先生的表现有些反常，从他的合作单位了解到，他的业务已经办完，已经订好机票过两天就要离开了，可能不会再来贵阳了。

问题：作为前台收银员，此时应该怎样处理这件事？

分析提示：面对这种现状，客人确实有逃账的嫌疑。为避免酒店的损失，首先应将此事报告给财务主管或前厅主管，最重要的是需及时要回欠款。因陈先生是酒店的常客，同时考虑到客人的面子问题，需妥善解决。可在主管的授意之下，向陈先生赠送当地特产，在必要的客套之外，暗示已知晓其即将离开本市，同时询问是否需要行李服务或者租车服务，最后欢迎陈先生以后来贵阳还入住该酒店。这样陈先生为顾忌个人声誉，会主动还清欠款。

5.6.2　外币兑换服务

目前酒店可在中国银行或指定机构兑换外币，外币兑换服务的程序和要求如下：

① 礼貌问候客人，问清客人外币兑换的要求，同时请客人出示护照或有效证件。

② 根据当日国家外汇管理局公布的现钞牌价，当面清点并唱收兑换的外币种类和金额。

③ 使用货币识别机鉴别钞票的真伪，同时核准该币种是否属现行可兑换币种。

④ 填写两联水单，请客人在水单上签名，写上房号或地址。

⑤ 兑换时按当日牌价，要经收款员核算和复核员审核，以确保兑换数额清点准确。

⑥ 核准无误后将水单和所兑换现款金额交付给客人，并礼貌道别。

学习微平台

微视频 5-6

5.6.3　贵重物品保管服务

酒店为住店客人通常免费提供两种形式的贵重物品保管服务：一种是设在客房内的小型保险箱；另一种是设在前台的客用保险箱，由收银员负责此项服务。贵重物品保管服务程序如下：

①客人前来保管贵重物品，收银员主动迎接问好，向客人介绍保管方法和注意事项。

②请客人出示房卡，查看并确认是否属于本酒店的住店客人。

③请客人填写一式两联的"贵重物品保管寄存单"（见表5-9），并在电脑上查看房号与客人填写的是否一致。

④根据客人的需求选择保险箱，将保险箱号记录在寄存单上。审查单据、物品件数并签字，将一把钥匙交给客人，双方共同开启保险箱，请客人存放物品，已填好的寄存单第一联放入保险箱，再由双方同时上锁，将寄存单第二联和该箱钥匙交给客人保存。

表5-9 **贵重物品保管寄存单**

（正面）

Service Hour 07：30—23：00 Safety Deposit Box Service			箱号 Box No.	
房号 Room No.	姓名 Name	签名式样 Specimen Signed	日期/时间 Date/Time	经手人 Approved By

阅读背面说明 Please see conditions on reverse

（背面）

条例：

1.保险箱只供给本酒店客人免费使用。

2.如遗失此钥匙，必须更换新锁，您须赔偿价款的半数金额。

3.如您退房离店时未能将此钥匙交到前台收银处，本酒店有权自行开启并移出保存物品，不负任何责任。

4.我在此承认已取走所有存放的物品，以后与酒店无关。

Conditions：

1.Safe Deposit Boxes are furnished without change to hotel guests only.

2.If this key lost，we will not only replace a new key but a new lock，you will be charged half the cost.

3.The hotel management reserves the right to open the box and remove contents，without liability，if key is not surrendered when guest departs from hotel.

4.I hereby acknowledge that all property stored in the safe box has been safely withdrawn therefore and liability of said hotel therefore is released.

客人签名

Guest Signature

房号 日期

Room No. Date

⑤客人每次开启保险箱都需要在寄存单相关栏内签名，记录开启日期及时间，收银员核对、确认并签名。

⑥若客人终止存放物品，收银员请客人交回第二联寄存单和钥匙，在终止栏内注明日期、姓名，经手人签名。

⑦若客人钥匙丢失，应迅速通知保安部、工程部有关人员，四方在场，由工

程部人员撬开保险箱，请客人取走所有物品。其钥匙和修理费用按酒店规定向客人收取，做好记录，以备核查。

5.6.4　夜审及营业报表编制

1）夜审

夜审，是指要核查上个夜班以后所收到的账单，把房费登录在客人账户上，并做好汇总和核查工作。由酒店收银处夜审人员承担这项工作。夜审人员的具体工作步骤如下：

① 检查是否所有营业部门的账单都已转来；检查是否所有单据都已登账；将所有尚未登账的单据记入账户。

② 按部门将单据分类，计算出各部门的收入总额；累计现金表，检查收到现金和代付现金的总额；检查是否所有现金表上的项目都已登账。

③ 进行一切必要的纠正；检查所有折让和回扣是否有适当的签字批准，以及是否登账。

④ 将当日房费登账；将每个账页的借方和贷方金额分别相加，求出当日余额。

⑤ 将当日余额记录到下一日新开账页的对应行内。

在上述整理汇总的基础上，夜审人员要将账户上的信息按项目记录到有关的账册上，并求出总数，然后做好下列检查工作：检查每个营业部门的借方栏总数是否与相应的销售收入一致；将现金收入栏和代付栏总数与现金表相比对，以确认两数相符；检查折让和回扣总数是否与有关单据上的总数相符；将开账余额栏的总数与上一天结账时的余额总数相比对，检查是否相符。

2）营业报表编制

客房营业日报表（见表 5-10）是全面反映本酒店客房营业情况的业务报表，一般由前台收银处夜审人员负责编制，其中一份于次日早晨送往总经理办公室，以便总经理及时掌握营业情况；另一份送交财务部门，作为核对营业收入的依据。

表5-10　　　　　　　　　　　　　**客房营业日报表**

年　月　日

项　目	今　天	本月累计	与去年同期相比
客房总数			
维修房			
免费房			
职工用房			
可出租客房			
已出租客房			
客房出租率			
房费变更+			

续表

项　目	今　天	本月累计	与去年同期相比
房费变更-			
客房收入			
平均房价			

项目	人数	房数	今天在店	人数	房间
预订			散客		
取消预订			团队		
按预订已到的散客			长住客人		
按预订已到的团队			贵宾（VIP）		
未预订开房					
延长停留			备注		
实际在店					
原定今天离店					
提前离店					
今天实际离店					
明天预期离店					
明天预期抵店					
预计明天空房			制表人：　　　　复核人：		

①根据客房状况资料，以楼层为单位，统计散客的用房数、人数及客房营业收入；统计免费房、内宾用房、空房、待修房以及职工用房的数量；统计在店团体的用房数、人数及租金收入；统计当日出租的客房数、在店客人数及客房营业收入。

②根据客人离店的资料及"抵店客人名单"，统计当日离店客人的人数、用房数；当日抵店客人的人数、用房数。然后，用下列方法来核对第一步骤中汇总的当日出租的客房数与在店客人数：

当日出租客房数=昨天出租客房数-当日离店客人用房数+当日抵店客人用房数

当日在店客人数=昨天在店客人数-当日离店客人数+当日抵店客人数

③与财务部的夜审人员核对当天的客房营业收入；核对散客租金收入；核对团体租金收入；核对当天房价变更的统计结果。

④计算当日客房出租率及实际平均房价。这两组重要数据分别从出租的客房数量及出租的收益上简明、集中地反映出当天的客房营业状况。有的酒店根据自身的特点，还要求统计团体用房率和散客的平均房价。计算方法如下：

客房出租率=（已出租客房数÷可供出租客房数）×100%　　　　　　　　（5-1）

团体用房率＝（团体用房数÷已出租用房数）×100%

散客平均房价＝散客用房租金收入÷散客用房数

实际平均房价＝客房营业收入÷已出租用房数

　　将以上数据汇总计算，经核对后填入营业日报表。

同步链接 5-1

勇挑重担的"创收先锋"

　　党的二十大报告中提到的成绩鼓舞人心，目标催人奋进。我们要紧密结合实际，坚持学以致用，切实把党的二十大精神转化为公司一切工作的动力源，坚定发展的底气和信心，在助推企业高质量发展中展现更大作为、贡献更多力量。要把学习宣传贯彻党的二十大精神与公司经营管理工作结合起来，聚焦品质服务、精准营销、效能效率，努力提高酒店运营质量，提升酒店品牌的影响力和美誉度，在我市旅居新市场中展露"息未"新姿。

　　——浙江舟山旅游集团息未酒店管理有限公司党总支书记兼浙江舟山旅游集团投资开发有限公司海上丝绸之路酒店分公司党支部书记　季波

　　永葆初心使命，勇当探路先锋，是季波同志对"标杆"的生动诠释。海上丝绸之路酒店成立于 2018 年 9 月，位于朱家尖东沙景区，总投资逾 10 亿元，致力于打造以"丝路文化、海岛情怀、奢美度假"为主题的中国一流商旅休闲目的地度假酒店。酒店成立之初就担任党支部书记的季波同志，扎实推进"主体责任"和"一岗双责"，紧紧围绕集团年度工作目标和公司重点工作任务，按照"抓党建、讲政治、把导向、强队伍、新营销、深融合、促发展"的工作思路，以"海路同心"党建品牌为载体，努力提升酒店服务品质，聚力打造企业核心竞争力，抢抓市场机遇，赋能经营创新，扎实有效地推动各项工作落地见效。酒店前厅部荣获 2021 年"省级青年文明号"荣誉，各部门员工多次在省、市级岗位技能比武中获得优异的成绩。酒店取得疫情三年营收逆增长的好成绩，相继获得中国酒店业品质服务奖、国家级"金鼎"特色文化主题饭店、朱家尖管委会 2021 年度旅游工作先进集体，集团 2020 年度优秀党组织等荣誉，充分展现了国有酒店高品质的形象。

　　（资料来源　舟山财政国资微信公众号，经过改编）

本章概要

　　□ 内容提要与结构

　　▲ 内容提要

　　●在越来越商业化的酒店服务中，前厅系列服务以其多元化的内容赢得了消费者的认可，并且随着社会的发展和消费者需求而不断地改变和充实着自身。

　　●本章通过礼宾服务、金钥匙服务、问询邮件服务、总机服务、商务中心服务、收银服务等方面的讲解，要求学生了解当今酒店前厅系列服务包括的内容、它们彼此之间的关系及每一项服务中对消费者的承诺。通过本章的学习，对酒店服务工作能有一定的认识。

▲ 内容结构

本章内容结构如图5-5所示。

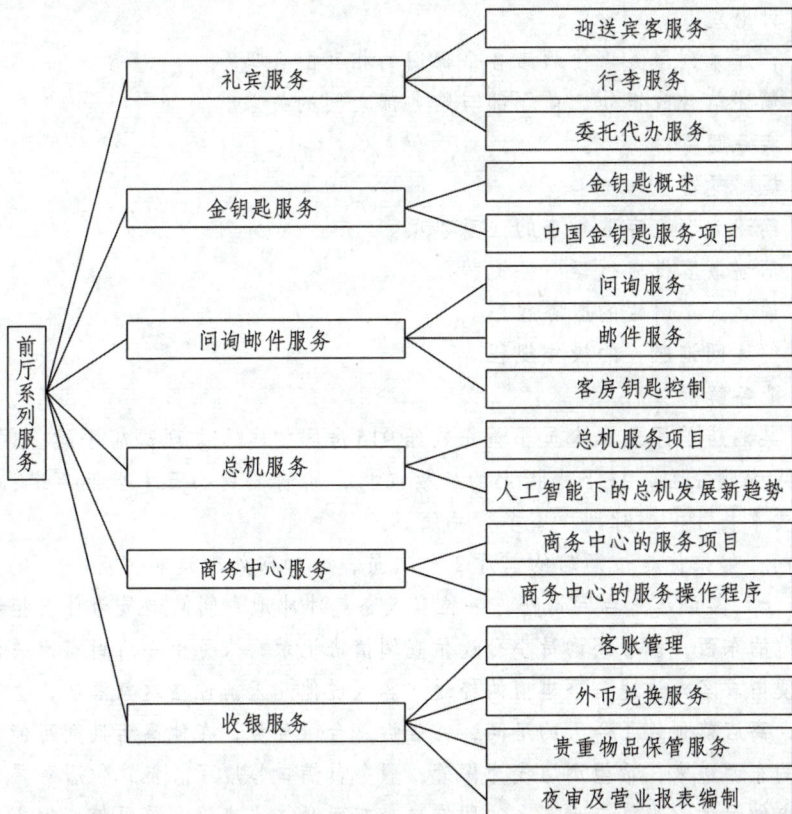

```
                                    ┌─────────────┐
                          ┌─────────│ 迎送宾客服务 │
              ┌─────────┐ │         ├─────────────┤
              │ 礼宾服务 │─┼─────────│  行李服务   │
              └─────────┘ │         ├─────────────┤
                          └─────────│ 委托代办服务 │
                                    └─────────────┘
              ┌─────────┐           ┌─────────────┐
              │金钥匙服务│──────────│ 金钥匙概述   │
              └─────────┘ └─────────├─────────────┤
                                    │中国金钥匙服务项目│
                                    └─────────────┘
   ┌────┐                          ┌─────────────┐
   │前厅│             ┌──────────│  问询服务   │
   │系列│──┬─┤问询邮件服务│─┼─────│  邮件服务   │
   │服务│             └──────────│ 客房钥匙控制 │
   └────┘
              ┌─────────┐           ┌─────────────┐
              │ 总机服务 │─────────│ 总机服务项目 │
              └─────────┘ └────│人工智能下的总机发展新趋势│
              ┌───────────┐      ┌─────────────┐
              │商务中心服务│─────│商务中心的服务项目│
              └───────────┘ └───│商务中心的服务操作程序│
              ┌─────────┐           ┌─────────────┐
                                    │  客账管理   │
              │ 收银服务 │─────────│ 外币兑换服务 │
              └─────────┘           │ 贵重物品保管服务│
                                    │夜审及营业报表编制│
```

图5-5 本章内容结构

□ 主要概念和观念

▲ 主要概念

前厅系列服务 "金钥匙" 夜审

▲ 主要观念

礼宾服务 问询邮件服务

□ 重点实务与操作

▲ 重点实务

金钥匙服务 总机服务

▲ 重点操作

前厅系列服务

━ 基本训练 ━▶

□ 理论题

▲ 简答题

1）简述金钥匙的理念及其在中国的发展。

2）简述问询服务中对住店客人的服务范围。

3）一般酒店商务中心的服务项目有哪些？

▲ 讨论题

1）前厅系列服务需要酒店各个部门的相互配合吗？

2）简述前台收银处、前厅部与财务部之间的关系。

□ 实务题

▲ 规则复习

1）简述为客人存取行李的注意事项。

2）简述散客抵店行李服务流程。

3）简述人工叫醒的服务程序。

4）简述问询服务的操作规程。

▲ 业务解析

1）某酒店前厅工作人员小黄正在给915房间的客人办理离店手续。闲聊中，那位客人旁顾左右，捋下手指上的一枚戒指，偷偷塞到小黄手里低声道："我下星期还要来长住一个时期，请多多关照。"

请问：如果你是该酒店的前厅工作人员，会如何处理这种情况？

2）上海某酒店总台问询处，一位客人怒气冲冲地责问问询员为什么拒绝转交朋友给他的东西，当班问询员小孙连忙查阅值班记录，未见上一班留有有关此事的记录，便请求客人讲述一下事情的经过。客人说他几天前住在这家酒店，去苏州办事几天，离店前预订了今天的房间，并告诉总台服务员，在他离店期间可能会有朋友将他的东西送来，希望酒店代为保管，服务员满口答应了。但这位服务员却未在值班簿上做记录。当第二天客人的朋友送来东西时，当班服务员见值班簿上没有留言，又见送来的是衬衫，便拒绝接收。所以，客人十分恼火，认为酒店言而无信。

请问：该酒店的问询员对此转交事件的处理有何不妥之处？如果你是问询员小孙，会如何处理现在面临的这个问题？

□ 案例题

【训练项目】

案例分析-V。

【训练目的】

见本章"学习目标"中的"案例目标"。

【教学方法】

采用"案例教学法"。

【训练任务】

1）体验本章理论与实务知识在案例分析中的运用。

2）体验对"附录三"附表3"解决问题"能力"初级"的"基本要求"和各技能点"参照规范与标准"的遵循。

3）体验对"相关案例"多元表征中的"结构不良知识"的高级学习过程。

4）撰写、讨论和交流《案例分析报告》。

【相关案例】

早晨叫醒服务不周

背景与情境： 王先生在某日晚上给总机打电话，要求次日早上6点提供叫醒服务，同时强调要赶乘9点的班机离开本市。次日6点钟，话务员叫早，电话响了一阵，王先生才接起电话。话务员照常规说："早上好，现在是早晨6点钟的叫醒服务。"接着传出王先生微弱不清的声音："谢谢。"谁知王先生回答以后，马上又睡着了，等他醒来时已是8点了。等赶到机场，飞机已起飞，只好折回酒店。王先生于是向酒店大堂值班经理提出飞机退票费及等待下班飞机期间的误餐费的承担问题。值班经理了解情况之后，向王先生解释说："您今天误机的事，我们同样感到遗憾，不过话务员已按您的要求履行了叫醒服务的职责。"王先生并不否认自己接到过叫醒服务的电话，但仍旧提出意见："你们酒店在是否弥补我的损失这一点上，可以再商量，但你们的叫醒服务大有改进的必要！"

问题：

1）本案例中酒店的叫醒服务为什么叫而不醒？

2）酒店该如何解决此次因叫醒服务失误而给客人带来的损失问题？

3）在叫醒服务操作过程中，你有何好的对策和建议？

【训练要求】

同第1章"基本训练"中本题型的"训练要求"。

▲ 课程思政

课程思政-Ⅴ。

【训练目的】

见本章"学习目标"中的"案例目标"。

【教学方法】

采用"案例教学法"。

【训练任务】

1）体验本章理论与实务知识及通过互联网查询的相关规范和标准在"思政研判"中的运用。

2）体验对"附录三"附表3"解决问题"能力"初级"的"基本要求"和各技能点"参照规范与标准"的遵循。

3）体验对"相关案例"多元表征中的"结构不良知识"高级学习过程。

4）体验课程思政相关规范和标准在"思政研判"中的运用。

5）撰写、讨论和交流《思政研判报告》。

【相关案例】

转递资料

背景与情境： 北京某酒店的前台，服务员正在忙于接待客人。此时，两位西装革履的中年人提着一个看上去有点重量的箱子径直向问询处走来。

"您好，需要我效劳吗？"刚放下电话的问询员小马主动问道。

"有件事需要麻烦一下。"其中一位说道，但似乎不知从何说起，目光望向地上的那只箱子。

"我们一定尽力而为，请您说吧。"小马说道。

"我们是某公司的驻京代表，这一箱资料，要尽快交给我公司总经理，他定于今天下午3点到达这里。我们下午不能前来迎接，所以想把箱子先放在贵酒店保管，待总经理一到，请你们交给他本人。"

"请放心，我们一定办到。"小马再三保证。

下午3点已到，该公司的总经理还未抵达酒店，小马打电话到机场，获知飞机没有误点。但因为那两位中年人没有留下电话和地址，所以小马别无选择，只能再等下去。又两个小时过去了，那位总经理仍然没有来，小马不得不做好交接箱子的准备。就在这时，电话铃响了。

"问询处吗？今晨我们留在前台的那箱资料本是想交给我们总经理的。刚才接到总经理电话，说他被一位住在××酒店的朋友邀去，决定就住在那儿了，而那箱资料是他急用的……"还是那位驻京代表的声音。

"您不用着急，我会设法把箱子立刻送到××酒店的。"小马放下电话即安排一位员工办理此事。半小时后，那位驻京代表又打来电话，但小马已经下班了。

"请转达小马，箱子已经送到，万分感谢。我们总经理改变主意住到了别的酒店，你们不但没有计较，还为我们服务得那么好，真不知如何表达我们的感激之情。总经理说，下回一定要住你们酒店。"对方诚恳地说道。

（资料来源　佚名．个性化服务案例［EB/OL］．［2019-01-15］．http://www.doczj.com/doc/3810362364.html.经过改编）

问题：

1）本案例中酒店前台服务员为客人提供了什么服务？

2）试对上述案例作出评价。

3）通过网上或图书馆调研等途径收集你做评价所依据的行业规范。

【训练要求】

同第1章"基本训练"中本题型的"研判要求"。

□ 实训题

"前厅系列服务"业务胜任力训练。

【训练目的】

见本章"章名页"中"学习目标"中的"实训目标"。

【训练内容】

专业能力训练：其领域、技能点、名称和参照规范与标准见表5-11。

表5-11　　　　专业能力训练的领域、技能点、名称和参照规范与标准

领域	技能点	名称	参照规范与标准
前厅系列服务	技能1	礼宾服务技能	（1）能熟练操作迎送客人的服务流程并现场模拟 （2）能区别进行散客和团体的行李服务 （3）能进行各种类型的委托代办服务
	技能2	问询服务技能	（1）能进行有效问询服务 （2）掌握不同情况下邮件的处理服务
	技能3	收银服务技能	（1）能根据酒店各部门消费信息进行客账管理 （2）能根据外币兑换的服务程序和要求进行外币兑换 （3）能进行夜审及简单的营业报表编制
	技能4	撰写《××酒店前厅系列服务实训报告》技能	（1）能合理设计《××酒店前厅系列服务调查问卷》的结构，层次较分明 （2）能依照商务应用文的规范撰写《××酒店前厅系列服务实训报告》 （3）遵照本教材网络教学资源包中《学生考核手册》考核表5-2所列各项"考核指标"和"考核标准"

职业核心能力和职业道德素养训练：其内容、种类、等级与选项见表5-12；各选项的"参照规范与标准"见本教材"附录三"附表3和"附录四"附表4。

表5-12　　　职业核心能力和职业道德素养训练的内容、种类、等级与选项

内容	职业核心能力							职业道德						
种类	自主学习	信息处理	数字应用	与人交流	与人合作	解决问题	革新创新	职业观念	职业情感	职业理想	职业态度	职业良心	职业作风	职业守则
等级	中级	中级	中级	中级	中级	中级	中级	认同级	认同级	认同级	认同级	认同级	认同级	认同级
选项	√			√	√	√		√		√	√	√	√	√

【组织形式】

将班级学生分成若干实训小组，根据实训内容和项目需要进行角色划分。

【训练任务】

（1）对表5-11所列专业能力领域各技能点，依照其"参照规范与标准"实施应用相关知识的基本训练。

（2）对表5-12所列职业核心能力选项，依照本教材"附录三"附表3中"参照规范与标准"实施应用相关知识的"中级"强化训练。

（3）对表5-12所列职业道德素养选项，依照本教材"附录四"附表4中"参照规范与标准"实施"认同级"相关训练。

【训练要求】

（1）实训前学生要了解并熟记本实训的"目标"、"能力与道德领域"、"任务"与"要求"；了解并熟记本教材网络教学资源包中《学生考核手册》考核表5-1和考核表5-2的"考核指标"与"考核标准"内涵，将其作为本实训的操作

点和考核点来准备。

（2）通过"训练步骤"，将"训练任务"所列三种训练整合并落实到本实训的"活动过程"和"成果形式"中。

（3）实训后，学生要对本次"前厅系列服务"的实训活动进行总结，在此基础上撰写实训报告。

【情境设计】

将学生分成若干实训团队，分别选择不同的酒店（或本校专业实习基地），运用前厅系列服务知识，参与其前厅系列服务实训，完成本实训的各项实训任务。各实训组对所选酒店（或本校专业实习基地）的前厅系列服务实训体验进行总结，并对本次实训的成功经验和存在的问题进行分析，提出改进方案或建议，最后撰写《××酒店前厅系列服务实训报告》。

【指导准备】

知识准备：

（1）"礼宾服务"的理论与实务知识。

（2）"问询邮件服务"的理论与实务知识。

（3）"收银服务"的理论与实务知识。

（4）本教材"附录一"附表1中"职业核心能力"选项的"'知识准备'参照范围"中所列知识。

（5）本教材"附录三"附表3和"附录四"附表4中涉及本章"职业核心能力领域"各技能点和"职业道德领域"各素养点，需要对学生事先培训"参照规范与标准"知识。

操作指导：

（1）教师向学生阐明"训练目的"、"训练与素质领域"和"知识准备"。

（2）教师就"知识准备"中的第（4）、（5）项，对学生进行培训。

（3）教师指导学生就操练项目进行调研、资料收集与整理。

（4）教师指导学生撰写《××酒店前厅系列服务实训计划》。

（5）教师指导学生实施《××酒店前厅系列服务实训计划》，并就操练项目进行现场指导。

（6）教师指导学生撰写《××酒店前厅系列服务实训报告》。

【实训时间】

本章课堂教学内容结束后的双休日和课余时间，为期一周。

【实训步骤】

（1）将班级每8～10位同学分成一个团队，每团队确定1人负责。

（2）分配各团队实训任务，确定每团队实训的酒店。

（3）各实训团队参与所选酒店（或本校专业实习基地）的前厅系列服务实训。

（4）各团队对实训操作的实际情况进行总结。

（5）各团队在此基础上，总结实训酒店（或本校专业实习基地）前厅系列服务的成功之处和不足之处，并提出改进建议。

（6）各实训团队在实施上述训练的过程中，融入对"自主学习"、"与人交流"、"与人合作"、"解决问题"和"革新创新"等职业核心能力各"技能点"的中级"强化训练"（突出其"'知识准备'参照范围"所列知识的学习和应用）和对"职业理想"、"职业态度"、"职业良心"、"职业作风"和"职业守则"等职业道德各"素养点"的"认同级"相关训练。

（7）撰写作为最终成果形式的《××酒店前厅系列服务实训报告》。

（8）在班级交流、讨论各团队的《××酒店前厅系列服务实训报告》。

（9）根据交流、讨论结果，各团队修订其《××酒店前厅系列服务实训报告》，并使之各具特色。

【成果形式】

实训课业：《××酒店前厅系列服务实训报告》。

课业要求：

（1）本课业应包括学生对所选酒店（或本校专业实习基地）的前厅系列服务的全面总结为基本内容，并分析本次运作中的问题与不足，最后提出改进建议，并包括"关于'能力与道德领域'其他训练的补充说明"等内涵。

（2）报告格式与体例参照本教材"课业范例"的"范例综-3"。

（3）各团队的《××酒店前厅系列服务实训报告》初稿必须先经团队讨论，然后才能提交班级交流、讨论。

（4）经过班级交流、讨论的《××酒店前厅系列服务实训报告》由各团队进一步修改与完善。

（5）《××酒店前厅系列服务实训报告》定稿后，在报告标题下注明"项目团队队长姓名"和"项目团队成员姓名"。

（6）将附有"教师点评"的优秀实训报告在班级展出，并纳入本校该课程的教学资源库。

── 单元考核 ──▶

考核要求：同第 1 章"单元考核"的"考核要求"。

第6章
客房部基础

● 学习目标
引例　希尔顿和雅高集团的客房
6.1　客房部的地位与作用
6.2　客房部的组织结构
● 本章概要
● 基本训练
● 单元考核

学习目标

通过本章学习，应该达到以下目标：

理论目标：学习和把握"客房部基础"的相关概念，客房产品的类型，客房部的地位与作用，客房部的组织结构等陈述性知识；能用其指导本章"同步思考"、"教学互动6-1"和"基本训练"中"理论题"各题型的认知活动，正确解答相关问题，体验本章"初级学习"中专业认知的横向正迁移。

实务目标：学习和把握客房部的工作任务，客房部的主要岗位及其职责，以及"业务链接"等程序性知识；能以其建构"客房部基础"的规则意识，正确解析本章"教学互动6-2"和"基本训练"中"实务题"的相关问题，体验本章专业规则与方法"初级学习"中的横向正迁移和"高级学习"中的重组性迁移。

案例目标：运用本章理论与实务知识研究相关案例，培养和提高在"客房部基础"情境中的多元表征专业能力和"团队协作""与人交流"通用能力；结合"客房部基础"教学内容，依照相关规范或标准，对专栏"课程思政6-1"和章后"课程思政-Ⅵ"等案例中的企业及其从业人员行为进行思政研判，培养高尚的道德情操，树立社会主义核心价值观；体验本章"高级学习"中"专业"与"通用"知识和行为规范的重组性迁移。

自主学习：参加"自主学习-Ⅲ"训练。在实施《自主学习计划》的基础上，通过阶段性学习和应用"附录一"附表1中"自主学习"（中级）"'知识准备'参照范围"所列知识，收集、整理与综合"客房部的主要岗位及其职责"前沿知识，讨论、撰写和交流《"客房部的主要岗位及其职责"最新文献综述》，撰写《"自主学习-Ⅲ"训练报告》等活动，体验"客房部的主要岗位及其职责"中的"自主学习"（中级）及其迁移，培养"自主学习"、"团队协作"和"与人交流"的通用能力，体验本章"自主学习"中"专业"与"通用"规则和技能的"重组性"迁移。

引例　希尔顿和雅高集团的客房

背景与情境：希尔顿集团推出自己的特色概念——睡得香客房。客房中有加厚的床垫、高雅而又不透光的艺术窗帘，闹钟铃响时台灯自动开启，按各人生活习惯设置的生物钟可调灯箱等。希尔顿集团还推出了两个新概念客房，即"健身客房"和"精神放松客房"，客房内增设了按摩椅、放松泉池、瑜珈教学视频等。

雅高集团尝试推出"高科技客房"这一新概念客房。客房中床很宽，卫生间更大，照明也更好，采用可旋转的液晶显示电视屏幕，遥控芳香治疗系统，环绕音响系统等。雅高集团的市场研究部指出，客人离家出门，在心理上和生理上都会变得脆弱，因此会特别留意细节。

问题：如何进行客房产品创新？

（资料来源　佚名．酒店客房产品的创新策略［EB/OL］．［2020-09-28］．https：//www.sohu.com/a/421361933_120102433.经过改编）

从引例可以看出，随着市场需求的多样化，特色客房也层出不穷，因此酒店应根据自身的类型与定位并考虑市场的竞争状况来进行客房类型配置。

6.1　客房部的地位与作用

6.1.1　客房产品

酒店客人最基本的需求是住宿和饮食，因此客房产品是酒店产品的重要组成部分，是酒店之所以成为酒店，而不是餐馆、酒楼的重要标志之一。**客房产品**，是组合产品，主要由设施与装饰、服务以及客人在心理上所感觉到的利益三个方面构成。根据不同的划分标准，客房可以划分为下列类型。

1）按结构和床划分

可以划分为单人间、双人床间、双床间、三人床间、套房。

①单人间（Single Room）。配备一张单人床。适用于商务旅行者单人居住。

②双人床间（Double Room）。配备一张双人床。这种客房较适合夫妇旅行者居住，也适合商务旅行者单人居住。

③双床间（Twin Room）。配备两张单人床。这类客房在酒店中占极大部分，也称酒店的"标准间"，较受团体、会议客人的欢迎。也有在双床间配置两张双人床的，以显示较高的客房规格和独特的经营方式。

④三人床间（Triple Room）。配备三张单人床。一般在经济型酒店里配备这样的房间，此类客房较适合经济型客人使用。

⑤套房（Suite）。由两间或两间以上的客房构成的"客房出租单元"，称为套房。根据其使用功能和室内装饰标准又可细分为下列几种：普通套房、商务套房、双层套房、连接套房、豪华套房、总统套房。

2）按客房档次划分

可以划分为：普通房（Junior Room）、高级房（Superior Room）、豪华房

学习微平台

微视频6-1

学习微平台

微视频6-2

（Deluxe Room）、行政房（Executive Room）、普通套房（Junior Suite）、豪华套房（Deluxe Suite）、总统套房（Presidential Suite）。

3）按客房位置划分

可分为外景房、内景房和角房。

① 外景房（Outside Room）。窗户朝向大海、湖泊、公园或景区景点的客房。

② 内景房（Inside Room）。窗户朝向酒店内的客房。

③ 角房（Corner Room）。位于走廊过道尽头的客房。角房因形状比较特殊，无法进行常规装饰而比较冷门。但因其打破了标准间的呆板，反而受到某些客人的青睐。

同步思考 6-1

学习微平台

微视频 6-3

问题：客房产品还有哪些其他类型？

理解要点：客房产品发展到今天，已经明显感觉到"标准房"的乏味。为了满足客人的需求，酒店推出了不同功能的客房，如主题客房、高科技客房、老年人专用客房、女士客房、钟点客房、绿色客房等。

教学互动 6-1

主题：客房的类型

背景资料：在有些酒店，所有的客人平均年龄80岁，这里的一切设施几乎都是为老年人尤其是80岁以上的老人特别设计的。在这里，信号显示是大号字，沿墙有扶手，电梯里有座椅，床是坐卧两用的，卧室里可以挂家人肖像；卫生间是用防滑玻璃纤维修造的，并设有软垫长椅，在那里可以安全洗浴；无论何时，一按铃就会有人来查看；这里经常举办各种适合老人的娱乐活动；而且无须预订，长住短住无妨。这里接待的不是病人，而是需要关怀照顾的老年客人。

有的酒店以无烟楼层吸引了大量回头客，既创造了市场，留住了客人，也为酒店赢得了较好的口碑。欧美、新加坡等地的游客大都喜欢无烟楼层，因此近年来很多酒店都进行了无烟客房的尝试。

互动问题：你还知道哪些类型的客房？

要求：同"教学互动 1-1"的"要求"。

6.1.2　客房部的地位与作用

客房部，是酒店的主体，是酒店的主要组成部门，是酒店存在的基础。客房部在酒店的经营管理中具有十分重要的地位和作用。

1）客房是酒店的基础设施和主要部门

酒店客房面积一般占酒店总面积的65%~70%，酒店建筑结构与投资额主要由客房数量决定；同时，酒店的规模大小常用客房数量来衡量。因此，客房部是酒店的主要部门。

我国星级酒店的评定标准对客房有一定的规定，如房间数量、房间面积、房内设施等。同时酒店的接待能力也是以客房数目来衡量的，客房数目越多，接待能力越强。

2）客房是向客人提供住宿的物质承担者

客房是客人的"家外之家"，客人在客房停留的时间最长，客房为客人提供以住宿为中心的各项服务工作，是向客人提供住宿的物质承担者。

3）客房服务质量是酒店服务质量的重要标志

客房设施是否完好，物品配备是否齐全，客房的卫生是否清洁，服务人员的服务态度是否热情、周到，服务项目是否周全丰富等，是客人评价酒店服务质量的重要因素，是客人衡量"价"与"值"是否相符的主要依据。所以客房服务质量是衡量整个饭店服务质量的重要标志。

4）客房收入是酒店收入的重要来源

酒店的收入主要来源于三部分：一是客房收入，二是餐饮收入，三是综合服务收入。其中，客房收入一般占酒店总收入的50%左右，客房收入是酒店收入的重要来源。相对于餐饮、商品等其他经营部门来说，客房经营利润相对较高，是酒店利润的重要来源。

5）客房是带动酒店一切经济活动的枢纽

通过客人入住酒店，可以带动餐饮、娱乐、商品、商场等其他服务项目的消费，客人住进客房，要到前台办手续、交房费；要到餐饮部用餐、宴请；要到商务中心进行商务活动，还要健身、购物、娱乐，因而客房带动了酒店的各种服务。

6）客房管理是酒店管理水平的体现

客人入住酒店希望有舒适的设备、清洁的环境、较多的服务项目和高质量、高效率的服务水准。同时，客房部员工工作时间长；客房设备和用品繁多，管理复杂；客房部与酒店其他部门联系广泛，为其他部门正常运转提供了良好的环境和物质条件。客房管理水平是酒店管理水平和能力的体现。

6.1.3 客房部的工作任务

客房部又称房务部或管家部（Housekeeping），负责管理酒店有关客房事务。客房部生产客房商品。完整的客房商品包含房间、设备设施、用品和综合服务。客房部为客人提供清洁、美观、舒适、安全的住宿环境，包括酒店所有客房及公共区域清洁卫生、客房布置高雅美观、设施设备完备舒适耐用、日用品方便安全、服务项目全面周到、客人财物和人身安全有保障。客房部设有布件房和洗衣房，负责整个酒店各部门的布件（如窗帘、沙发套等）和员工制服的洗涤、保管发放、缝补熨烫等，为全酒店的对客服务提供保障。

业务链接 6-1

客房部与其他部门业务关系的处理

①客房部与前厅部需保持良好的协作关系。客房部与前厅部之间的沟通交流、协作是非常重要的。客人离店后，前厅部负责及时通知客房部，客房部在最快最短的时间内将客房检查、清洁完毕后，交回前厅部继续销售；前厅部在得到客房部确认之前，不得将客房销售出去。前厅部根据客人入住及离店情况及时制作出房态表或预先口头通知客房部，客房部根据前厅部提供的信息进行每日例行查房，制作出房态差别报告送交前厅部，以实现最高出租率。前厅部应为客房部准备当日客人入住情况表、当日团队入住表和当日重要客人表，尽可能全面地注明客人的姓名、年龄、国籍、身份、爱好、有无特殊要求、到达航班等信息，客房部根据所有这些信息安排客人的起居，为客人提供最佳服务。

②客房部与餐饮部需保持良好的协作关系。客房部管理人员应每日阅读各宴会清单，及时与餐饮部及各餐厅经理联系，了解各餐厅的用餐情况和时间，宴会的规模及布置，保障各餐厅棉织品的供应，特殊会议对棉织品、花卉装饰等的特殊要求及餐后清洁工作，这些都要与餐厅经理提前协商。客房部管理人员还应根据每月棉织品盘点情况与餐饮部召开协调会，指出棉织品使用中的问题，尽量减少浪费、节约开支。餐饮部也应根据运营情况对各餐厅的清洁卫生情况和棉织品发放中出现的问题、员工工服问题与客房部协调，使问题尽快解决。

③客房部与工程部需加强联系。一般来讲，工程维修分为三部分：一是日常维护保养，二是定期检修，三是大修。客房部员工应将工作中出现的维修问题，及时提交工程部；客房部、工程部管理人员应根据日常维修情况，对常发生的故障和问题进行定期检查，并提交维修报告；每年在淡季或出租率许可的情况下应对酒店客房及公共区域进行全面检修和维护保养，保障酒店的设施设备处于完好状态。

④客房部与保安部需密切合作。安全问题关系到酒店客人的生命财产安全和酒店的财产安全，所以客房部的安全工作是很重要的。客房部经理要有很强的安全意识，积极配合保安部人员做好客房安全工作，对新员工加强安全教育、消防教育和防盗防骗教育，并经常请保安部人员对客房部员工进行各种形式的安全培训，包括通报本地区内发生的一些案例，提高员工警惕性，防止不法分子作案给酒店造成恶劣影响，一旦发现可疑情况及时通报保安部。

6.2　客房部的组织结构

6.2.1　客房部的组织结构概况

合理的组织结构，是客房部管理的重要保证。由于各酒店的规模不同、管理体制不同、部门分工不同，其组织结构也有所区别。不同规模酒店客房部组织结构分别如图 6-1、图 6-2 所示。

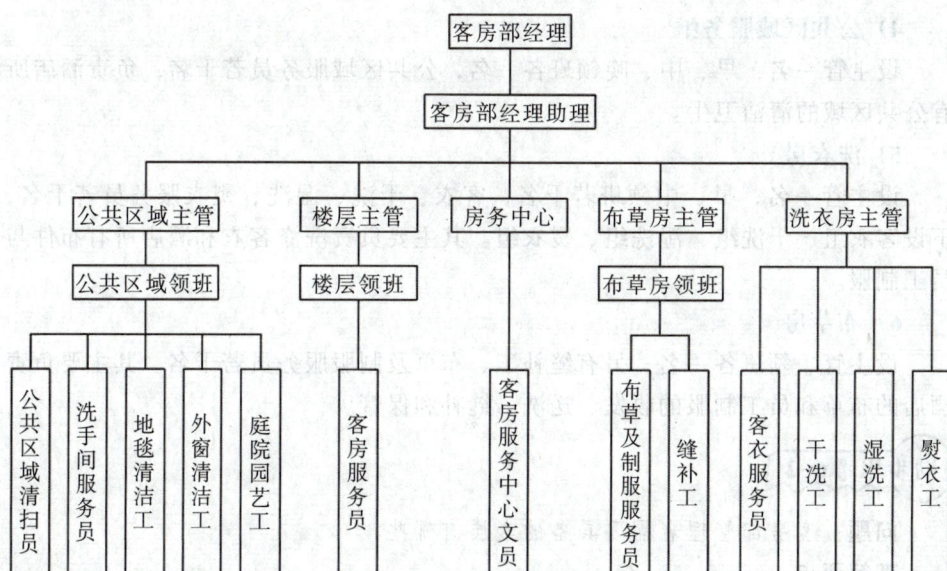

图6-1　大型酒店客房部组织结构图

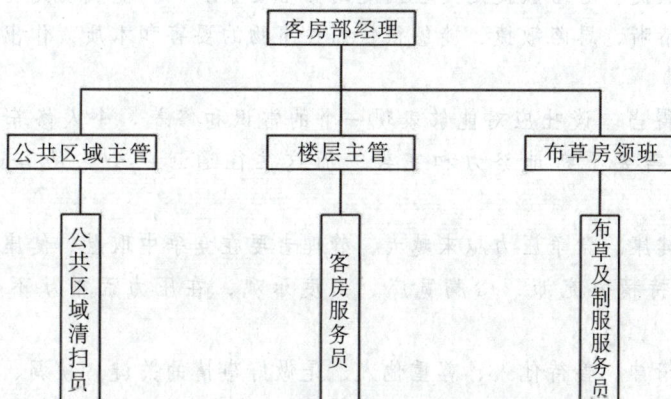

图6-2　小型酒店客房部组织结构图

客房部分工复杂，人员繁多，因此合理的岗位设置是客房部进行有效管理的前提条件。下面以大中型酒店客房部组织结构设置为例进行说明。

1）经理办公室

客房部设经理一名、早晚两班工作人员若干名，主要负责客房部的日常性事务及与其他部门联络、协调等事宜。

2）客房服务中心

设主管一名、文员若干名，下设早、中、晚三个班次。其主要负责处理客房部信息，包括向客人提供服务信息、传达内部工作信息、调度对客服务、控制员工出勤、管理工作钥匙、处理客人失物和遗留物品等。

3）客房楼层服务组

设主管一名，早、中、晚班领班若干名，客房服务员若干名，负责所有住客楼层的清洁卫生和接待服务工作。

学习微平台

延伸阅读6-1

4）公共区域服务组

设主管一名，早、中、晚领班各一名，公共区域服务员若干名，负责酒店所有公共区域的清洁卫生。

5）洗衣房

设主管一名，早、中领班若干名，客衣、干洗、湿洗、熨衣服务员若干名，下设客衣组、干洗组、湿洗组、熨衣组。其主要负责洗涤客衣和酒店所有布件与员工制服。

6）布草房

设主管、领班各一名，另有缝补工、布草及制服服务员若干名。其主要负责酒店的布草和员工制服的收发、送洗、缝补和保管。

同步思考 6-2

问题：客房部管理者需要具备的素质有哪些？

理解要点：

①思路敏捷。思路敏捷是处理问题的必备要素。一个能成功处理繁杂事物的人必须思维清晰，思路敏捷，能够很快抓住事物的要害和本质，作出决断，使问题迎刃而解。

②谈吐得当。谈吐应对能够表现一个的常识和修养。个人修养不是一朝一夕养成的，需要不断地努力和完善，而这往往通过一个人的言谈举止表现出来。

③身体健康。竞争压力越来越大，管理者要在竞争中取胜，健康的体魄是个人资本。保持精力充沛、心胸宽广、态度乐观，在压力面前就不会轻易败下阵来。

④团队精神。善待他人、尊重他人，是做好事情的关键。协调、沟通、协商才是管理者经常要做的事情。

⑤领导才能。领导才能不是专业技能，不是学历和文凭，而是常识和修养、人生经验、世故阅历多方面综合素质的反映，集中表现在识人、用人、容人、信人的能力上。

⑥敬业精神。人与人能力的差别，有时就在于九十九步与一步，有毅力走完最后一步的人往往是成功者。成功取决于高度负责和锲而不舍。一个有成就的人一定是个乐观进取、百折不挠的人。

⑦好学创新。竞争瞬息万变，社会高速发展，停留在现状就是落伍，所以不断接受新事物、新观念、善于创新进取，才能求得不断发展。

⑧个人操守。一个人再有学识和能力，如果操守有问题，久之必酿成大错。越是成大事者，越要拘小节。

⑨生活习惯。一个生活习惯正常而有规律的人，才能够做事认真、讲原则。从一个人生活上的点点滴滴，能够观察到他的未来发展。

⑩适应能力。一个个性极端的人，即使很有天分，也不适合当管理者。一个

成功的管理者能够很快适应任何人群并统领他们。

6.2.2　客房部的主要岗位及其职责

酒店规模大小有异，经营方式不一，管理体制不同，客房部主要岗位的设置会存在一定的差别。客房部主要岗位的设置，应满足客房部经营业务的需要。客房部的主要岗位及其职责有：

1）客房部经理

客房部经理在酒店房务总监或总经理的领导下，负责客房部的全面管理工作。

（1）负责编制本部门的经营工作计划和人员编制情况。

（2）主持制定本部门的规章制度、工作操作流程、服务质量标准、安全保障措施。

（3）参加酒店经理会议，主持部门会议，传达、布置执行会议决定和上级指令，检查上级指令的完成情况，听取汇报，督促工作进度，解决工作中的问题。

（4）监督客房和公共区域清洁卫生、绿化情况，监督客衣、棉织品和制服的洗涤熨烫服务。

（5）负责客房设施设备的使用管理工作，督促做好日常的维护保养和清洁工作，定期进行考核检查；参与客房的改造和更新装修工作，研究和改进客房的设备设施。

（6）研究改进或增设房间物品、操作工具和劳动用品。

（7）加强核算，严格控制部门成本和费用，降低消耗。

（8）审阅各管区每天的业务报表，密切注意客情，掌握重要接待任务情况，及时检查和督促，认真做好接待服务及迎送工作，参与重要接待任务，检查 VIP 房间，拜访长住客人，探访生病客人。

（9）组织安全、消防检查。

（10）制订培训计划，对员工进行培训，参与管理人员工作绩效考核，参与决策员工调动、奖罚、录免、提级和增薪事宜，选拔管理人才，发现和培养优秀员工。做好员工思想工作，调动员工工作积极性。

（11）广泛听取和收集客人意见，处理客人投诉、遗留物品及意外事件。

（12）了解酒店业发展趋势，分析部门营业周期情况，提出部门业务改进的合理化建议。

（13）加强本部门与酒店其他部门的联系，和有关部门协作配合。

（14）审核并签署部门报表、请示、报告等文件。

（15）完成上级领导交办的其他工作任务。

学习微平台

延伸阅读6-3

教学互动6-2

主题：客房部经理的职责

背景资料： 某酒店是一家接待商务客人的酒店，最近一些老客户反映，由于新改装的茶叶袋比较大，酒店客房里的茶叶缸的盖子盖不住。客房部经理在查房时也发现了这个问题，并通报了采购部经理。但是过了3个月，这个问题仍没有解决。酒店经理知道了这件事，找来客房部经理和采购部经理了解情况。客房部经理说："这件事我已经告诉采购部经理了。"采购部经理说："这件事我已经告诉供货商了。"类似的问题在这家酒店发生多次。

互动问题： 该酒店茶叶缸引起的投诉反映出哪些问题？如果由你出任该酒店客房部经理，你将怎样做得更好？

要求： 同"教学互动1-1"的"要求"。

2）客房部领班

客房部领班在客房部经理的领导下，负责所属区域的客房管理工作。

（1）负责每日自己管辖区域内服务员的工作安排和调配。

（2）巡视所管辖区域，检查客房清洁卫生、对客服务质量及安全情况。

（3）检查房间设施设备的维修保养，制订客房的大清洁计划和周期卫生计划。

（4）协同主管及房务中心文员，负责楼层各类物品的领用、发放、消耗统计，加强成本费用控制。

（5）掌握所管辖客房的状况，亲自招待宾客以示对贵宾的礼遇。对VIP房及重要客人进行再查房。

（6）随时留意客人动态，处理一般性的客人投诉，有重大事故时向上级报告。

（7）领导本班全体员工积极工作，负责检查本班组员工的仪容仪表及工作表现，对下属员工工作提出具体意见，关心员工的生活和思想状况，抓好精神文明建设。

（8）熟练掌握操作程序与服务技能，能亲自示范和训练服务员，做好对新员工的带教工作，使其尽快适应工作要求。

（9）填写领班工作日志，做好交接班记录。执行上级领导的工作指令，向上级报告客房状况、住客特殊动向、客房客人遗失物品和损坏房间的报维修等情况。

（10）参加领班会议。

（11）完成部门经理安排的其他工作。

3）客房服务员

在客房部楼层领班或主管的领导下，负责楼层的接待服务及清洁卫生工作。

（1）服从领班的工作安排，按照客房清洁流程和质量标准，做好客房日常清洁及计划卫生工作。

（2）负责走客房、住客房、空房和无人无行李房等的检查和报账工作。

（3）检查小型酒吧的酒品饮料，不足时及时补充。按要求领取客用物品并及时向客人提供补充。

（4）根据客人的要求，负责客人委托代办的各种事项，及时提供各种服务。

（5）做好来访客人的接待和登记工作。

（6）协助领班做好 VIP 房和有特殊要求房的布置工作。

（7）协助洗衣房做好客衣的分送工作。

（8）做好设施设备的使用及保养工作，检查各类设施设备的完好情况，发现问题及时报告和报修，确保一切设施设备的正常运转。

（9）向领班报告清洁卫生用具、客用品的损耗情况。

（10）负责本楼层的巡视和安全保卫工作，保持客房楼层和周围环境的安静和保证安全，发现异常情况，及时报告主管。

（11）按要求认真填写工作报表。做好当班工作记录和交接班工作。

（12）负责及时上报、处理特殊情况和突发事故。

（13）做好领导交办的其他工作。

学习微平台

延伸阅读 6-4

同步案例 6-1

客房太吵

背景与情境： 10 月 2 日，803 客房投诉隔壁房间太吵而影响其休息。经查，国庆节当晚，805 房客人在客房狂欢到深夜两三点。

问题： 客房服务员是否尽到岗位职责？他应该怎样做？

分析提示： 客房服务员没有尽到岗位职责（涉及客房服务员的岗位职责（12））。客房是客人的休息场所，讲究安静。客房服务员应多巡视楼层，多关注楼层动态，若能及早发现 805 客房太吵并予以劝阻，即可避免此投诉发生。投诉发生后，客房服务员应向 803 房客人致歉，并为其换一间客房。

业务链接 6-2

如何做一名优秀的客房服务员？

①仪容仪表整洁，并随时佩戴好胸牌。

②面对客人时，面带微笑和保持目光接触。

③用姓氏称呼客人。

④使用具有魔术般魅力的礼貌语言。

⑤熟悉工作程序。

⑥熟悉酒店的情况，以便回答客人的询问。

⑦为客人引路而不是指引方向。

⑧解决客人投诉是其职责。

⑨预先考虑客人的需要并满足其需要。

⑩称赞自己工作的酒店。

4）公共区域领班

公共区域领班在客房部公共区域主管的领导下，负责安排所属公共区域的清洁卫生工作。

（1）制订每月公共区域清洁计划，负责本班组员工的工作安排。

（2）带领和督导班组员工，按照工作规范和质量标准，做好公共区域的清洁卫生和绿化布置养护工作。

（3）负责清洁工具的保管保养和物料用品的领用发放，控制清洁物品的耗量。

（4）检查公共区域内各种设施设备的损坏情况，及时报修和报告主管。

（5）检查下属仪容仪表、工作及出勤情况。

（6）培训和带教下属员工工作。定期对下属进行评估，向上级提出奖惩建议。关心员工的生活和思想状况，抓好班组精神文明建设。

（7）负责向公共卫生主管报告。

（8）完成领导交办的其他工作任务。

5）公共区域清洁员

公共区域清洁员在公共卫生领班的领导下，具体负责公共区域的清洁卫生工作。

（1）服从领班的工作安排，按照工作规范和质量标准，做好责任区内的清洁卫生和花木的保养、培育和修剪工作。

（2）熟悉并掌握工作范围，熟悉清洁工具和清洁剂的性能和使用方法，正确使用清洁工具和清洁剂，做好清洁工具和清洁用品的保管保养工作。

（3）检查责任区内各种设备设施的完好情况，及时报告和报修。

（4）严格执行安全操作规程，防止意外事故发生。

（5）完成领导交办的其他工作任务。

学习微平台

随堂测6-2

同步案例6-2

如何处理无人无行李房

背景与情境： 一天上午，某酒店1908房（当天是预走房）客人没有结账就离开了酒店。当日14：00时许，客人打来电话通知退房，表示几天后来店结账。可是酒店规定的退房时间是在13：00整，由于超出一个多小时，电脑自动加收了半天房费。几天后，客人来结账时发现房费与预计的有出入，于是以酒店失误为由不予承认。酒店大堂经理最终以免收这半天房费作为处理结果，并要求客房服务员在每日13：00前必须逐间查报无人无行李房情况。

问题： 酒店可以加收半天房费吗？对于此类客房应该如何操作更好？

分析提示： 这是一个典型的无人无行李房案例。无人无行李房的查报本来就是一项补救措施，到了退房时间客人不退，主要责任应在客方，确实应加收房费。如果服务员一间一间地敲门询问，无疑会打扰客人的休息，客人也会产生不安的心理。一般来说，住客房分为两种类型：当天不走的与当天预走的。对于当天不走的住客房，由于其押金足够，不存在逃账问题，所以通常不必担心客人会忘记退房时间，也就无须主动查房。但楼层服务员如果发现了无人无行李房，还是应该及时把信息传递给总台，以确认是不是外宿房等，可备客满时的应急之需。而对于当天预走的住客房，总台应提前半小时加以控制，对预走房做好提醒工作，主动打电话向客人了解是续住还是退房。如果房内无人接听，应通知楼层服务员查房，然后将结果汇报给总台处理，总台处理不了的问题，再请示大堂经理。如此一来，整个过程清楚明了。

课程思政6-1

多了一个枕头

背景与情境：客房服务员小李连续两天为415房间客人做床时都发现，客人的枕头下总是垫着床盖。他猜想可能是客人觉得枕头低。到晚上开夜床时，他主动为该房的客人加了一个枕头。晚上客人回房后发现床头多了一个枕头，既惊喜又纳闷，"我并没有向服务员要枕头呀！"这时，小李打来电话询问客人对床铺是否满意。客人连声道谢，感到十分满意。

问题：客房服务员小李为什么在客人的床头多放一个枕头？他的行为符合思政要求吗？

研判提示：客人的做法引起小李的注意，他分析是客人觉得枕头低。他没有按常规思路只是简单地把床盖从枕头下拿出放在该放的地方，而是从这个现象中分析判断客人的特殊习惯，因而悄悄地加了一个枕头。贴心的服务给客人带来惊喜与满意。加一个枕头事情不大，却饱含了小李对客人无微不至的关心和体贴，满足了客人的要求。这种强烈的客户服务意识、细微的服务技巧、超前的服务精神值得学习。他的行为符合思政要求。

本章概要

　□　内容提要与结构

　▲　内容提要

●客房产品是酒店产品的重要组成部分。客房部是酒店的主体，是酒店的主要组成部门，是酒店存在的基础。客房部在酒店的经营管理中具有十分重要的地位和作用。

●客房部的地位与作用有：客房是酒店的基础设施和主要部门；客房是向客人提供住宿的物质承担者；客房收入是酒店收入的重要来源；客房是带动酒店一切经济活动的枢纽；客房服务质量是酒店服务质量的重要标志；客房管理是酒店管理水平和能力的体现。

●客房部是酒店的重要组成部分，客房部机构的合理设置，是成功进行客房管理的基本条件。客房部的主要岗位有经理办公室、客房楼层服务组、公共区域服务组、客房服务中心、布草房、洗衣房等。

　▲　内容结构

本章内容结构如图6-3所示：

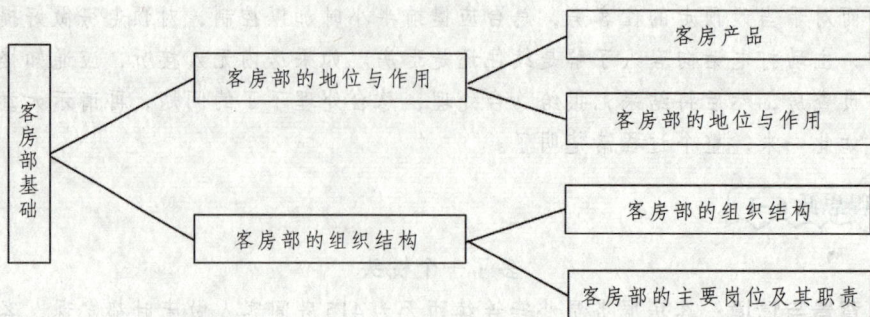

图6-3　本章内容结构

☐ 主要概念和观念

▲ 主要概念

客房产品　客房部

▲ 主要观念

客房部的地位与作用　客房部的组织结构

☐ 重点实务与操作

▲ 重点实务

客房部的主要岗位及其职责

▲ 重点操作

客房部基础运作

━ 基本训练 ➤

☐ 理论题

▲ 简答题

1）简述客房产品的类型。

2）简述客房部的地位和作用。

3）简述客房部的组织结构。

▲ 讨论题

1）所有酒店的客房都完全相同吗？为什么？

2）如何理解客房是带动酒店一切经济活动的枢纽？

☐ 实务题

▲ 规则复习

1）简述客房部的工作任务。

2）简述客房部经理的职责。

3）简述客房部公共区域清洁员的职责。

▲ 业务解析

一位住客当天中午乘火车回乡，于是提早在某酒店总服务台办好了结账退房手续。他认为虽然结了账，但在中午12时以前客房的住用权仍是属于他的，因此把整理好的行李放在客房内，没有向楼层服务员打招呼就出去逛街买东西了。

学习微平台

随堂测6-3

过了一个多小时，当那位客人回到酒店准备取行李时，发现原住客房已经有了新住客，而他的行李已不知去向。他询问楼层服务员后才知道行李已被送到总服务台去了，而楼层服务员责怪他为什么在结账后不和楼层联系。

客人听了以后很生气，"回敬"了几句便到总服务台提意见，谁知总台人员与楼层服务员几次推脱，已经快中午了，才把行李交还给他。客人临行时说了句："如果下次再来这个城市，我发誓不住你们这里！"

该酒店客人退房之后发生的事件处理错误何在？你认为类似问题应该怎样处理更好？

□ 案例题

▲ 案例分析

【训练项目】

案例分析-Ⅵ。

【训练目的】

见本章"学习目标"中的"案例目标"。

【教学方法】

采用"案例教学法"。

【训练任务】

1）体验本章理论与实务知识在案例分析中的运用。

2）体验对"附录三"附表3"解决问题"能力"初级"的"基本要求"和各技能点"参照规范与标准"的遵循。

3）体验对"相关案例"多元表征中的"结构不良知识"的高级学习过程。

4）撰写、讨论和交流《案例分析报告》。

【相关案例】

标准间的"大床"

背景与情境：4月6日晚9点，客房部张经理接到客房中心电话，告知6楼有客人投诉，需要前去处理。当张经理以最快速度赶到6楼时，楼层领班简单地向张经理描述了事情经过：酒店的VIP客户李小姐一行人预订了603、605等几间房，但当他们一行人入住时，发现预订的2个单人床的标间却变成了大床间，于是客人进行了投诉。

张经理马上安排当值服务员将603与605房间恢复成标间。经过调查，造成这一错误的经过是这样的：4月6日早上，前厅部下了内部通知，通知客房中心在4月7日中午12点前将603和605房间改造成大床间，客房中心通知了楼层当值主管，当值主管考虑第二天客情较旺，人手不够，于是当天就将603和605房间改成了大床间，但改好后，没通知前厅部。另外，当日上午总台已将李小姐一行当晚入住603和605房间的信息通知了客房中心，但中心服务员没及时将这一情况告知当值主管，致使主管过早将这两个房间改成大床间，最后造成这一失误。

（资料来源　作者根据相关资料自编）

问题：

1）该酒店为什么会出现客人预订的标准间变成了大床间这一失误？

2）该酒店客房部的主要错误有哪些？

3）为了使该酒店客房部更好地运作，你有什么建议？

【训练要求】

同第1章"基本训练"中本题型的"训练要求"。

▲ 课程思政

【训练项目】

课程思政-Ⅵ。

【训练目的】

见本章"学习目标"中的"案例目标"。

【教学方法】

采用"案例教学法"。

【训练任务】

1）体验本章理论与实务知识及通过互联网查询的相关规范和标准在"思政研判"中的运用。

2）体验对"附录三"附表3"解决问题"能力"初级"的"基本要求"和各技能点"参照规范与标准"的遵循。

3）体验对"相关案例"多元表征中的"结构不良知识"高级学习过程。

4）体验课程思政相关规范和标准在"思政研判"中的运用。

5）撰写、讨论和交流《思政研判报告》。

【相关案例】

不能让客人把遗憾带走

背景与情境：一位退房的客人从北京打来长途电话，称她的一枚翡翠戒指遗留在了曾住过的成都某酒店863房间，要求尽快帮助寻找。服务员小邓简短描述了下午863房的退房情况和清洁卫生情况，她当时并未发现有遗留的戒指。客房部的三位员工翻遍了整个房间，仍不见翡翠戒指的踪影。这时，房务中心通知说客人在北京非常着急，已经催促了几次，并且客人想起当时是将戒指包在一张卫生纸内的，可能随手将它扔到了垃圾桶内。三位服务员于是迅速走出房间，跑向垃圾井。想到客人焦急的心情，也顾不上许多了。她们挽起袖子戴上手套弯下腰，拨弄大袋中的小袋垃圾，打开大大小小的纸团，还是没有发现。三位员工艰难地直起腰猛吸了几口新鲜空气。客人的戒指在哪里呢？她们想着绝不能放弃一丝希望，于是再次弯下腰来，将大垃圾袋中的垃圾一件件地摊在地上继续寻找。突然一个五分钱硬币大小的纸团跃入眼帘，小邓轻轻地剥开上面的一层卫生纸，一枚很大的翡翠戒指在昏暗的灯光下闪耀着夺目的光芒。三个人的脸上露出了欣慰的笑容。

（资料来源　佚名. 不能让客人把遗憾带走［EB/OL］.［2019-07-28］. https://www.doc88.com/p-4354734305487.html.经过改编）

问题：

1）三位客房服务员如何做到不让客人把遗憾带走？

2）她们展现了怎样的服务精神？

3）她们的行为符合思政要求吗？

【训练要求】

同第1章"基本训练"中本题型的"研判要求"。

□　自主学习

【训练项目】

自主学习-Ⅲ。

【训练目的】

见本章"学习目标"中"创新型学习"的"自主学习"目标。

【教学方法】

采用"学导教学法"和"研究教学法"。

【训练要求】

1）以班级小组为单位组建学生训练团队，各团队依照本教材"附录三"附表3"自主学习"（中级）的"基本要求"和各技能点的"参照规范与标准"，制订《团队自主学习计划》。

2）各团队实施《团队自主学习计划》，自主学习本教材"附录一"附表1"自主学习"（中级）各技能点的"'知识准备'参照范围"所列知识。

3）各团队以自主学习获得的"学习原理"、"学习策略"与"学习方法"知识为指导，通过校图书馆、院资料室和互联网，查阅和整理近两年以"客房部的主要岗位及其职责"为主题的国内外学术文献资料。

4）各团队以整理后的文献资料为基础，依照相关规范要求，讨论、撰写和交流《"客房部的主要岗位及其职责"最新文献综述》。

5）撰写作为"成果形式"的训练课业，总结自主学习和应用"学习原理"、"学习策略"与"学习方法"知识（中级），依照相关规范，准备、讨论、撰写和交流《"客房部的主要岗位及其职责"最新文献综述》的体验过程。

【成果形式】

训练课业：《"自主学习-Ⅲ"训练报告》

课业要求：

1）内容包括：训练团队成员与分工；训练过程；训练总结（包括对各项操作的成功与不足的简要分析说明）；附件。

2）将《团队自主学习计划》和《"客房部的主要岗位及其职责"最新文献综述》作为《"自主学习-Ⅲ"训练报告》的"附件"。

3）《"客房部的主要岗位及其职责"最新文献综述》应符合"文献综述"规范要求，做到事实清晰，论据充分，逻辑清晰。

4）结构与体例参照本教材"课业范例"的"范例综-4"。

5）在校园网的本课程平台上展示班级优秀训练课业，并将其纳入本课程的教学资源库。

➡ 单元考核 ➡

考核要求：同第1章"单元考核"的"考核要求"。

第7章
客房清洁卫生服务

● 学习目标

引例　酒店的卫生

7.1　客房的清洁整理

7.2　公共区域的清洁保养

7.3　清洁设备及清洁剂

● 本章概要

● 基本训练

● 单元考核

学习目标

通过本章学习，应该达到以下目标：

理论目标：学习和把握"客房清洁卫生服务"的相关概念，质量标准，客房计划卫生，公共区域清洁保养的范围和特点等陈述性知识；能用其指导本章"同步思考"和"基本训练"中"理论题"各题型的认知活动，正确解答相关问题，体验本章"初级学习"中专业认知的横向正迁移。

实务目标：学习和把握各种客房状态清理的程序，客房卫生质量控制，公共区域清洁保养的内容，清洁设备与清洁剂的种类及使用，清洁剂的管理控制，以及"业务链接"等程序性知识，能以其建构"客房清洁卫生服务"的规则意识，正确解析本章"教学互动"和"基本训练"中"实务题"的相关问题，体验本章专业规则与方法"初级学习"中的横向正迁移和"高级学习"中的重组性迁移。

案例目标：运用本章理论与实务知识研究相关案例，培养和提高在"客房清洁卫生服务"业务情境中的多元表征专业能力和"团队协作""与人交流"通用能力；结合"客房清洁卫生"教学内容，依照相关规范或标准，对专栏"课程思政7-1"和章后"课程思政-VII"等案例中的企业及其从业人员行为进行思政研判，培养高尚的道德情操，树立社会主义核心价值观；体验本章"高级学习"中"专业"与"通用"知识和行为规范的重组性迁移。

自主学习：参加"自主学习-IV"训练。在实施《自主学习计划》的基础上，通过阶段性学习和应用"附录一"附表1中"自主学习"（高级）"'知识准备'参照范围"所列知识，收集、整理与综合"清洁设备及清洁剂"前沿知识，讨论、撰写和交流《"清洁设备及清洁剂"最新文献综述》，撰写《"自主学习-IV"训练报告》等活动，体验"客房清洁卫生"中的"自主学习"（高级）及其迁移，培养"自主学习"、"团队协作"和"与人交流"的通用能力，体验本章"自主学习"中"专业"与"通用"规则和技能的"重组性"迁移。

引例　酒店的卫生

背景与情境：第三方评测机构蓝莓评测让其工作人员先后入住了北京5家五星级酒店。体验后发现，上述酒店均存在"床品未更换，未彻底清洁浴缸，马桶圈、漱口杯不卫生"等问题。后期中央电视台进行跟进报道，在一片质疑声中证明了评测内容的真实性。

酒店出现卫生问题屡见不鲜。据以往报道，有记者暗访多家酒店，发现了"枕套擦马桶"等行为。

问题：这个案例折射出了什么问题？你对保持酒店整洁的环境有何体会？

（资料来源　佚名. 五星酒店遭遇挑战"不换床单"评测机构引质疑［EB/OL］.［2021-09-06］. http://www.diankeji.com/news/39083.html.经过改编）

7.1　客房的清洁整理

7.1.1　客房清洁卫生质量标准

1）客房清洁卫生的顺序

为提高客房利用率和服务质量，客房清洁整理应根据客房的不同状况，按一定的先后顺序进行。一般而言，淡季时清扫顺序为：挂"请速打扫"牌房间、VIP房间、住客房、走客房、空房。而旺季时的清扫顺序可调整为：空房、走客房、挂"请速打扫"牌房间、VIP房间、住客房。具体操作可视不同情况灵活运用。

2）客房清洁卫生的时长

客房清洁卫生的标准时长是客房管理者确定服务员工作定额和进行客房定员的依据。

清洁一间客房需要花费的时间，取决于以下几方面因素：客房清洁的方法是否科学，客房类型和面积大小，客房状态和住客素质的高低，服务员的熟练程度和工作经验。

一般而言，客房卫生清扫种类不同，每间客房每次整理所需要的时间长短也不相同。按我国各酒店的一般经验，三星级以上酒店的清扫时长标准可参照以下客房整理类型掌握：

空房（包括做夜床）：简单清扫，5～7分钟。

住房：一般清扫整理，15～20分钟。

走房：重点清扫整理，30～35分钟。

VIP房（含长住客人刚刚离店的客房）：彻底清扫整理，45～50分钟。

3）客房清洁卫生的标准

客房清洁卫生的标准指酒店员工及客人通过视觉、嗅觉、味觉、触觉、听觉等感觉器官能直接感受到的标准。

客房的"六净"标准：四壁净、地面净、家具净、床上净、洁具净、物品净。

客房的"四无"标准：眼看到的地方无污迹、无污渍；手摸到的地方无灰尘、无脏物；耳听到的地方幽雅安静无异声；鼻闻到的地方（尤其是浴室）空气清新无异味。

客房的"十无"标准：天花板、墙面、墙角无尘挂；地毯（地面）干净无杂物、无污渍、无破损；玻璃、灯具明亮无积尘；楼面无虫害；布草洁白无破损；茶具、杯具消毒整洁无痕迹；金属用具光亮无锈污；家具设备完好无破损、无脏迹；墙纸、墙壁干净无污渍、无破损；卫生间清洁无异味，用具完好、用品齐全。

4）客房清洁卫生的原则

酒店根据自身不同的特点，在客房清洁卫生的操作和管理中，会有细节上的差异和特色，但一般遵循的清理原则包括：

（1）从上到下。抹拭衣柜时应从衣柜上部抹起，逐渐向下抹。

（2）由里向外。特别是最后的吸尘和检查工作，由里向外工作既能保证整洁，又可防止遗漏。

（3）先铺后抹。房间清扫应先铺床，后抹家具物品。如果先抹尘，后铺床而扬起的灰尘就会重新落在家具物品上。

（4）环形清理。家具物品的摆设是沿房间四壁环形布置的，因此，在清洁房间时，亦应按顺时针或逆时针方向进行环形清理，以求时效和避免遗漏。

（5）先房间后卫生间。卫生间清洁是带水操作，清洁后服务员的鞋底可能有水渍，后清扫可以避免在房间走动造成的重复污染。

（6）干湿分开。在抹拭家具物品时，干抹布和湿抹布要交替使用，针对不同性质的家具，使用不同的抹布。例如，房间的镜子、灯罩，卫生间的金属电镀器具等只能用干抹布擦拭。

7.1.2 客房清理程序

1）清理前的准备工作

主要是准备工作车、清洁工具。工作车是客房服务员整理、清扫房间的主要工具，其准备是否妥当直接影响清扫的效率。工作车和清洁工具的准备工作一般有两种形式：如果有楼层工作间，可在前一天工作结束时，将第二天的用品提前备好，第二天进客房前再做一次检查，以提高工作效率。如果没有楼层工作间，为了防止物品丢失，减少来回搬运的麻烦，可在当天班前会后，领取客用品。

准备工作的基本内容为：将工作车擦拭干净，将干净的垃圾袋和布草袋挂在挂钩上，再把棉织品、水杯、烟缸、文具用品及其他各种客用消耗品备好，整齐摆放。备齐清洁剂、干湿抹布、刷子、清洁手套等各种清洁工具。检查清扫工具如吸尘器各部件是否严密，有无漏电现象，检查蓄尘袋中的灰尘是否倒掉。

2）走客房的清理

合理的清洁程序、操作方法是提高客房清洁效率、保证服务质量的前提。清洁整理程序有"敲""开""放""插""开""查""报""关""通""撤"

"铺""整""抹""补""吸""检""关""取""送""记""报"。具体内容如下：

（1）敲：轻敲房门三次，一次敲三下，每次间隔约3秒，每敲一次报："Housekeeping、服务员、服务员。"

（2）开：插门卡，轻推房门，开门约20厘米，报："服务员。"确认无客人，再将房门全打开，并挂"房间清扫"牌。

（3）放：将工作车横放在门前，并预留1/3门道。

（4）插：插卡取电。

（5）开：打开客房照明及电器设备开关。

（6）查：检查照明及电器有无故障，房间装饰、设施有无损坏。

（7）报：向房务中心报请维修故障。

（8）关：关闭照明及电器设备开关。

（9）通：拉开窗帘，打开窗户，通风换气。

（10）撤：清理物架、写字台、行李架、茶几、床头柜及地面上的杂物，倒入房间垃圾桶内；将茶杯内的茶水倒入马桶内，将茶根和烟灰缸内的烟头倒入垃圾桶内，然后将烟灰缸、皂碟、香巾放在卫生间洗手盆上；撤除完毕将垃圾桶内垃圾袋撤下，放进工作车大垃圾袋内，并取一新垃圾袋放入房间垃圾桶内。撤除卫生间内洗手盆上、地面上和淋浴间内用过的洗漱品、包装袋以及废品、杂物，倒入卫生间垃圾桶内，撤除完毕将垃圾桶内垃圾袋撤下，放入工作车上的大垃圾袋内，并取一新垃圾袋放入垃圾桶内。撤除卫生间内用过的布草放于工作车布草袋内；撤除被套、枕套、床单，将枕芯、被芯放在行李台、沙发或座椅上；将布草放于工作车布草袋内，并取下新被套、枕套、床单放于写字台上。

（11）铺：铺床单，拉直、抻平，按规定掖边于床垫下，认真检查床单上有无毛发。装被套，装正抻平，将被头上翻20厘米叠平，将被尾折角掖紧。然后再装上枕套，拉平，两只枕头叠放在床头中央，标准间枕套开口与床头柜相反放置，单人大床房间枕套开口与床头柜相对放置。

（12）整：整理卫生间。

① 用专用清洁工具、洗涤剂、消毒剂洗刷坐便器，消毒，用专用抹布抹净，擦干，盖好。

② 洗刷淋浴间内所有洁具、支架、挂件，抹净，擦干。

③ 洗刷脸盆架上撤下的茶杯、漱口杯、烟缸、皂碟、香巾盘，擦干，放在工作车上，带回消毒备用。

④ 清洁、擦干洗手盆、架。

⑤ 卫生间抹尘。从左至右、自上而下，先用洗净拧干的抹布，后用纯干抹布在卫生间内抹尘，四壁抹完后再擦洗，抹净、擦干地面。

（13）抹：房间抹尘。先用洗净拧干的抹布，后用纯干抹布从左至右、自上而下环形擦拭、抹尘。

（14）补：补充房间、卫生间内可用物品。

补充物架上的食品、饮品、茶叶，将消过毒的茶杯（玻璃杯）从工作间取出，在物架上摆放整齐；补充卫生间内洗漱用品和浴巾、毛巾、地巾、香巾，并在规定位置叠放整齐；补充消过毒的漱口杯、皂碟、香巾盘，在洗漱台规定位置摆放整齐；补充挂衣橱内拖鞋、擦鞋布并摆放整齐；补充写字台上的文具、宣传资料、印刷品、手提袋、火柴、烟灰缸并摆放整齐；补充茶几上的茶叶、消过毒的茶杯，在茶几规定的位置摆放整齐。

（15）吸：分别用专用吸尘器从左至右、从里到外进行地面吸尘、沙发吸尘和卫生间地面吸尘。

（16）检：按"客房检查表"所列内容，逐项自检、自查客房整理是否合格，不合格的立即整改，合格后在"客房检查表"上签字。

（17）关：关闭窗户，上锁，拉上窗帘。

（18）取：取下取电卡。

（19）送：把撤下的布草送本楼层布草周转间。

（20）记：在"客房用品单"上逐项登记补充的布草、物料、用品的数量。

（21）报：向房务中心报告"×××号房间整理完毕"。

业务链接7-1

敲门进入房间

客房是客人的私密空间，因此无论是什么样的房态，客房员工在进房间前都应先敲门通报，待客人允许后再进入房间。这是一种尊重客人、礼貌服务的规范行为，是服务员必须养成的服务习惯，也是服务意识和服务行为的基本要求。同时，还要注意卫生间门是否关闭，如果关闭也必须敲门，经证实无人后，才能打开卫生间门。须注意敲门时不得从门缝或门视镜向内窥视，不得耳贴房门倾听。在清洁整理房间的过程中，无论客人是否在房间，都要始终将房门敞开，以避免引起客人误会。

3）住客房的清理

（1）确认可以小整的房间。

确认客人是否在房间，如不在，则需对房间小整。

（2）进房。

按敲门程序敲门；在"客房部清洁日记表"上填写进房时间。

（3）撤换垃圾袋。

收集房间、浴室垃圾，更换垃圾袋。

（4）整理房间。

整理床铺，将客人用过的床铺整理好；更换用过的杯具，将烟灰缸洗刷干净；将客人用过的物品归位摆放。

（5）整理卫生间。

补充更换卫生间物品、布草；刷洗客人用过的浴缸并抹干；清理台面卫生，擦拭地面。

（6）补充酒水。

统计房间用过的酒水种类、数量，填写"杂项单"，签名后交房务中心，将相应数量的酒水补入房。

（7）检查。

检查有无疏漏之处；检查房间设施设备运行情况，发现异常，立即报修。

（8）离开。

关闭卫生间门至1/3处，房门关严；在"客房部清洁日记表"上填写出房时间。

学习微平台

延伸阅读7-6

业务链接7-2

尊重客人隐私，规范服务行为

住客房与走客房的房间清洁程序基本相同，但由于住客房是客人仍然使用的房间，所以在清扫时有些地方要引起我们特别的注意。

1）客人在房间时

如果进房后发现客人在卫生间，或正在睡觉、更衣，应立即道歉，退出房间，并关好房门。如果客人在房间，要立即礼貌地向客人问好，讲明身份，征询是否可以进房清理。操作要轻，程序要熟练，不能与客人长谈。若遇到有来访客人，应询问是否继续进行清洁工作。清洁完毕，向客人致歉，并询问是否有其他吩咐，然后向客人行礼，退出房间，轻轻地关上房门。

2）客人中途回房

在清理工作中，遇到客人回房时，要主动向客人打招呼问好，征求意见是否继续清理，如未获允许应立即离开，待客人外出后再继续进行清理。若客人同意，应迅速把房间清理好，离开时应礼貌地向客人致谢，退出房间时注意要轻轻地关上房门。

3）不用客房电话

客房电话是客人的通信工具，为了尊重客人对房间的使用权和避免纠纷，清理房间时不要使用客房电话，也不要接听客房电话。

4）不乱动客人物品

客人的物品不应乱动或翻看，必要时应轻拿轻放，清扫完毕要放回原位。若不小心损坏了客人的物品，应如实向主管反映，并主动向客人赔礼道歉；如属贵重物品，应由主管陪同向客人征求意见；若对方要求赔偿，应根据具体情况，由客房部出面给予赔偿。

5）尊重客人的生活习惯

注意了解客人的生活与工作习惯，以便开展有针对性的服务。（1）对于长住客人，更应注意客人的生活规律，按客人的时间要求整理房间。（2）注意观察客人物品的摆放习惯，按客人的习惯整理摆放文件、书报、衣物。（3）除了垃圾桶里的东西外，其他物品不经客人允许不能随意丢掉。

6）客人挂"请勿打扰"牌

当客房门把上挂有"请勿打扰"牌时，或在锁中露出红色标志——表示已上双重锁；或房门一侧上方墙壁上亮着"请勿打扰"指示灯时，客房服务员不能敲门进房间，以免打扰客人。如果下午2：00仍然挂着"请勿打扰"牌，表示客人没有离开房间，服务员可打电话到房间了解情况，并注意礼貌用语："您好，我是服务员，请问可以进房打扫卫生吗？"客人同意后方可进入。如果无人接电话，说明客人可能生病或有其他情况，应立即报告主管和保卫部，采取措施进入房间，以保证客人的人身安全。

学习微平台

微视频7-4

学习微平台

延伸阅读7-7

教学互动7-1

主题：客房清理程序

背景资料：王先生和妻子来广州旅游，住进一家五星级酒店。第二天，他们一早去吃早餐，回来后准备去公园转一转。可是回到房间内，王先生的妻子发现隐形眼镜不见了。妻子说："吃早餐之前还看见了呢。"二人四处查找均未找到，无奈王先生向酒店提出投诉。经核对，王先生夫妇二人从去吃早餐到回房，准确的时长是50分钟，而在这段时间内，只有实习生小平进入房间进行打扫。小平回忆起当时的情景，承认自己把杯子里的隐形眼镜和药水当作剩水给倒掉了，对此小平后悔莫及。

互动问题：隐形眼镜为什么会不翼而飞？小平的行为符合职业要求吗？

要求：同"教学互动1-1"的"要求"。

4）空房的清理

空房是清洁整理合格等待出售的OK房。为了保持OK房的卫生标准，空房也必须每天清扫。具体清扫内容是：

（1）每天进房开窗通风换气。

（2）家具、设备、门窗、卫生间抹尘。

（3）卫生间各水龙头放水1分钟，直到水清为止，以保持水质洁净。

（4）检查卫生间的"四巾"是否柔软富有弹性，如果干硬不符合要求，要在客人入住前更换。

（5）检查各类用品是否齐全。

（6）连续空着的房间，每隔3～4天吸尘一次。

（7）检查房间设备情况，观察房间四壁和天花板有无蜘蛛网和灰尘，地面有无鼠迹和虫类。

学习微平台

延伸阅读7-8

5）开夜床

（1）准备工作。

① 每天18：00开始逐间开夜床。

② 将宾客不需要开夜床房号记录在"客房部夜床服务表"上。

③ 按房间数量准备相应数量的水果、报纸、小礼品放在工作车上。

④ 将部分房间的早餐券准备到位，妥善保管。

（2）征求宾客意见。

① 宾客在房间时，要有礼貌地致电询问宾客："先生/女士：晚上好，请问

我可以进来开夜床吗？"待宾客同意后方可进房。

②宾客挂"请勿打扰"牌时，应在"客房部夜床服务表"上注明，等宾客取消"请勿打扰"外出后，补开夜床。宾客出来后，要征求宾客意见是否可以补开夜床，以免宾客外出忘记关"请勿打扰"灯或忘记取下"请勿打扰"牌而出现漏开情况。

（3）进房。

①按敲门程序敲门，无人应答时进房。

②在"客房部夜床服务表"上填写进房时间。

（4）开灯拉窗帘。

①打开卫生间排气扇、卫生间门。

②拉开窗帘。

③打开房间所有灯具，检查是否正常。

（5）补充更换赠品。

将水果放在果盘内（拿取水果时必须戴一次性手套操作），报纸或早餐券放在床头柜上，小礼品放在枕头前方，晚安卡放在枕头上。

（6）开夜床。

①根据"客房部夜床服务表"上的宾客人数为宾客开夜床。

②住一位宾客时一般开靠近卫生间一侧的床。若住一位宾客，两张床都用过，一般开较乱的一张；最佳的开床方式是开宾客习惯睡的床。

③如遇宾客床上摆放物品较多或有大件行李放在床上，可不开夜床。

④将饰单和抱枕叠好放在行李柜下层。

⑤将靠近床头柜一侧被头折成1/2床的90度角。

⑥将床面整理平整、无褶纹，枕头饱满充实，检查床头上面有无毛发。

⑦将枕头放下摆平。

⑧将拖鞋撑开放于距床头1/3处。

（7）整理房间。

①更换用过的杯具、烟灰缸。

②更换垃圾袋。

③台面、桌面、茶几面抹尘及物品定位。

④补充小物品，如茶叶等。

⑤清洁地面垃圾杂物。

⑥取下浴衣袋叠好放于壁橱内，将浴衣挂于卫生间门后的挂钩上。

⑦将热水壶接满水烧开。

（8）检查房间。

①检查设施设备运行情况，发现情况立即报修。

②检查电视机收视效果，并让其处于待机状态。

③检查窗帘，以下垂、整齐、不透光为标准。

（9）清洁卫生间。

① 倒掉垃圾，更换垃圾袋。

② 洗刷烟灰缸并抹干。

③ 更换使用过的"四巾"。

④ 整理台面，物品定位摆放。

⑤ 将浴帘放至浴缸的 2/3 位置。

⑥ 将地巾铺在浴缸外正中间地面上，店标朝外。

⑦ 将防滑垫铺好。

⑧ 补充物品。

⑨ 检查卫生间设施设备工作情况。

⑩ 抹干净地面，做到地面上无水迹、毛发等杂物。

教学互动 7-2

学习微平台

微视频 7-5

主题： 开夜床

背景资料： 下午 3 时许，莫小姐入住某酒店 1801 房间。因公司业务需要，她将在此逗留一周。莫小姐放下行李，休息了一会儿，近 6 点时到餐厅用餐。当她用餐完毕回到房间时，发现夜床已经开好，服务员为她开的是靠卫生间墙壁的一张床。莫小姐打开电视机，靠在开好的床上看电视，但觉得电视机的位置有些偏，于是又去将电视机的屏幕方向转至合适位置。第二天，莫小姐办完事回到酒店已经是晚上 7 时左右，夜床已经开好，莫小姐惊奇地发现这次服务员为她开的是靠窗户的那张床，而且电视机也已经摆正。

学习微平台

PPT 7-2

互动问题： 该酒店客房为什么采取这种开夜床的方式？这种做法有哪些好处？

要求： 同"教学互动 1-1"的"要求"。

7.1.3　客房计划卫生

各酒店应按自己的工作计划和要求，根据客房的清洁卫生标准、设施设备情况，合理科学地作出安排，确定计划卫生的内容和时间。计划卫生的项目应该尽量设计全面，不可遗漏。针对不同的计划卫生项目，应按不同的周期进行清洁保养。计划卫生的周期有日、短期、季节和年度。

同步思考 7-1

问题： 客房清洁卫生是否需要进行计划卫生？为什么？

理解要点： 客房清洁卫生是否及为什么需要计划卫生，应依据客房计划卫生的意义来回答。

（1）客房计划卫生是指在搞好客房日常清洁工作的基础上，拟订一个周期性清洁计划，采取定期循环的方式，对平时清扫中不易清洁整理的项目及家具设备进行彻底清扫和维护保养。

（2）客房计划卫生可以进一步保证客房的清洁保养质量，维持客房设施设备的良好状态，同时又不至于造成酒店人力资源的浪费和紧张。

（3）客房部应有计划地对一些特殊项目进行周期性清洁保养。

客房计划卫生项目的内容主要有家具除尘、家具打蜡、地板维护保养、地毯清洗、墙面清洁与保养、纱窗床罩等的清洗、通风口清洁、金属器具的擦拭等。

7.1.4　客房卫生质量控制

1）强化员工卫生质量意识

要提高客房清洁卫生质量，必须做好岗前及岗位培训。首先，要求客房管理人员及服务人员具有良好的卫生意识，从自身做起，注意个人卫生，既完善自身形象，又加强卫生意识和卫生习惯，让员工树立起卫生第一、规范操作、自检自查的岗位责任感。其次，不断提高客房员工对涉外星级酒店卫生标准的认识，严格与自己日常的卫生标准相区别，与国际卫生标准接轨，以免将一些国际旅游者正常的卫生要求视为"洁癖"。

2）明确清洁卫生操作程序和标准

不同酒店的客房清洁规则和程序会略有不同，但均遵循"方便客人、方便操作、方便管理"的原则。标准包括感官标准、生化标准和微小气候标准。操作程序和标准是确保客房清洁卫生的基础，也是对客房清洁员工作进行考核、监督的依据。客房管理者和清洁员应熟悉本酒店卫生操作程序和标准，不断对照改进，提高管理水平和服务质量。

3）严格逐级检查制度

客房部的逐级检查制度主要是指对客房部的清洁卫生质量实行服务员自查、领班全面检查和管理人员抽查的逐级检查制度。客房部各级管理人员对自己下属实施的检查不受级别限制，任何一个管理人员对自己直接下属和所属下属中的任何岗位，都有检查的权力。这是确保客房清洁卫生质量的有效管理方法。

（1）服务员自查

服务员每整理完一间客房，应对客房的清洁卫生状况、物品的布置和设备的完好情况等做自我检查。这在服务员客房清扫程序中要予以规定。通过自查，可以增强员工的工作责任心和服务质量意识，以提高客房的合格率，同时也可以减轻领班的查房工作量。

（2）领班全面检查

服务员整理好客房并自查完毕，由楼层领班对所负责区域内的每间客房进行全面检查，并保证质量合格。通常，领班每天检查房间的数量比例为100%，即对其所负责的全部房间进行普查，如有的酒店领班负责的工作区域较大，工作量较重，则每天至少应检查90%的房间，一般可以对住客房或优秀员工所负责的房间进行抽查。领班检查完毕后填写"楼层客房每日检查表"。领班查房时如发现问题，要及时记录并加以解决，对不合格的项目，应开出"做房返工单"，令服务员返工，直到达到质量标准。对于业务尚不熟练的服务员，领班查房时要给予帮助和指导，这种检查实际上就是一种岗位培训。领班的责任重大，必须由工作责任心强、业务熟练的员工来担任。

（3）管理人员抽查

管理人员抽查主要指主管抽查和经理抽查。酒店中如设置主管职位，客房主管是客房清洁卫生任务的主要指挥者，加强现场的督导和检查，是其主要职责之一。楼层主管每天要对领班检查过的客房再进行重点检查，其检查数量为管辖范围内的客房总数的20%~25%。重点检查VIP客人和重要贵宾将要入住和已经入住的客房，以确保达到VIP客人和重要贵宾的接待规格；抽查长住房、OK房、住客房和计划卫生的大清扫房；检查维修房，促使其尽快投入使用；检查公共区域的清洁。主管检查完毕后填写"客房主管工作日报表"。主管查房是对领班的一种监督和考查，同时为客房部管理工作的改进提供信息。

学习微平台

微视频 7-6

客房部经理每天要拿出一定时间到楼层巡视，抽查客房的清洁卫生质量，特别要注意对VIP房的检查。巡视抽查可以掌握员工的工作情况，了解客人的意见，不断改进管理。客房的逐级检查制度应一级比一级严，所以客房部经理的查房要高标准、严要求，宜采用不定期、不定时的方式。

酒店总经理也要定期或不定期地亲自抽查客房，或派值班经理代表自己进行抽查，以掌握客房的清洁卫生动态，控制客房的清洁卫生质量。如果有特别重要的VIP客人住店，酒店总经理或副总经理还需要亲自检查，特别对室内卫生、空气，房间的装饰布置，增加的客用物品，赠送给客人的鲜花、水果、饮料、总经理名片等进行认真检查。

逐级检查出的清洁保养中的问题均有明确的责任承担者，不会出现事故的空白责任区。客房管理者应十分注意对客房清洁整理结果的分析，增强检查结果的效应。如某些酒店客房部将检查结果输入电脑，既可作为考查服务员和管理人员工作业绩的重要依据，又可作为客房管理的第一手资料。

同步案例7-1

客房卫生严把关

背景与情境： 6月13日晚上10点半，某酒店VIP客人伍先生一行五人莅临酒店，酒店工作人员到前台告诉总台接待员有VIP客人入住，并直接把客人领到客房。总台领班马上通知客房部有VIP客人入住6218、6219、6221、6223四间客房。由于客人未预订，夜班楼层领班接到通知赶到VIP房做全面检查时，客人已经入住。6月14日，VIP客人投诉房间不干净，说床底下有垃圾。接到投诉后，酒店和客房部高度重视，并就客房卫生工作的督促与检查召开专门会议。

问题： 客人的投诉反映了什么问题？酒店应该如何避免类似问题的发生？

分析提示： 客人投诉说明客房服务责任心不强，或服务技能不足，没有严格遵守客房清洁的操作程序。另外，早班领班的卫生检查也不到位，VIP客人入住前又没来得及重新检查，导致了事件的发生。酒店对卫生工作要层层把关：服务员清洁必须保证质量，注重对卫生死角的清理；领班检查与管理人员抽查相结合，领班检查每一间房，以确保每间客房卫生达到标准，主管和经理每天抽查，严格把关；VIP客人入住前，主管、经理、副总经理或总经理再次把关。

4）设置"宾客意见表"

客房卫生质量的好坏，最终表现为客人满意程度的高低。所以，搞好客房清洁卫生工作，要发挥客人的监督作用，重视客人的意见和反映，有针对性地改进工作。设置"宾客意见表"是较好的一种方法。意见表的设计应简单易填，形式要轻松，摆放要显眼。现许多酒店将它设计成"致总经理密函"，内有酒店总经理真诚热情的欢迎、意见请求、祝福致辞。附一份简单而较为具体的"宾客意见表"，让客人好像在和朋友交流一般轻松自然地道出其宝贵的意见。

同步案例7-2

意见卡

背景与情境：某酒店特地开设了一个行政楼——翡翠楼，为客人提供特色服务：休息厅内免费供应早餐和下午茶；客房部随时为客人提供商务洽谈的场所或解决传真、打字、翻译等方面的问题；还为客人提供不同国家和地区的报纸和各种咨询等，一年来深获客人的好评。为进一步提高服务质量，酒店又强化了"意见卡"的作用，真正做到虚心接受意见，有则改之，无则加勉。

来当地寻找投资对象的姚先生，才在翡翠楼5楼住了3天，已先后和4家当地大公司的领导进行了试探性的接触，并在他们的邀请下做了考察。每到晚上他独自冷静思索时，总觉得手边还缺少些什么。那些厂家滔滔不绝地介绍，他走马观花地兜了一圈，对那些地方的精确位置和周围环境、交通、商业等情况掌握得还是不够清楚，他意识到他缺少的是一张当地地图。当天晚上，他从《服务指南》中取出酒店征询客人意见和建议的"意见卡"，写道："希望酒店能提供当地最新地图。"第二天早上，姚先生被一家公司请去了，午餐后回来发现房间内放了一本最新版的当地交通地图。对于酒店的办事效率，姚先生暗自称赞。当晚，姚先生临睡前在沙发上读报纸，在调整落地灯的亮度时，觉得旋钮开关有点紧涩，旋了好久，灯的亮度才变了一点儿，他又在"意见卡"上写了一条意见。第二天中午，客房部主任按响门铃，首先对姚先生帮助酒店改进服务质量、直率提出意见一事表示感谢，接着便询问他对落地灯旋钮开关修理结果是否满意。"已经修好了？"姚先生感到诧异，他试旋了一下，果然已与昨晚大不相同。

问题：酒店的"意见卡"发挥了应有的作用了吗？为什么？

分析提示：几乎每家酒店都在《服务指南》之类的夹子里放着客人"意见卡"，但往往流于形式。本案例中酒店的"意见卡"却真正发挥了其应有的作用。评判酒店服务水准高低的依据是客人的感觉，而不是酒店的自我感觉。很多酒店管理专家曾说过，在很多情况下顾客比酒店管理者更高明。酒店如要改进服务质量，最好的办法是让客人参与管理，听取客人的意见，并努力遵照客人的意见改进服务质量，这就是请客人参与管理的表现。

7.2 公共区域的清洁保养

酒店公共区域（Public Area，PA）是宾客和酒店员工共同享有的活动区域，分为酒店外部公共区域和酒店内部公共区域两个部分。酒店外部公共区域包括广场、停车场、花园、前后门、外墙、车道等。酒店内部公共区域又可分为前台区域和后台区域，前台区域是客人活动的场所，如大厅、酒吧、餐厅、客用洗手间等；后台区域是酒店员工工作和生活的地方，包括员工餐厅、更衣室、活动室、宿舍等。

7.2.1 公共区域清洁卫生的范围及特点

1）公共区域清洁卫生的范围

公共区域所辖范围较广，清洁卫生保养业务的主要范围是：

（1）负责酒店室内、室外各部分公共区域的清洁保养工作。

（2）负责酒店的吊灯、窗户、墙体、玻璃幕墙的清洁保养工作。

（3）负责酒店所有排污、排水等管道系统的清疏和垃圾的清理工作。

（4）负责酒店的绿化布置和苗木的保养繁殖工作。

（5）负责酒店的卫生防疫、喷药"杀害"工作。

2）公共区域清洁卫生的特点

（1）地位重要，反映酒店的整体形象

公共区域是客人流动量大、活动频繁的地方，许多客人在酒店期间的活动范围仅限于公共区域。公共区域的卫生状况会给酒店客人留下深刻的第一印象，公共区域的卫生质量，反映了酒店卫生质量的水准，客人也将其作为衡量整个酒店的标准。有人称大厅是酒店的脸面，也有人说公共洗手间是酒店的"名片"，这都充分说明了公共区域清洁保养对酒店声誉的重大影响。做好公共区域的清洁卫生工作是客房部工作的重要组成部分。

（2）任务繁杂，管理难度大

公共区域面积大、范围广，清扫员工作地点分散；清洁保养项目繁多，清洁方法和技术要求差别大；公共区域客流量大，清洁环境不易保持，清洁次数频繁，时间不固定；清洁保养质量不易控制。因此，公共区域服务员要具有较高的质量意识和工作自觉性，根据所管辖的区域和范围以及规定的卫生项目与标准，划片定岗，实行岗位责任制，使员工明确自己的责任与质量标准。管理人员要加大巡视和督促力度，才能保证公共区域的卫生质量。

（3）专业性强，技术含量高

公共区域清洁项目繁多、性质各异，清洁要求差别很大，使用的清洁剂、清洁工具完全不同。例如，大理石的打蜡和木质地板的打蜡，前者使用水性蜡而后者使用油性蜡，如使用不当会对大理石和木质地板造成损坏。公共区域的工作人员需要掌握所使用清洁剂、清洁工具的性能、使用方法及工具的保养与维修，具有较高的专业技术性。酒店应对工作人员进行应有的培训与考核。

（4）环境多变，工作条件差

和客房部其他岗位相比，公共区域的工作条件和工作环境比较艰苦。比如，负责车场和酒店周围卫生的服务员，无论是炎热的夏季，还是寒冷的冬天，都在室外工作，还要尽职尽责。特别是人员分散，给管理工作带来难度。不少服务员思想不稳定，工作不安心，根据这种情况，管理人员既要严格管理，保证服务质量，又要关心体贴，调动他们的工作积极性，使他们热爱并做好公共区域的清洁保养工作。

学习微平台

随堂测 7-1

7.2.2 公共区域清洁保养的内容

1）门庭环境清洁

（1）门前地面要不停地清洁，及时清除汽车带到门前的泥沙和污渍，每天2~3次清理门前花盆、花坛内的烟头、纸屑等杂物，清理走道、路边的垃圾和废弃物，保持地面无烟头、杂物、纸屑，夜间或清早对大门庭院进行冲洗清扫。

（2）白天对玻璃门窗、指示牌等的指印和污渍进行擦抹，尤其是大门的玻璃应始终保持一尘不染。夜间对门庭的台阶、门窗、标牌、墙面进行全面的擦拭，保持光洁明亮，沿街的门庭和门窗要适当增加擦拭次数。

2）大堂的清洁保养

大堂是酒店中客流最大的区域，大量过往的客人短暂停留，不时带来尘土、烟蒂、纸屑等，因此要求日夜不间断地清洁保养，才能保持其清洁光亮的面貌，给客人留下美好的印象。

（1）大堂的大理石地面，白天用尘推进行循环拖擦，维护地面清洁。拖擦过程中应及时清理清洁工具上的灰尘杂物。夜间对大堂地面进行彻底清扫，定期上蜡抛光。大厅内有地毯处每天要吸尘3~4次，每周清洗一次。大堂地面清洁要仔细，不能有任何遗漏点。

（2）经常进行大厅的清洁抹尘工作，包括擦拭休息区的桌椅、沙发，服务区的柜台及展示性的家具，确保干净无灰尘。

（3）及时倾倒并擦净立式果皮箱，勤换客用烟灰缸，烟灰缸内烟蒂不能超过2个。更换烟灰缸时，应先将干净的烟灰缸盖在脏的上面一起撤下，然后将干净烟灰缸放上，以免烟灰飘扬洒落。随时注意茶几、台面上的纸屑杂物，一经发现，及时清理。

（4）注意清理水池和花盆里的烟头、纸屑等废弃的杂物；花木要每日进行养护整理，如擦去叶面上的浮尘、剪除枯枝败叶等。

（5）大堂的不锈钢、铜、铝合金等金属装饰物，如柱面、台面、栏杆、告示牌（广告架牌、指示标牌）、扶手及各种装饰等为酒店增添了光彩，这些器件容易沾上污迹，而且容易受到腐蚀而失去光泽，因此每天都要清洁。擦拭时要选用专用清洁剂、保护剂，不要留下划痕或者造成器件的严重损坏。

同步思考7-2

问题： 大堂保养清洁的注意事项有哪些？

理解要点：

（1）在操作过程中，根据实际情况，适当避开客人和客人聚集的区域，待客人离开后，再进行补做。客人进出频繁和容易脏污的区域，要重点拖擦，并增加拖擦次数。

（2）遇下雪或下雨天，要及时在大堂进出口处放置伞袋、踏垫，铺上防滑地毯，并增加拖擦次数，防止雨、雪水被带进大堂；树立"小心防滑"的告示牌，以防客人滑倒。

（3）门厅及大堂入口区域应设专人除尘，随时擦除人们进入时的脚印。

（4）门厅及大堂地面多为花岗石、大理石、水磨石等硬质地面，有的局部铺设地毯，应根据不同材质，采取不同的清洗方法。

3）公共洗手间的清洁

客人对公共洗手间的清洁质量要求高，如果有异味或不整洁，就会给酒店带来不利影响。所以，公共洗手间必须保持清洁卫生、设备完好，客用品齐全。

（1）白天的一般清洁整理内容包括：擦去台面、水龙头上的水迹，擦亮镜子及所有金属镀件，清理垃圾。喷洒空气清新剂，保持空气清新无异味。补充客用品并摆放整齐。检查水龙头、皂液器、自动烘干器等设备的完好状况，一般 1～2 小时进行一次。

学习微平台

微视频 7-7

（2）全面清洁整理：一般下午和后半夜进行，主要是清洁抽水马桶及便池，洗刷地面、墙壁，清除水箱水垢。进行全面清洁整理时，必须在洗手间门外竖立一块牌子，说明关闭原因，并指出邻近洗手间所在位置。

业务链接7-3

公共洗手间清洁的注意事项

①员工作业时要注意自身保护，应戴防护手套和口罩，预防细菌感染，防止清洁剂损伤皮肤。中间休息或作业完毕后，应使用除菌肥皂洗手。

②清洁卫生间所用的器具应专用，使用后应定期消毒，与其他清扫器具分开保管。

③作业时应在现场竖立"正在清扫"告示牌，以便客人注意并予以配合。

④注意卫生间内的通风，按规定开关通风扇或窗扇。

4）客用电梯的清洁保养

电梯是酒店十分重要的垂直交通工具，客人乘坐和运送服务物资十分方便、快捷。电梯根据用途可分为客用电梯、员工电梯、货运电梯、消防电梯等。对客用电梯的清洁保养分为日间常规性清洁和深夜彻底清洁。

（1）白天服务员应经常对电梯的厢门、厢壁、厢顶、扶手、挡杆、玻璃护挡进行擦拭，深夜应进行彻底的清洁保养，同时更换地毯，使电梯内外、上下、四周均无灰尘、无指印、无污迹。

（2）应注意根据梯厢的材质，采用相应的除尘和去污方法。

（3）电梯厅内的电梯开关、电梯运行显示器等手按动的开关部分，应按规定进行擦拭、消毒，确保其光亮无指印、无污迹。

5）走廊、通道的清洁保养

（1）白天循环依次清扫地面，将地面推擦干净后，将物件按原位摆放好。

（2）夜间定期进行全面大清扫，并打蜡。

（3）清倒烟灰垃圾桶，擦干并按原位摆放好。

（4）按预定顺序，依次擦拭门窗、窗台、墙壁饰物、镜面、开关盒、消火栓门、标牌、风口、踢脚板等。

（5）每日工作结束前，把楼面上垃圾集中后，带到指定地点。楼面不准有过夜垃圾。

6）绿化布置及清洁养护

绿化布置能给宾客耳目一新、心旷神怡的美好感受，所以，酒店在店外的绿化规划和店内的绿化布置上都应有所开拓。客人进出场所的花卉树木按要求造型、摆放；定期调换各种盆景，保持时鲜；接待贵宾或举行盛会时要根据酒店通知进行重点绿化布置；在绿化布置和对送达楼面的鲜花进行摆放时，要特别注意客人所忌讳的花卉。

每天按顺序检查、清洁、养护全部花卉盆景；拣去花盆内的烟蒂杂物，擦净叶面枝干上的浮灰，保持叶色翠绿、花卉鲜艳；及时清除喷水池内的杂物；及时修剪花草；对水池内的假山、花草定期换水并进行清洁养护；定期给花草树木喷药灭虫；养护和清洁绿化时，应注意避免操作时溅出的水滴弄脏地面，注意不可影响客人的正常活动。

7）后台区域的清洁卫生

员工食堂、浴室、更衣室、服务通道、员工公寓、娱乐室的卫生状况对员工的思想和精神状态、对酒店的服务质量有重要的影响。

后台区域的清洁卫生工作有：做好员工食堂、浴室、更衣室的日常清洁维护、消毒；对员工公寓、娱乐室等进行定期清扫；搞好员工通道等的清洁保养，为全店员工创造良好的生活、工作环境。

8）消灭"虫害"部位

虫害主要指苍蝇、蚊子、蟑螂、蚂蚁、老鼠等能传播疾病的害虫给环境带来的不良影响。这些虫害的存在，严重损坏了酒店的形象，影响了环境的清洁，还可能带来疾病的传播。酒店要定期在害虫活动的部位和区域施放药物或喷洒杀虫剂，消灭害虫及其孳生环境。同时应注意防止药物的滥用和流失，注意及时收回，防止出现其他意外。

课程思政 7-1

日本邮政大臣曾喝厕水

背景与情境： 日本前邮政大臣野田圣子曾是日本内阁中最年轻的官员，也是当时唯一一位女性大臣。她的工作经历是从负责清洁厕所开始的。

野田圣子的第一份工作是在帝国酒店当白领丽人，在受训期间负责清洁厕所，每天需要把马桶擦得光洁如新才算合格。可是她从未做过如此粗重的工作，因此第一天伸手触及马桶的一刻几乎呕吐，甚至在上班不到一个月时便开始讨厌这份工作。有一天，一名与圣子一起工作的前辈在清洁马桶后居然伸手盛了满满一杯厕水，并在她面前一饮而尽，以向她证明经他清洁过的马桶干净得连水都可以饮用。此时，野田圣子才发现自己的工作态度有问题，根本没资格在社会上肩负起任何责任，于是她对自己说："就算一生都要洗厕所，也要做个洗厕所最出色的人。"结果在训练课程的最后一天，当她清洁完马桶之后，也毅然喝下了一杯厕水，并且这次经历成为她日后做人、处事的精神力量和源泉。

问题： 野田圣子喝厕水的行为说明了什么？她的行为符合思政要求吗？

研判提示： 作为酒店员工，无论是高级管理者，还是普通服务员，所扮演的都是服务角色。无论是谁，只要到酒店上班，就统一成为服务角色。所以，国外的酒店有一项不成文的规定，凡是酒店的新员工，都必须从洗厕所干起。只有端正工作态度，实现角色的转换，才能真正进入酒店服务角色的正常状态，担负起工作的重任。她的行为符合思政要求。

7.3　清洁设备及清洁剂

酒店为了保持自己的服务水准，在日常清洁卫生工作中，需要经常使用清洁剂。使用清洁剂不仅要把清洁对象清洁干净，同时还应注意到不损坏清洁对象并使其光亮如初。

7.3.1　清洁设备

清洁设备， 包括一般清洁器具和机器清洁设备。

1）一般清洁器具

一般清洁器具包括扫帚、簸箕、拖把、玻璃清洁器、喷雾器、油灰刀或刮刀、百洁布、抹布、鸡毛掸子、丝瓜布、铝丝绒等。

2）机器清洁设备

机器清洁设备包括吸尘器、洗地毯机、洗地机、吸水机、高压冲洗机、吹干机、打蜡机等。

7.3.2　清洁剂

1）清洁剂的种类

一般清洁剂包括三种类型：酸性清洁剂、中性清洁剂、碱性清洁剂。清洁剂

延伸阅读7-9

延伸阅读7-10

延伸阅读7-11

的化学性质通常用pH值来表示。一般清洁剂包括多功能清洁剂、家具蜡、碧丽珠、酒精、漂白水、玻璃清洁剂、香蕉水、不锈钢保养油、不锈钢金属防护剂、不锈钢清洁光亮剂、地板亮光蜡、地面蜡、起蜡水、三合一清洁剂、地毯清洁剂、地毯芳香剂、万能清洁剂、瓷洁精、金属擦拭上光剂、铜油、化油剂、除锈水、空气清新剂等。

2）清洁剂的管理控制

清洁剂是化学用品，呈酸性或碱性，会对人体肌肤造成危害；高压罐装的清洁剂和易挥发的清洁剂属易燃易爆物品，使用和管理不当均有一定危险。正确使用和管理清洁剂，可以减少对人体的伤害和对环境的污染，保证酒店家具用品和设备的正常使用，降低酒店经营成本。

（1）注意清洁剂的产品质量。

酒店客房部在选择、购买清洁剂时要注意选择优质产品，避免使用劣质的粉状清洁剂，尤其是对表面光洁度高的瓷器，防止沙砾研磨而损坏瓷器表面。注意标签上是否有生产企业名称、质量检验合格证号、卫生许可证号、生产日期、产品有效期、使用方法和注意事项。同时注意观察清洁剂的包装外观，注意观察液体清洁剂有无沉淀物或悬浮物。对于超过保质期的清洁剂、变质清洁剂，坚决不买不用。对于废弃不用的、变质的、劣质的清洁剂，应妥善处理。

（2）注意清洁剂的用量。

无论是酸性、碱性还是中性的清洁剂，一次使用过多都会对清洁对象产生副作用。从市场上购回来的清洁剂多为浓缩剂，使用前应按说明书中的稀释比例进行稀释。做好有计划的每天的、定期的清洁工作，使用适量的清洁剂，不仅省时、省力，清洁效果也好。不能养成长期不清洁，一旦清洁就用大量清洁剂的习惯。

（3）掌握清洁剂的正确使用方法。

清洁剂使用者要了解各类清洁剂的主要性能，掌握清洁剂的正确使用方法，这样既能保护自己，又对清洁物品有利。应对员工进行使用方法和注意事项的培训。

① 避免皮肤主要是手部皮肤直接接触浓缩的清洁剂，特别是使用清除重垢型清洁剂时，应尽量缩短与高浓度清洁剂的接触时间，或稀释后再用。使用强碱、强酸性清洁剂时最好戴橡胶手套、防护眼镜。

② 倾倒清洁剂时要特别小心，不要溅洒，特别要避免粉状清洁剂的飞扬扩散，以免对眼睛和呼吸道黏膜产生刺激作用。

③ 工作结束后，用水将皮肤上的清洁剂冲洗干净，以免残留的清洁剂继续对皮肤产生刺激作用。也可事先适量涂抹一些油性较大的护肤用品。

④ 所有清洁剂的容器上都要贴上标签，摆放整齐，注明危害性。用完的装清洁剂的空容器也不能随意丢弃，以免误用。

⑤ 清洁剂使用不当会使员工出现皮肤过敏现象，如皮肤的刺激反应、过敏反应等，应立即对所受伤害部位进行处理，并停止使用该清洁剂。

随堂测7-2

同步链接7-1

话心声，谈感受

韶山宾馆位于湖南省韶山市韶山冲故园路16号，是省委、省政府设立在韶山的国宾馆。自1952年建成以来，韶山宾馆多次接待了党和国家的重要领导人、外国元首以及外国政府首脑，现已发展成为集旅游度假、餐饮住宿、娱乐购物、会议接待等多项服务功能于一体的现代化宾馆。党的二十大胜利召开以来，韶山宾馆把学习贯彻习近平总书记在瞻仰延安革命纪念地时的重要讲话精神以及党的二十大精神作为当前及今后一个时期的首要政治任务，全宾馆干部职工从自身工作岗位出发，以理论联系实践，掀起了一股学习热潮，立志把各自的政治、思想、行动统一到党中央的大政方针和决策部署上来，为进一步助推韶山成为世界旅游目的地贡献自己的一份力量。现在，我们一起来听听他们激情澎湃的心声吧！

韶山宾馆党总支书记、总经理 毛亚锋：深入学习宣传贯彻党的二十大精神，我们首先要把智慧和力量凝聚到党的二十大确定的各项任务上来，深刻领会五个牢牢把握的重要要求，认真落实习近平总书记对湖南重要讲话的指示精神。我们还要立足建设世界旅游目的地的新职能，当好红色资源的保护者、宣传者、传承者，为全国红色教育提供优质服务，推动韶山宾馆高质量发展再上新台阶，推动党的二十大精神在韶山全国爱国主义教育示范基地转化为生动实践。

韶山宾馆前厅部前台副主管 陈吉莲：作为一名新时代的新青年，我们会像习近平总书记号召的那样，坚定不移听党话、跟党走，同时树立远大目标，练就过硬的工作技能，敢想敢为，把理想变为现实，让青春年华在为国家为人民的奉献中焕发绚丽光彩。

韶山宾馆客房部副经理 张璇：党的二十大报告鼓舞人心，催人奋进，作为韶山宾馆的服务工作者，我们要深入学习贯彻好党的二十大精神，牢记初心使命，坚定信心决心，紧密结合工作实际，不断提升服务水平，切实把党的二十大精神融入思想，注入血脉，付诸行动。同时，作为新时代的青年党员，我们要深知时代赋予我们的新使命，要在新征程中树立远大理想，在党和人民需要的地方谱写精彩华章。

（资料来源　颜宇戈．学习宣传贯彻党的二十大精神 l 话心声，谈感受（五）[EB/OL]．[2022-11-29]．https：//new.qq.com/rain/a/20221129A07JAI00，经过改编）

本章概要

□　内容提要与结构

▲　内容提要

●客房管理的重要任务是向客人提供清洁卫生的客房，客房部工作的重要内容是清洁卫生，服务员必须按照酒店清洁卫生的程序与要求，完成客房清洁卫生工作，提供合格的客房产品。

●制订计划卫生清洁计划，采取定期循环的方式，定期清洁保养重点与局部清洁项目。

●公共区域是酒店的门面，代表了酒店的形象，体现了酒店的档次。做好公共区域的卫生清洁工作，有着特别重要的意义。

●正确选购、使用、管理清洁设备、清洁剂，有助于降低经营成本，提高工作效率，完成经营目标。

●明确客房清洁卫生质量标准。客房卫生质量控制包括强化员工卫生质量意识，明确清洁卫生操作程序和标准，严格逐级检查制度，设置"宾客意见表"。

▲ 内容结构

本章内容结构如图7-1所示。

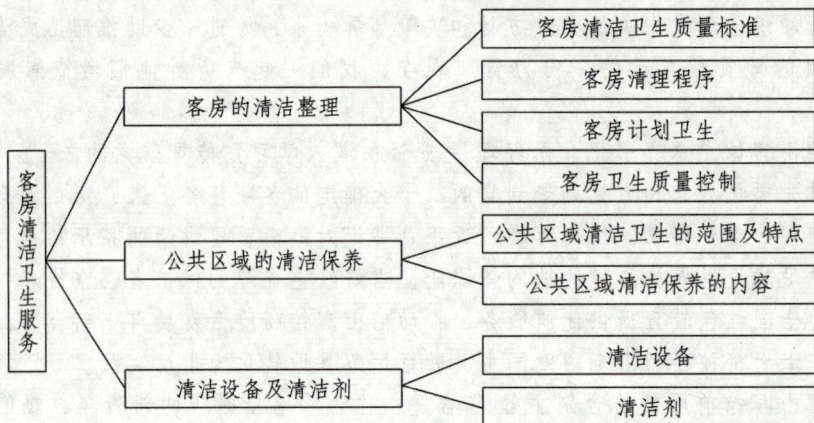

图7-1　本章内容结构

□ 主要概念和观念

▲ 主要概念

酒店公共区域　清洁设备

▲ 主要观念

客房清洁卫生质量标准　公共区域清洁卫生的范围及特点

□ 重点实务与操作

▲ 重点实务

客房清理程序　客房计划卫生　客房卫生质量控制　公共区域清洁保养的内容　清洁设备与清洁剂的种类及使用　清洁剂的管理控制

▲ 重点操作

客房清洁卫生

⟹ 基本训练 ⟫

□ 理论题

▲ 简答题

1）什么是客房清洁卫生的"十无"标准？

2）公共区域的范围是什么？

3）简述公共区域清洁卫生的特点。

▲ 讨论题

1）如何理解客房清洁卫生的顺序？

2）如何理解客房清洁卫生的原则？

□ 实务题

▲ 规则复习

学习微平台

随堂测 7-3

1）简述走客房的清理程序。

2）简述住客房的清理程序。

3）简述空房的清理程序。

▲ 业务解析

1）实习生郭亮工作的楼层是很重要的回头客楼层。一天，郭亮拿到房态表后，就开始了紧张有序的工作。按工作程序先打扫 OC（住客）房、CO（走客）房，然后是 VD（空脏）房。由于开房率较高，工作很紧张，郭亮就没有再检查 VC（干净空）房。按规定，VC 房每天也应该检查，稍微整理。但就在这一天，这一楼层的房态表的打印出现错误，把一间 OC（住客）房打成了 VC（干净空）房。而郭亮没有进这间 VC（实际是 OC）房，所以他也没有发现这一错误。晚上，住在这个房间的客人办完事回到酒店，发现自己的房间竟然没有整理，非常生气，难道这就是五星级酒店的服务标准吗？客人直接向总经理投诉。郭亮的疏忽造成的后果十分严重，给酒店造成了很坏的影响。

请问：造成该房间客人投诉的责任在谁？你认为郭亮应该怎样才能做得更好？

2）某酒店公共区域服务员小张在零点开始了对大厅地面的清洁工作，她先把清洁剂洒到地面准备拖地，突然想到没有放置安全警示牌，于是先用抹布把洒有清洁剂的地面围起来，急忙去拿警示牌。正在这时，两位在酒店消费后离店的客人出现在大厅，小张正想提醒客人注意安全，不想客人已经走到洒有清洁剂的地面，一位客人摔倒在地。客人极为不满，向酒店大堂副理进行了投诉。酒店免费为客人清洗了弄脏的衣物，并赔付了一定的医疗费。

请问：该酒店发生这一事件的原因是什么？为了避免类似事件发生，你认为应该怎样做？

□ 案例题

▲ 案例分析

【训练项目】

案例分析-Ⅶ。

【训练目的】

见本章"学习目标"中的"案例目标"。

【教学方法】

采用"案例教学法"。

【训练任务】

1）体验本章理论与实务知识在案例分析中的运用。

2）体验对"附录三"附表3"解决问题"能力"初级"的"基本要求"和各技能点"参照规范与标准"的遵循。

3）体验对"相关案例"多元表征中的"结构不良知识"的高级学习过程。

4）撰写、讨论和交流《案例分析报告》。

【相关案例】

<h3 style="text-align:center">发生在酒店客房的一幕</h3>

背景与情境："当当当，当当当"，服务员小刘小心地敲着1603房的门。小刘刚想敲第三次，门却突然打开了，一张充满怒气的脸出现在小刘眼前。"没看到请勿打扰的灯亮着吗？敲什么门啦？我刚躺下一会儿就被你吵醒，真是的！"小刘连忙看了一下手表说："先生，对不起，现在已经是下午2点40分，按规定长时间亮着请勿打扰灯的房间，我们是要敲门的，以防止客人发生意外，如果你不需要整理房间，那我就不整理了。对不起，打扰了！""你说什么？怕我出意外？我中午刚刚睡下，休息一会儿就会出意外？你胡说什么呀！"客人怒气更盛，声音也更大了。"你的房间不是上午就亮着请勿打扰灯吗？1603，没错，我的卫生整理报告表上明明做着记号表明上午就亮着请勿打扰灯的呀！"小刘还在申辩。"上午我没睡觉，你不来做卫生，下午刚睡下，你就来敲门，真是的！算了，没时间跟你啰嗦。"说完门"砰"的一声被关上了。这时恰巧领班走了过来，询问怎么回事。小刘说完刚才发生的事，两行泪就流了下来……

（资料来源　佚名. 旅游心理学案例［EB/OL］.［2022-06-21］. https：//wenku.baidu.com/view/1332822aff4ffe4733687e21af45b307e871f9df.html.经过改编）

问题：

1）在本案例中出现的不愉快情形，到底是谁的错？错在哪里？

2）如果当时你是服务员小刘，你会如何处理？

3）针对该酒店客房部清洁卫生反映出来的问题，你有何建议？

【训练要求】

同第1章"基本训练"中本题型的"训练要求"。

▲ 课程思政

【训练项目】

课程思政-Ⅶ。

【训练目的】

见本章"学习目标"中的"案例目标"。

【教学方法】

采用"案例教学法"。

【训练任务】

1）体验本章理论与实务知识及通过互联网查询的相关规范和标准在"思政

研判"中的运用。

2）体验对"附录三"附表 3"解决问题"能力"初级"的"基本要求"和各技能点"参照规范与标准"的遵循。

3）体验对"相关案例"多元表征中的"结构不良知识"高级学习过程。

4）体验课程思政相关规范和标准在"思政研判"中的运用。

5）撰写、讨论和交流《思政研判报告》。

【相关案例】

OK 房不 OK

背景与情境：一支团队客人住进饭店才 20 分钟，大堂副理就接到了客人的投诉电话——612 房间抽水马桶水箱无水。大堂副理的头脑里顿时出现疑团：客房领班事先不是已查过两次 612 房间了吗？大堂副理答应马上派人前去修理。不到 5 分钟，一名工程维修人员出现在 612 房间。他先代表饭店向客人道歉，接着便熟练地动手干起来。一会儿故障就全部排除了，水箱里很快便注满了水。

大堂副理作出修理安排后又立即与客房部联系，了解该房情况，后查明此系一领班的责任：把非 OK 房报了 OK 房。这支团队早在两周前就预订了该饭店的房间，前厅部在前一天已做了安排。612 房原住着一对夫妇，今天中午之前办了离店手续。早上服务员清扫过房间后，领班按程序检查，但未发现抽水马桶水箱无水的问题，于是报告这间走客房一切正常。中午客人走后，前厅部又一次通知客房部，证实 612 房确为走客房要求再检查一遍，领班又把水箱给疏忽了。领班两次查房均未发现洗手间的问题，最后导致客人投诉，后果是很严重的。事后，大堂副理赶到 612 房，再次郑重地向客人致歉，同时要求客房部按程序再认真检查一遍所有客房并把该事情经过写进当天的大事记录本中。

（资料来源　佚名.酒店客房部服务案例集［EB/OL］.［2017-06-25］.https：//max.book118.com/html/2017/0625/117907501.shtm.经过改编）

问题：

1）本案例中反映出的问题有哪些？

2）客房部为避免类似事故发生，可以采取的措施有哪些？

3）客房部要以此为鉴，做好哪些工作？

【训练要求】

同第 1 章"基本训练"中本题型的"研判要求"。

▲ 自主学习

【训练项目】

自主学习-Ⅳ。

【训练目的】

见本章"学习目标"中"创新型学习"的"自主学习"目标。

【教学方法】

采用"学导教学法"和"研究教学法"。

【训练要求】

1）以班级小组为单位组建学生训练团队，各团队依照本教材"附录三"附表3"自主学习"（高级）的"基本要求"和各技能点的"参照规范与标准"，制订《团队自主学习计划》。

2）各团队实施《团队自主学习计划》，自主学习本教材"附录一"附表1"自主学习"（高级）各技能点的"'知识准备'参照范围"所列知识。

3）各团队以自主学习获得的"学习原理"、"学习策略"与"学习方法"知识为指导，通过校图书馆、院资料室和互联网，查阅和整理近两年以"清洁设备及清洁剂"为主题的国内外学术文献资料。

4）各团队以整理后的文献资料为基础，依照相关规范要求，讨论、撰写和交流《"清洁设备及清洁剂"最新文献综述》。

5）撰写作为"成果形式"的训练课业，总结自主学习和应用"学习原理"、"学习策略"与"学习方法"知识（高级），依照相关规范，准备、讨论、撰写和交流《"清洁设备及清洁剂"最新文献综述》的体验过程。

【成果形式】

训练课业：《"自主学习-Ⅳ"训练报告》

课业要求：

1）内容包括：训练团队成员与分工；训练过程；训练总结（包括对各项操作的成功与不足的简要分析说明）；附件。

2）将《团队自主学习计划》和《"清洁设备及清洁剂"最新文献综述》作为《"自主学习-Ⅳ"训练报告》的"附件"。

3）《"清洁设备及清洁剂"最新文献综述》应符合"文献综述"规范要求，做到事实清晰，论据充分，逻辑清晰。

4）结构与体例参照本教材"课业范例"的"范例综-4"。

5）在校园网的本课程平台上展示班级优秀训练课业，并将其纳入本课程的教学资源库。

━ 单元考核 ━▶

考核要求：同第1章"单元考核"的"考核要求"。

第8章
客房设备用品管理

● 学习目标
引例　费尔蒙酒店
8.1　客房设备用品管理概述
8.2　客房设备管理
8.3　布件管理
8.4　客房用品管理
● 本章概要
● 基本训练
● 单元考核

学习目标

通过本章学习，应该达到以下目标：

理论目标：学习和把握客房设备用品管理，客房设备管理，布件的分类，客用品的分类等陈述性知识；能用其指导本章"同步思考"、"教学互动8-1"和"基本训练"中"理论题"各题型的认知活动，正确解答相关问题，体验本章"初级学习"中专业认知的横向正迁移。

实务目标：学习和把握布件的管理，布件的贮存及保养，客用品日常管理，客用品消费定额制定，以及"业务链接"等程序性知识；能以其建构"客房设备用品管理"的规则意识，正确解析本章"教学互动8-2"和"基本训练"中"实务题"的相关问题，体验本章专业规则与方法"初级学习"中的横向正迁移和"高级学习"中的重组性迁移。

案例目标：能运用本章理论与实务知识研究相关案例，培养和提高在"客房设备用品管理"情境中的多元表征专业能力和"团队协作""与人交流"通用能力；结合"客房设备用品"教学内容，依照相关规范或标准，对专栏"课程思政8-1"和章后"课程思政-Ⅷ"等案例中的企业及其从业人员行为进行思政研判，培养高尚的道德情操，树立社会主义核心价值观；体验本章"高级学习"中"专业"与"通用"知识和行为规范的重组性迁移。

实训目标：参加"客房设备用品管理"业务胜任力的实践训练。在了解和把握本实训所涉及"能力与道德领域"相关技能点的"规范与标准"的基础上，通过切实体验"客房设备用品管理"各实训任务的完成、系列技能操作的实施、《××酒店客房设备用品管理实训报告》的准备与撰写等有质量、有效率的活动，培养"客房设备用品管理"的专业能力，强化"数字应用"、"与人交流"、"与人合作"、"解决问题"和"革新创新"的通用能力（高级），并通过"认同级"践行"职业观念"、"职业态度"、"职业良心"、"职业作风"和"职业守则"等素养规范，促进健全职业人格的塑造，体验本章"实践学习"中"专业"与"通用"规则、技能、态度和行为规范的"重组性""产生性"迁移。

引例　费尔蒙酒店

背景与情境：费尔蒙酒店及度假村是全球酒店业领导品牌，已有超过130年的历史，在全球拥有70多家地标性酒店，并以其奢华的环境设施和一流的服务享有盛名。费尔蒙酒店视每一位宾客为单独的个体，以热情、真诚、善良和活力来吸引每一位宾客，在顾客开口之前预测他们的需求，传递无忧无虑的体验，承诺"让美好片刻永留客人回忆"。每一家费尔蒙酒店的设计都融合了当地最具特色的元素以及现代艺术表现形式，致力于为宾客创造独一无二的体验。客房采用全智能控制系统，配备"丝涟"（Sealy）品牌床垫以及高织床品和毛巾类用品。定制香水品牌 Le Labo 为费尔蒙酒店量身定制了 Rose 31（玫瑰31）系列洗浴用品。除此之外，费尔蒙酒店的客房还配备了科勒（KOHLER）智能马桶、雀巢（Nespresso）胶囊咖啡机、博士（Bose）音响以及中央空调系统、磁卡门锁、智能电话、智能电视、防雾镜、浴缸、电子体重秤、负离子吹风机、热带雨林花洒等。

问题：你如何评价费尔蒙酒店的客房设备用品？

（资料来源　佚名. 奢尚酒店都用哪些小众香？［EB/OL］.［2020-11-09］. https://www.163.com/dy/article/FR149JKK051886TA.html.经过改编）

客房设备用品是酒店为宾客提供客房服务的最基本的物质条件。一般来说，客房在酒店内所占的空间及其在总投资额中所占的比例居于首位。因此，客房设备用品管理的好与坏不仅关系到能否保证酒店整体的服务水准和服务质量，同时也体现了酒店管理水平的高低。另外，客房设备用品的管理水平的高低也会影响客房的出租率，甚至会引起客人的投诉，低水平的客房设备用品管理会影响酒店的名声和信誉，自然也就会导致酒店日常经营活动中的成本和费用的增加，致使利润和效益下降。事实证明，对客房设备用品进行严格科学的管理和及时、合理的清洁保养及维修，确实是非常重要的，不仅会提高其使用率，还会延长其使用寿命。

8.1　客房设备用品管理概述

8.1.1　客房设备用品的管理范围

通常，客房设备用品的管理范围仅限于单纯的仓库管理，但激烈的市场竞争，导致了服务产品之间的压价竞争，从而使酒店利润急剧下降，因此，控制经营成本，开源节流，越来越多地受到管理者的重视。客房设备用品管理在组织上的业务范围也更为扩大和系统化。一般来说，客房设备用品管理包括：客房设备用品的选择与采购、使用与保养、贮存与保管。对于客房部门来说，主要是做好用品的使用计划、使用控制和贮存保管工作。

8.1.2　客房设备用品的管理要求

为了便于管理，客房的基本设备用品可分为两大类：一类是设备部分，属于企业的固定资产，如机器设备、家具设备等；另一类是用品部分，属于企业的低值易耗物料用品，如玻璃器皿、各种针棉织品、清洁用品、一次性消耗品等。这些设备用品的质量和配备的合理程度、装饰布置和管理的好坏，是客房商品质量的重要体现，是制定房价的重要依据。客房设备用品的管理应达到 4R 的管理要求：

1）适时（Right Time）

在要用的时候，能够及时供应，保证服务的延续性和及时性。

2）适质（Right Quality）

提供使用的客房设备用品的品质要符合标准，能够满足客人的需要。

3）适量（Right Quantity）

计划采购的数量要适当控制，确定合适的采购数量和采购次数，在确保适时性的同时，做到不囤积，避免资金积压。

4）适价（Right Price）

以最合理的价格取得所需的客房设备用品。

教学互动 8-1

主题： 客房设备用品的管理要求

背景资料： 酒店客房设备用品的质量和配备的合理程度、装饰布置和管理的好坏，是客房商品质量的重要体现，是制定房价的重要依据。

互动问题： 客房的设备用品有哪些？客房设备用品的管理要求还有哪些？

要求： 同"教学互动 1-1"的"要求"。

8.1.3　客房设备用品的管理方法

酒店客房设备用品种类繁多，价值相差悬殊，必须采用科学的方法，做好管理工作。

1）核定需要量

酒店设备用品的需要量是由业务部门根据经营状况和自身的特点提出计划，由酒店设备用品主管部门进行综合平衡后确定的。客房设备用品管理，首先必须科学合理地核定其需要量。

2）设备的分类、编号及登记

为了避免各类设备之间互相混淆，便于统一管理，客房部要对每一件设备进行分类、编号和登记。客房部管理人员对采购供应部门所采购的设备必须严格审查。经过分类、编号后，需要建立设备台账和卡片，记下品种、规格、型号、数量、价值、位置，由哪个部门、班组负责等。

3）分级归口管理

分级就是根据酒店内部管理体制，实行设备主管部门、使用部门、班组三级管理，每一级都有专人负责设备管理，都要建立设备账卡。归口是将某类设备归其使用部门管理，如客房的电器设备归楼层班组管理。几个部门、多个班组共同使用的某类设备，归到一个部门或班组，以其为主负责面上的管理；而由使用的各个部门、各个班组负责点上的使用保管、维护保养。分级归口管理，有利于调动员工管理设备的积极性，有利于建立和完善责任制，切实把各类设备管理好。

4）建立和完善岗位责任制

设备用品的分级管理，必须有严格明确的岗位责任作保证。岗位责任制的核心是责、权、利三者的结合，既要明确各部门、班组、个人使用设备用品的权利，更要明确他们用好、管理好各种设备用品的责任。责任定得愈明确，对设备用品的使用和管理愈有利，也就愈能更好地发挥设备用品的作用。

5）客房用品的消耗定额管理

客房用品价值虽然较低，但品种多，用量大，不易控制，容易造成浪费，影响客房的经济效益。实行客房用品的消耗定额管理，是指以一定时期内，为保证客房经营活动正常进行必须消耗的客房用品的数量标准为基础，将客房用品消耗数量定额落实到每个楼层，进行计划管理，用好客房用品，达到增收节支的目的。

同步案例8-1

"严禁"与"请勿"

背景与情境： 戴先生在某酒店办好住店手续后，进入房间一眼就瞅到床头柜上有一块写着"欢迎参加我们的环保活动"的醒目牌子，正文写道：欢迎参加我们的活动，您只需在离开房间前做几件事：将房间的灯熄灭，关掉空调、电视机；减少被单、浴巾的更换次数，节约用水。我们酒店的全体同事对您为节约资源所做的一切表示衷心的感谢！牌子的另一面则写着"床上请勿吸烟"。

戴先生脑海中立刻浮现出另一幅画面。三天前，他入住另一座中等城市的一家规格不低的酒店，床头柜上白底红字写着"严禁床上吸烟"，后面还有一个不容忽略的大感叹号。在这儿，"严禁"换成了"请勿"，戴先生感到非常亲切。戴先生又转到卫生间，贴在梳妆镜旁边的绿色卡片留住了他的目光："在世界各地千万家旅馆中所使用的床单、浴巾每天都需要更换清洗，用掉了以几百万加仑计的水和以吨计的清洁剂。通常我们每天都对客人的浴巾、毛巾进行换洗，如果您觉得不必要，请将继续使用的浴巾、毛巾放到毛巾架上；如果需要换洗，请将它们放在梳妆台下的藤筐里。"

问题： 该酒店如何体现"顾客至上"的原则？酒店是否做到既控制了客房用品消耗量又体现了绿色环保理念？

分析提示： 该酒店在这类告示中以"请"字取代那些生硬的词语，体现出酒店对客人应有的礼貌。客房是酒店的主体，客房用品的使用和消耗是酒店资源利用的重要构成。该酒店对创建"绿色客房"做了不少努力，如在客房卫生间和卧室的床头柜放置环保宣传卡，动员客人减少毛巾和床单的洗涤次数，节约水资源、减少清洁剂使用和污染排放等。

8.2 客房设备管理

8.2.1 客房设备的分类和选择

1）客房设备分类

客房设备主要包括家具、电器设备、卫生设备、安全装置及一些配套设施。

（1）家具

家具是人们日常生活中必不可少的主要生活用具。客房使用的家具主要有床、床头柜、写字台、软座椅、小圆桌、沙发、行李架、衣柜等。

（2）电器设备

客房内的主要电器设备有：

① 照明灯具。客房内的照明灯具主要有门灯、顶灯、地灯、台灯、床头灯等。它们既是照明设备，又是房间的装饰品。

② 电视机。电视机是客房的高级设备，可以丰富客人的生活。

③ 空调。空调是使房间保持适当温度和调换新鲜空气的设备。

④ 音响。音响是供客人收听有关节目或欣赏音乐的设备。

⑤ 电冰箱。客房内通常放置小冰箱，冰箱内放置酒品饮料，方便客人饮用。

⑥ 电话。房间内一般设两部电话机，一部放在床头柜上，另一部装在卫生间，方便客人接听电话。

（3）卫生设备

卫生间的设备主要有洗脸台、浴缸、坐厕、毛巾架、镜子、灯具、垃圾桶等。

学习微平台

微视频 8-1

学习微平台

微视频 8-2

学习微平台

微视频 8-3

课程思政 8-1

花台架缺损了一个角

背景与情境：某五星级酒店内，8楼服务员打扫807房时，发现房内大理石花架台面缺损了一个角，便及时向客房部经理做了汇报。客房部经理赶到房间，在地面上果然找到一块碎片。经检查，是人为损坏。服务员告诉经理，这里住的是两位中年胖太太。

傍晚，客人回到房间。客房部经理彬彬有礼地前往了解。客人承认是昨晚坐在台角上拍照时损坏的。接着其中一位年轻一些的太太怒气冲冲地说，她坐在台面刚开始拍第一张照片时，一个角便掉了下来，当时她没穿袜子，尖角还弄破了皮肤。另一位客人则埋怨，五星级酒店里怎么能采用如此差的设施。客房部经理不动声色地听完申诉，接着说：台面的大理石是世界上最好的意大利进口货，花架台是放置盆花的。如果由于花架台质量问题而导致台面掉角，责任在酒店，倘若客人因此受伤，酒店应负全部责任。然而，此次事故是因压了不应压的重物才发生，显然不应由酒店负责。

听经理的口气，是要她们赔偿，两位客人面露难色。其中一位说，她们住进来时便发现这个台面一角有浅浅的裂痕。客房部经理对破损边缘做了仔细的检查，果然发现有污痕，于是他礼貌地对客人说，台面的确早有裂痕，说完便打电话把工程部有关人员请来。客房部经理建议划去台面周围一圈，改成一个较小的花架台，工程部人员同意这个建议。当两位客人被告知只需赔偿 200 元人民币时，心服口服，当场便付了钱。

问题：客房部经理的处理方法是否得当？

研判提示：客人付费住宿后，所取得的权利是对客房用品的使用权，而非所有权。客人一旦损坏了物品，是需要进行赔偿的。

本例中，客房部经理在以下两方面处理得非常出色：

第一，他极尊重客人，重视她们的意见。当他发现台面早有裂痕时，能够站在维护客人利益的立场上，坚持实事求是的原则，让客人支付最低限度的赔偿，客人在这种情况下没有理由不接受他的建议。

第二，他的说话艺术十分高明，摆事实、讲道理，分清责任。在讲道理的过程中，又特别用了"重物"一词来代替"胖"字，避开了肥胖者的忌讳，这就赢得了两位太太的好感，为最后圆满处理这一事故奠定了基础。

（4）安全装置

为了确保宾客安全，客房内一般都装有烟雾感应器，门上装有窥视镜和安全链，门后张贴安全指示图，标明客人现在的位置及安全通道的方向。楼道装有电视监控器、自动灭火器。安全门上装有昼夜照明指示灯。

2）客房设备选择

选购技术上先进、经济上合理、适合酒店档次的最优设备，有利于提高工作效率和服务质量，满足宾客需求。每个酒店都要根据自身的特点，确定客房设备的选择标准，这是进行客房设备管理的基础。客房设备选择的标准如下：

（1）适应性。适应性是指客房设备要适应客人需要，适应酒店等级，与客房的格调一致，造型美观，款式新颖。

（2）方便性。方便性是指客房设备的使用方便灵活，简单易操作，同时易于维修保养，工作效率高。

（3）节能性。节能性是指能源利用的性能。随着水、电能源的日益紧张，人们的节能意识也逐渐增强。酒店用电、用水量都比较大，节水、节电成了大家比较关心的问题。在选择设备时，应该选择节能设备。

（4）安全性。安全是酒店客人的基本要求。在选择客房设备时，要考虑是否具有安全可靠的特性和安装防止事故发生的各种装置。

（5）成套性。成套性是指各种设备的配套，以保持家具的一致性和外观的协调性。

（6）可发展性。为了配合新时代商务旅客对酒店服务的需要，酒店在选购设备时要综合考虑其设备的经济性和发展性。

以上是选择客房设备要考虑的主要因素，对这些因素要统筹兼顾，全面权衡利弊。

同步案例 8-2

热水系统出故障

背景与情境： 某年盛夏，7 楼领班小杨值夜班。第二天清晨，小杨已经在走廊里忙个不停了。她偶然打开热水龙头时发现，昨夜不知什么时候热水系统出了故障。她连忙走到值班室，向工程部挂电话，希望来人抢修，她知道有些客人有起床洗澡的习惯。20 分钟后，她又给工程部去了电话，获悉热水系统的某个主要部件损坏了，酒店内没有备件，要到 9 点商店开门才有望配到。挂上电话，小杨急中生智，把 7 楼值夜班的几名服务员召集到一起，告诉她们立即用煤气烧开水，以最快速度为每个房间供应热水。不一会儿，值班室便忙开了，烧水的、灌水的、送水的，几名服务员有条不紊地干了起来。7 点半，每个房间平均有 3 瓶热水，值班室里还准备了 10 多瓶热水专供早上洗澡的客人用。不多时，客人陆续起床，当他们知道热水是服务员一大早用煤气赶烧出来的，都十分感动。一次潜在的投诉变成了阵阵赞扬声。

问题： 小杨服务的成功之处在哪？请谈谈案例对你的启示。

分析提示： 本案例中小杨带动楼层值班服务员，用煤气烧热水送到每一间客房，其劳动强度是可想而知的，她们用自己的辛苦弥补了酒店硬件的不足。旅游酒店是以物资设备为依托，向客人提供各种服务的。酒店设施、设备是否完好和正常运转，取决于酒店是否按照"预防为主"的方针去进行设施、设备的维修与保养；同时，只有建立一支过硬的"万能工"队伍，才能保证服务的及时性和有效性。

8.2.2　客房设备的使用、保养与管理

客房设备的使用主要涉及员工与客人两方面。客房部要加强对员工的技术培训，提高他们的操作技术水平，懂得客房部设备的用途、性能、使用方法及保养方法。同时，要建立客房设备档案，包括客房装修资料、客房历史档案、工作计划表等。

同步思考 8-1

问题： 如何理解客房设备保养的重要性？为什么？

理解要点： 客房作为商品出租，不仅要为客人提供舒适幽雅的休息环境，还要使客房设备保持良好的状态，设施、设备的完好程度直接影响到客人对酒店的评价，最终影响到客房出租。这就要求我们在做好客房服务工作的同时，认真做好对客房设备的维护保养工作，它不仅关系到为客人提供优良的服务，还可以延长设备的使用寿命，减少更新次数，达到降低营业成本、提高经营利润的目的。

8.3　布件管理

布件，又称布草、布巾或棉织品，不仅是一种日常生活必需品，也是酒店客

房装饰布置的重要物品。布件是酒店日常经营和工作中必需的物品之一，对客房的格调、气氛起着重要的作用，布件的管理及控制对每个酒店的管理者来说都是非常重要的。因为布件管理的好或坏、严或松、有序或混乱不但会直接影响酒店客房的服务质量，而且会直接影响酒店的整体形象，同时还直接关系到酒店的经营成本和效益。

8.3.1 布件的分类

1）按照使用部门及用途划分

（1）床上布件，包括床单、枕套等。

（2）卫生间布件，包括方巾、面巾、浴巾、地巾等。由于它们基本上属毛织物，故都可称为毛巾。

（3）装饰布件，包括窗帘、椅套等。

2）按照质地划分

（1）棉织物。如客房内的各种布件。

（2）丝织物。如客房的装饰物或豪华客房的睡衣、睡袍等。

以上两种都属于天然纤维织物，基本特点是舒适、透气性好，但耐洗性较差，易缩水、褪色、泛黄。

（3）棉涤混纺织物。现在不少酒店的床上布件都使用棉涤混纺织物。当然，在不同档次的酒店，织物中涤纶的含量有所不同。一般四星、五星级酒店要求涤纶的含量不超过20%，三星级以下酒店客房布件涤纶的含量较高，但一般也不能超过50%。

8.3.2 布件的管理

1）确定布件的配备数量

各酒店由于规模、档次、客房出租率和洗涤设施条件的不同，布件的配备数量有所差异。自设洗衣房的酒店一般要求配备3~5套（每套4张或6张）；其中一套在客房，一套在楼层布件房，一套在洗衣房，另外一套或两套在中心库房。而在店外洗涤布件的酒店则还应多配备一套。确定单房配备量后，整个客房部的各种布件总数应按客房100%的出租率来配备。确定布件单房配备量时要考虑酒店的档次、资金情况以及维持正常的客房运转的需要。

2）确定布件的消耗定额

配备完成后，只有到了更新周期才陆续补充和新购布件，因此应制定出客房布件消耗数量定额，这是加强布件科学管理、控制客房费用的重要措施之一。定额不合理、布件过多或过少都会影响客房经营活动的正常运转，影响客房部的经济效益。定额的确定方法，首先应根据酒店确定的单房配备数量，确定布件的损耗率，然后制定出消耗定额。

（1）根据单房配备量，确定年度损耗率。

①损耗率，是指布件的磨损程度。酒店要求对破损或陈旧过时的布件进行更

换，以保持酒店的规格和服务水准。确定损耗率要考虑两点：

A.布件的洗涤寿命。不同质地的布件有着不同的洗涤寿命。例如，全棉床单的耐洗次数为250次左右，毛巾约为150次，涤棉床单的耐洗次数为450次左右。

B.酒店的规格等级要求。不同规格等级的酒店对布件的损耗标准是不同的。例如，豪华型酒店对六成新布件即行淘汰，改作他用，而经济型酒店则可能用到破损才淘汰。

②损耗率的计算。损耗率的计算步骤是首先根据配备和换洗情况计算出布件每年实际的洗涤次数，然后根据布件每年的实际洗涤次数、洗涤寿命和酒店确定的损耗标准，计算出布件的损耗率。具体方法见下例。

某酒店客房床单单间配备为3套，每套4张，床单每天一换，其洗涤寿命为300次。试确定该酒店床单的年度损耗率。

计算如下：

A.每张床单实际年洗涤次数=360÷3=120（次）

B.每张床单的年度损耗率：

实际使用年限=300÷120=2.5（年）

年度损耗率=1÷2.5×100%=40%

（2）制定客房布件消耗定额。

其计算公式如下：

$$A=B×X×F×R \qquad (8-1)$$

式中：A表示单项布件年度消耗定额；B表示布件单房配备张数；X表示客房数；F表示预计的客房年平均出租率；R表示单项布件年度损耗率。

业务链接8-1

年度消耗定额的计算

按上例，该酒店有客房200间，预计客房平均出租率为75%，求其年度消耗定额。

根据公式计算得：

床单的年度消耗定额=B×X×F×R=3×4×200×75%×40%=720（张）

3）布件的日常使用和管理

由于布件是分散在各处的，定额标准掌握及使用得好坏，必须依靠日常管理。

（1）把好质量验收关。

客房部管理者应对新购进的布件进行验收，仔细检查布件的品种、数量、规格、质地等，以确保布件的质量。

（2）布件存放要定点定量。

在用布件除客房一套外，工作车上放置多少，楼层布件房存放多少，中心布件房存放多少，各种布件的摆放位置和方式等，都应有规定，使员工有章可循。

一般工作车放置一个班次的量，楼层布件房存放本楼层一天的量，中心布件放按客房数配备每房一套或两套的总量。

（3）建立布件收发制度。

布件收发制度包括数量控制和质量控制两个方面的内容。布件领用数量控制的原则是送洗多少脏布件就换回多少干净布件。客房布件的收发一般有两种方式：一是布件房收发员直接到各楼层收发布件；二是客房服务员到布件房送领布件（也有酒店通过布件通道直接将各楼层的脏布件输送到洗衣房）。

（4）建立布件报废和再利用制度。

布件报废制度，是指对破损、有无法清除的污迹以及使用年限已满的布件定期、分批进行报废。布件报废应有严格的核对审批手续，一般由中心库房主管核对并填写布件报废单，洗衣房主管审批。对于可再利用的，可改制成其他用品。

（5）控制员工使用布件。

在日常工作中要严格禁止员工使用各种布件，如用布件作抹布，或私自使用客用毛巾等。这样既造成了浪费，又使劳动纪律无法得到保证。

（6）建立盘点制度。

酒店需定期对布件进行全面盘点，通过盘点了解布件的使用、消耗、库存情况，发现问题及时处理。盘点工作通常为一月一小盘，半年一大盘。大盘点由客房部会同财务部进行，在此基础上进行统计分析，这样做能帮助客房部管理人员及时发现存在的问题，堵塞漏洞，改进管理工作。

学习微平台

延伸阅读8-2

8.3.3 布件的贮存及保养

1）布件的贮存

布件的贮存主要有下列几项要求：

（1）库房墙面应经过良好的防渗漏、防霉蛀处理，地面材料最好采用PVC石棉地砖。

（2）具有良好的温、湿度和通风条件。库房的温度以不超过20℃为佳；湿度不大于50%，最好能控制在40%以下。

学习微平台

微视频8-4

（3）经常查库，通风晾晒，并放入干燥剂和防虫剂，以免布件变质，特别是在雨季时。

（4）防止外来人员随意出入，并要经常清洁整理和定期进行安全检查。

（5）布件要分类上架。布件房不应存放其他物品，特别是化学药剂、食品等，对长期不用的布件要用布兜罩住，防止积尘、变色。

2）布件的保养

布件的保养必须贯穿使用和贮存的全过程。

（1）尽量减少库存时间，因为存放时间过长会使布件质量下降。所以，备用布件不宜一次购买太多。使用时应遵循"先进先出"原则。

（2）新布件应洗涤后再使用，这样有利于提高布件的强度。

（3）洗涤好的布件应搁置一段时间（24小时）后再使用，以便散热透气，延长布件使用寿命。

（4）切勿将布件随便乱放，以防污染和损坏。

8.4　客房用品管理

酒店在客房中除配备各种家具、设施设备之外，还应配置各种用品供客人使用。星级越高的酒店，其客用品的设计应越精致优雅，质量越好。客用品的配备亦可体现对客人的礼遇规格，如在贵宾房或一些特殊客房如套房、商务房内配置比标准间质量更高的用品，让客人有物有所值之感，也更容易接受酒店的房价。

8.4.1　客用品的分类

客房正常配备的客用品通常可分为三大类，即客房备品、客用低值易耗品和客用租借物品。

1）客房备品

客房备品，亦称客用固定物品或多次性消耗用品，是指客房内所配备的可供多批客人使用，正常情况下不会在短期内损坏或消耗的物品。这类物品仅供客人在住店期间使用，但不能被损坏、消耗或在离店时带走，如布件、衣架、水杯等。

2）客用低值易耗品

客用低值易耗品，亦称客房日耗品、客用消耗物品、一次性消耗品或供应品等，是指在客房内配备的供客人住店期间使用消耗，也可在离店时带走的物品。这类物品价格相对较低、消耗量大，如牙膏、牙刷、香皂等。

3）客用租借物品

客房备品和客用低值易耗品通常只能满足住客的一般需要，而不能满足住客个别的、特殊的需要。有些酒店为能给客人提供一些具有个性化的服务，通常还备有一些特殊用品，如加床、婴儿床等，以供住客需要时租借，通常称为客用租借物品。

同步思考 8-2

客用品的选择

问题：客用品种类繁多，质量规格各异，不同星级的酒店、同档次酒店的不同客房对客用品都会有不同的要求，客用品的选择必须考虑哪些方面？

理解要点：

（1）适度。文化和旅游部颁布的星级酒店客房客用品的配备和规格的行业标准，以及《旅游饭店星级的划分与评定》国家标准，是酒店选择客用品的基本依据。在此基础上酒店客用品应能体现酒店的星级和客房的档次以及客源特点。在质量要求上，一般星级越高的酒店，客用品相对越讲究；反之，一些经济型酒店的客用品则能够满足客人的基本生活需要、符合客房的价格水平即可。在品种、数量要求上同样如此，星级高的豪华型酒店为体现其服务标准，通常品种、数量都比较多；而经济型酒店则以够用为根本，不必太全而增加营运成本。因此，必须根据本酒店的星级和档次要求选择适当的客用品，并不是越豪华越好，也不是

越多越好。

（2）协调。客用品应与客房的装修格调相一致，与周围环境相协调。这就要求同一种类客用品在规格、型号或造型、质地、色调、花纹上统一，没有拼凑现象，高雅美观，并与客房整体风格相协调。随着酒店业的发展，许多酒店甚至要求客用品也要具有一定的文化品位，在包装、造型上都经过专门的设计，与酒店的 CI 设计相吻合。

（3）实用。客用品是为方便客人使用而提供的，能够物尽其用是其基本原则。因此，客用品的选择应以切实满足客人的需求为标准，有些用品并不是大多数客人所需要的，就没有必要配备或没有必要在所有的客房内配备，如有些酒店摆放的纸制指甲锉等。另外，客用品的质量必须有一定保证，如果酒店提供的梳子一梳就断齿，这种客用品显然不能满足客人的需求。

（4）环保。随着整个社会对环境问题的日益关注，绿色环保行动已经成为酒店行业的时尚，一些酒店在客用品的配备上开始采购、使用环保包装的绿色客用品，并通过宣传、告知等方式，逐渐减少客房内的一些并非每个客人都需要的一次性用品的数量，为绿色环保行动尽一份力。

8.4.2 客用品日常管理

客用品的日常管理是客用品控制工作中最容易发生问题的一环，也是最重要的一环。

1）控制流失

（1）建立客用品领班责任制。各种物资用品的使用主要是在楼层进行的，因此对客用品的损耗及定额标准的掌握，关键在领班。各楼层应配备专人负责楼层物资用品的领用、保管、发放、汇总以及分析工作。

（2）控制日常客用品消耗量。客用品的流失主要是员工造成的。比如，有些员工在清洁整理房间时图省事，将一些客人未使用过的消耗品当垃圾扔掉，因此领班做好员工的思想工作，进行现场指挥和督导，是减少客用品浪费和损坏的重要环节。同时，还要为员工创造不需要使用客用品的必要条件。客房日用品的发放和使用控制应根据楼层小库房的配备定额明确一个周期和时间。这不仅方便中心库房的工作，也是促使楼层日常工作有条理以及减少漏洞的一项有效措施。

2）每日统计

服务员按规定数量和品种为客房配备和添补用品，并在服务员做房报告上做好登记。楼层领班通过服务员做房报告汇总服务员在每房、每客上的客用品耗用量。

3）定期分析

一般情况下，这种分析应每月做一次。其内容有：

（1）根据每日消耗量汇总表制定出月度各楼层消耗量汇总表。

（2）结合住客率及上月情况，制作每月客用品消耗分析对照表。

（3）结合年初预算情况，制作月度预算对照表。

（4）根据控制前后对照，确定间天平均消耗额。

教学互动8-2

主题：客用品日常管理

背景资料：某家酒店一次性用品在使用过程中存在严重的浪费现象。以香皂为例，一块净重30克的香皂，客人每次只使用约1/5，由于大量的团队客人及散客在酒店停留时间只有1天左右，剩余的4/5香皂在清扫房间时只能换掉。通常情况下，服务人员打扫客房的时候都会发现，开了瓶的沐浴液、洗发液还剩大半，拆了封的香皂几乎没使用，每天都得扔掉一大堆，非常浪费。酒店决定推广环保行动，将牙刷、牙膏等"六小件"撤出部分房间，除非客人主动要求，否则不再提供"六小件"。

互动问题：你认为酒店"六小件"是否应该取消？谈谈你的想法。

要求：同"教学互动1-1"的"要求"。

8.4.3　客用品消耗定额制定

1）一次性消耗品的消耗定额制定

一次性消耗品消耗定额的制定方法，是以单房配备量为基础，确定每天需要量，然后根据预测的年平均出租率来制定年度消耗定额。其计算公式如下：

$$A=B×X×F×365 \tag{8-2}$$

式中：A表示每项日用品的年度消耗定额；B表示每间客房每天配备额；X表示酒店客房总数；F表示预测的年平均出租率。

业务链接8-2

一次性消耗品年度消耗定额的计算

某酒店有客房300间，年平均出租率为80%，牙膏、圆珠笔的单间客房每天配备额分别为2支、1支。求该酒店牙膏、圆珠笔的年度消耗定额。

根据公式计算得：

牙膏的年度消耗定额=B×X×F×365=2×300×80%×365=17.52（万支）

圆珠笔的年度消耗定额=B×X×F×365=1×300×80%×365=8.76（万支）

2）多次性消耗品的消耗定额制定

多次性消耗品定额的制定基于多次性消耗品的年度更新率来确定。其定额的确定方法，应根据酒店的星级或档次规格，确定单房配备数量，然后确定其损耗率，即可制定消耗定额。其计算公式如下：

$$A=B×X×F×R \tag{8-3}$$

式中：A表示每项用品的年度消耗定额；B表示每间客房每天配备额；X表示酒店客房总数；F表示预测的年平均出租率；R表示用品的损耗率。

业务链接8-3

多次性消耗品年度消耗定额的计算

某酒店有客房400间，床单单房配备3套（每套4张）。预计客房平均出租率

为75%。在更新周期内，床单的年度损耗率为35%，求其年度消耗定额。

根据公式计算得：

床单的年度消耗定额=B×X×F×R=3×400×75%×35%=315（套）

本章概要

□ 内容提要与结构

▲ 内容提要

● 客房设备用品的管理包括客房设备用品的选择与采购、使用与保养、贮存与保管。对于客房部门来说，主要是做好用品的计划、使用控制和贮存保管工作。

● 客房设备用品的管理应达到 4R 的管理要求：适时、适质、适量、适价。客房设备主要包括家具、电器、洁具、安全装置及一些配套设施。

● 布件的日常使用和管理要做到：把好质量验收关、布件存放要定点定量、建立布件收发制度、建立布件报废和再利用制度、控制员工使用布件、建立盘点制度。

● 客房正常配备的客用品通常可分为三大类，即客房备品、客用低值易耗品和客用租借物品。客用品的选择必须遵循适度、环保、实用、协调的原则。

▲ 内容结构

本章内容结构如图8-1所示。

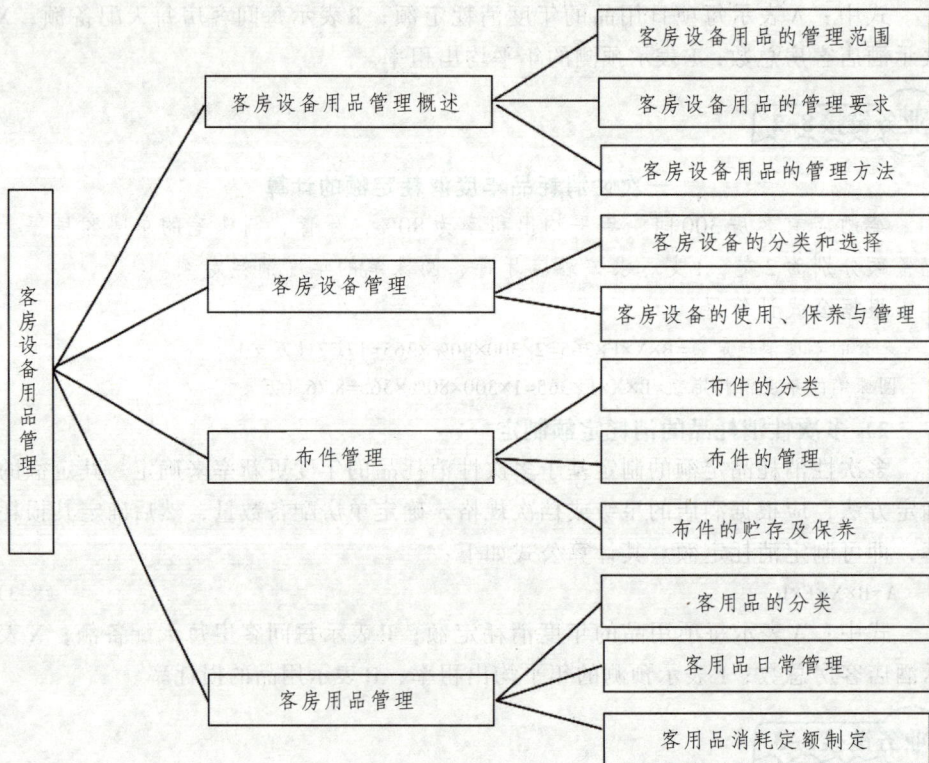

图8-1　本章内容结构

□ 主要概念和观念

▲ 主要概念

布件　损耗率　布件报废制度　客房备品　客用低值易耗品

▲ 主要观念

客房设备用品的管理要求　客房设备选择、使用、保养　布件的分类　客用品的分类

□ 重点实务与操作

▲ 重点实务

布件的贮存及保养　布件的日常使用和管理　客用品日常控制　客用品消费定额制定

▲ 重点操作

客房设备用品管理

⟹ 基本训练 ⟹

□ 理论题

▲ 简答题

1）客房设备的分类有哪些？

2）布件的分类有哪些？

3）客用品的分类有哪些？

▲ 讨论题

1）如何理解客房设备选择的标准？

2）如何理解布件不仅是一种日常生活必需品，也是酒店客房装饰布置的重要物品？

□ 实务题

▲ 规则复习

1）简述布件的管理。

2）简述布件的贮存及保养。

3）简述客用品日常管理。

▲ 业务解析

1）某酒店有客房200间，年平均出租率为85%，一次性纸杯、茶包的每间客房每天配备额分别为2只、4包。

请问：该酒店一次性纸杯、茶包的年度消耗定额应为多少？

2）某酒店有客房2 400间，床单单房配备4套（每套4张）。预计客房平均出租率为70%。在更新周期内，床单的年度损耗率为30%。

请问：该酒店床单的年度消耗定额是多少？

□ 案例题

▲ 案例分析

【训练项目】

案例分析–Ⅷ。

【训练目的】

见本章"学习目标"中的"案例目标"。

【教学方法】

采用"案例教学法"。

【训练任务】

1）体验本章理论与实务知识在案例分析中的运用。

2）体验对"附录三"附表3"解决问题"能力"初级"的"基本要求"和各技能点"参照规范与标准"的遵循。

3）体验对"相关案例"多元表征中的"结构不良知识"的高级学习过程。

4）撰写、讨论和交流《案例分析报告》。

【相关案例】

工程部与客房部之间的矛盾

背景与情境： 傍晚，某酒店住在518房的客人告诉楼层值班服务员小汪，淋浴装置的水量控制器不太灵活，水量不是太大就是太小，希望马上派人修理。小汪立刻与工程部联系，工程部接电话的是刚来大酒店才4天的小阙。

"这不可能，昨天我部的金师傅刚修好518房的淋浴设备，如果仍有问题请他来解决。"小阙把责任推给比他年长10岁的金师傅。

小汪只得把情况反映给客房部主管。小阙最后还是来了，但心里不太高兴，脸上没有笑容。此事传到总经理室。徐总近些日子也听到客房部埋怨设备保养和维修方面的问题，他还找过工程部姚经理谈话。姚经理向徐总反映客房部个别员工在设备使用上操作不当，有些设备刚修好没几天就又来报修。工程部人手紧，有时安排不过来，另外，零件调换频繁造成工程维修成本急剧增加。

徐总获知这些情况后，请裴副总负责协调客房和工程部门之间的业务。

在总经理办公室里，裴副总主持召开了由客房和工程部两个部门经理参加的协调会。裴副总用短短几句话点明会议目的后，客房部经理开诚布公地谈了本部门使用设备的实际状况，以及需要工程部给予解决的若干问题。由于客房部经理态度诚恳，原先部门之间存在的误会和芥蒂很快便消除了一大半，会议的气氛顿时缓和下来。随后工程部姚经理发言，他首先代表工程部全体员工表态：工程部的工作宗旨就是一切为前台、一切为客人，为前台解决设备方面的问题，是工程部义不容辞的责任。我们一定尽最大努力解决前台的后顾之忧。这番话使裴副总和客房部经理感到满意。在充满理解、携手合作的良好气氛中，姚经理又以极其诚恳的口气指出，某些设备故障因使用不当所致，希望客房部经理予以重视，对本部门员工加强必要的培训。

（资料来源 佚名. 实用酒店服务案例［EB/OL］.［2021-10-12］. https：//wenku.baidu. com/view/122f5ef49d3143332968011ca300a6c30c22f130.html.经过改编）

问题：

1）本案例对你有何启示？

2）徐总处理此事的成功之处何在？

3）对于改进客房设备用品的使用和管理你有哪些建议？

【训练要求】

同第1章"基本训练"中本题型的"训练要求"。

▲ 课程思政

【训练项目】

课程思政-Ⅷ。

【训练目的】

见本章"学习目标"中的"案例目标"。

【教学方法】

采用"案例教学法"。

【训练任务】

1）体验本章理论与实务知识及通过互联网查询的相关规范和标准在"思政研判"中的运用。

2）体验对"附录三"附表3"解决问题"能力"初级"的"基本要求"和各技能点"参照规范与标准"的遵循。

3）体验对"相关案例"多元表征中的"结构不良知识"高级学习过程。

4）体验课程思政相关规范和标准在"思政研判"中的运用。

5）撰写、讨论和交流《思政研判报告》。

【相关案例】

棉织品报损的条件及处理

背景与情境： 棉织品在采购、贮存并投入使用后，在使用过程中的质量保证一般由洗衣房来控制。洗衣房人员在洗涤中发现有严重污渍的床单后对其进行单独去渍处理，在折叠熨烫过程中发现有破损应抽出进行处理。旧棉织品是指棉织品由于超常使用洗涤熨烫而变薄变黄，并出现毛边，对于这种棉织品，洗衣房人员应将其挑出单独堆放，并进行清点，登记报损。污渍的产生有各种原因，有些是客人使用不当，有些是服务员使用不当造成棉织品污染，洗衣房人员又没有及时发现，经过正常高温和洗涤后，污渍无法去除，这样的棉织品应报损。破损是指棉织品在使用、运输、洗涤过程中被刮破、绞破或有烟头烧痕等情况，应做报损处理，但是一般的开线开口的破损应送交缝纫组进行修补，不必做报损处理，毛巾类如果出现个别绒头应剪掉绒头继续使用。褪色报损主要指的是由于长期使用和洗涤而严重褪色的应进行报损。

床单如有破洞或脏迹不容易去掉，可将它剪成小块做成枕套。枕套报损后可改作抹布，因为用报损的枕套来擦尘，其纤维少，擦尘效果好。大毛巾可改为小手巾，小手巾可改为抹布，台布可改为餐巾，餐巾可改为抹布，这样可以节省一些开支。无论是新的棉织品还是报损的棉织品，都需要相应的空间来贮存，为尽可能少占用空间，应经常对报损棉织品进行处理，最好询个价，以便将破损棉织品以最好的价格卖出。

（资料来源　佚名．客房管理［EB/OL］．［2019-09-26］．https：//wenku.baidu.com/view/ec0b26e7df80d4d8d15abe23482fb4daa48d1d11.html.经过改编）

问题：

1）棉织品变旧的原因有哪些？

2）棉织品报损的处理方法有哪些？

3）试对上述问题作出你的思政研判。

【训练要求】

同第1章"基本训练"中本题型的"训练要求"。

□ 实训题

【训练项目】

"客房设备用品管理"业务胜任力训练。

【训练目的】

见本章"章名页"中"学习目标"中的"实训目标"。

【训练内容】

专业能力训练：其领域、技能点、名称及参照规范与标准见表8-1。

表8-1　　　　　专业能力训练领域、技能点、名称及参照规范与标准

领域	技能点	名称	参照规范与标准
客房设备用品管理	技能1	客房设备管理技能	（1）能掌握客房设备的分类 （2）能进行客房设备的选择 （3）能进行客房设备的管理
	技能2	布件的管理技能	（1）能掌握布件的分类 （2）能进行布件的管理 （3）能进行布件的贮存和保养
	技能3	客房用品的日常管理技能	（1）能掌握客用品的分类 （2）能进行客用品日常管理 （3）能制定客用品消耗定额
	技能4	撰写《客房设备用品管理实训报告》技能	（1）能合理设计《××酒店客房设备用品管理实训报告》的结构，层次较分明 （2）能依照商务应用文的规范撰写《××酒店客房设备用品管理实训报告》 （3）遵照本教材网络教学资源包中《学生考核手册》考核表8-2所列各项"考核指标"和"考核标准"

职业核心能力和职业道德素养训练：其内容、种类、等级与选项见表8-2；各选项的操作"参照规范与标准"见本教材"附录三"附表3和"附录四"附表4。

表8-2　职业核心能力与职业道德素养训练内容、种类、等级与选项表

内容	职业核心能力							职业道德						
种类	自主学习	信息处理	数字应用	与人交流	与人合作	解决问题	革新创新	职业观念	职业情感	职业理想	职业态度	职业良心	职业作风	职业守则
等级	高级	高级	高级	高级	高级	高级	高级	认同级	认同级	认同级	认同级	认同级	认同级	认同级
选项			√	√	√	√		√			√	√	√	√

【组织形式】

将班级学生分成若干实训小组，根据实训内容和项目需要进行角色划分。

【训练任务】

（1）对表8-1所列专业能力领域各技能点，依照其"参照规范与标准"实施应用相关知识的基本训练。

（2）对表8-2所列职业核心能力选项，依照本教材"附录三"附表3的"参照规范与标准"实施应用相关知识的"高级"强化训练。

（3）对表8-2所列职业道德素养选项，依照本教材"附录四"附表4的"参照规范与标准"实施"认同级"相关训练。

【训练要求】

（1）实训前学生要了解并熟记本实训的"目标"、"能力与道德领域"、"任务"与"要求"；了解并熟记本教材网络教学资源包中《学生考核手册》考核表8-1和考核表8-2的"考核指标"与"考核标准"内涵，将其作为本实训的操练点和考核点来准备。

（2）通过"训练步骤"，将"训练任务"所列三种训练整合并落实到本实训的"活动过程"和"成果形式"中。

（3）实训后，学生要对本次"客房设备用品管理"的实训活动进行总结，在此基础上撰写实训报告。

【情境设计】

将学生分成若干实训组，分别选择不同的酒店（或本校专业实习基地），运用客房设备用品管理知识，参与其客房设备用品管理实训，完成本实训的各项实训任务。各实训组对所选酒店（或本校专业实习基地）的客房设备用品管理实训体验进行总结，并对本次实训的成功经验和存在的问题进行分析，提出改进方案或建议，最后撰写《××酒店客房设备用品管理实训报告》。

【指导准备】

知识准备：

（1）客用品的采购。

（2）布件的贮存及保养。

（3）客房用品日常控制和管理。

（4）设备设施的保养。

（5）本教材"附录一"附表1中"职业核心能力"选项的"'知识准备'参照范围"中所列知识。

（6）本教材"附录三"附表3和"附录四"附表4中，涉及本章"职业核心能力领域"各技能点和"职业道德领域"各素养点，需要对学生事先培训"参照规范与标准"知识。

操作指导：

（1）教师向学生阐明"训练目的"、"能力与道德领域"和"知识准备"。

（2）教师就"知识准备"中的第（5）、（6）项，对学生进行培训。

（3）教师指导学生就操练项目进行调研、资料收集与整理。

（4）教师指导学生撰写《××酒店客房设备用品管理实训计划》。

（5）教师指导学生实施《××酒店客房设备用品管理实训计划》，并就操练项目进行现场指导。

（6）教师指导学生撰写《××酒店客房设备用品管理实训报告》。

【训练时间】

本章课堂教学内容结束后的双休日和课余时间，为期一周。

【训练步骤】

（1）将班级每8～10位同学分成一个团队，每个团队确定1人负责。

（2）分配各团队实训任务，确定每个团队实训的酒店。

（3）各实训团队参与所选酒店（或本校专业实习基地）的客房设备用品管理实训。

（4）各团队对实训操作的实际情况进行总结。

（5）各团队在此基础上，总结实训酒店（或本校专业实习基地）客房设备用品管理的成功之处和不足之处，并提出改进建议。

（6）各实训团队在实施上述训练的过程中，融入对"信息处理"、"与人交流"、"与人合作"、"解决问题"和"革新创新"等职业核心能力各"技能点"的"高级"强化训练（突出其"'知识准备'参照范围"所列知识的学习和应用）和对"职业观念"、"职业态度"、"职业良心"、"职业作风"和"职业守则"等职业道德各"素养点"的"认同级"相关训练。

（7）撰写作为最终成果形式的《××酒店客房设备用品管理实训报告》。

（8）在班级交流、讨论各实训团队的《××酒店客房设备用品管理实训报告》。

（9）根据交流、讨论结果，各实训团队修订其《××酒店客房设备用品管理实训报告》，并使之各具特色。

【成果形式】

实训课业：《××酒店客房设备用品管理实训报告》。

课业要求：

（1）本课业应以学生对所选酒店（或本校专业实习基地）的客房设备用品管理的全面总结为基本内容，并分析本次运作中的问题与不足，最后提出改进建议，并包括"关于'能力与道德领域'其他训练的补充说明"等内涵。

（2）报告格式与体例参照本教材"课业范例"的"范例综-3"。

（3）各实训团队的《××酒店客房设备用品管理实训报告》初稿必须先经团队讨论，然后才能提交班级交流、讨论。

（4）经过班级交流、讨论的《××酒店客房设备用品管理实训报告》由各团队进一步修改与完善。

（5）《××酒店客房设备用品管理实训报告》定稿后，在其标题下注明"项目团队队长姓名"和"项目团队成员姓名"。

（6）将附有"教师点评"的优秀实训报告在班级展出，并纳入本校该课程的教学资源库。

单元考核

考核要求：同第 1 章"单元考核"的"考核要求"。

第9章
客房安全管理

● 学习目标
引例　北京某酒店安全问题
9.1　客房安全
9.2　顾客安全
9.3　员工职业安全
● 本章概要
● 基本训练
● 单元考核

学习目标

通过本章学习，应该达到以下目标：

理论目标：学习和把握"客房安全管理"的相关概念，客房安全设施配置，火灾发生的原因，客房失窃的类型、原因等陈述性知识；能用其指导本章"同步思考"和"基本训练"中"理论题"各题型的认知活动，正确解答相关问题，体验本章"初级学习"中专业认知的横向正迁移。

实务目标：学习和把握客房安全管理工作的任务，火灾的预防、火灾事故的处理，盗窃事故的预防、客人失窃的处理，其他安全事故管理，员工职业安全管理，员工职业安全健康管理制度以及"业务链接"等程序性知识；能以其建构"客房安全"的规则意识，正确解析本章"教学互动"和"基本训练"中"实务题"的相关问题，体验本章专业规则与方法"初级学习"中的横向正迁移和"高级学习"中的重组性迁移。

案例目标：运用本章理论与实务知识研究相关案例，培养和提高在"客房安全管理"业务情境中的多元表征专业能力和"团队协作""与人交流"通用能力；结合"客房安全管理"教学内容，依照相关规范或标准，对专栏"课程思政9-1"和章后"课程思政-Ⅸ"等案例中的企业及其从业人员行为进行思政研判，培养高尚的道德情操，树立社会主义核心价值观；体验本章"高级学习"中"专业"与"通用"知识和行为规范的重组性迁移。

自主学习：参加"自主学习-Ⅴ"训练。在实施《自主学习计划》的基础上，通过阶段性学习和应用"附录一"附表1"自主学习"（高级）"'知识准备'参照范围"所列知识，收集、整理与综合"客房安全管理"前沿知识，讨论、撰写和交流《"客房安全管理"最新文献综述》，撰写《"自主学习-Ⅴ"训练报告》等活动，体验"客房安全"中的"自主学习"（高级）及其迁移，培养"自主学习"、"团队协作"和"与人交流"的通用能力，体验本章"自主学习"中"专业"与"通用"规则和技能的"重组性"迁移。

背景与情境：某女士在北京某酒店住宿时，当晚在酒店遭陌生男尾随挟持、强行拖拽、掐脖……整个过程持续6分钟。酒店安保人员未阻止，保洁人员只是看着，多人围观。直到路过的女房客出手相救，男子才逃走。后续该酒店在事件处理中承认，酒店的确存在安保管理、顾客服务不到位的问题。酒店管理和服务人员对顾客的关注度和处理问题的响应效率也存在缺陷。

（资料来源 作者根据相关资料改编）

问题：你认为该如何杜绝客房安全问题的发生？

客房部不仅要以干净舒适的客房以及服务人员热情好客的态度、娴熟的服务技巧来满足宾客的各种需求，使其乘兴而来、满意而归，还要极其重视宾客一个最基本的需求——安全需求。酒店宾客与其他任何人一样，需要安全和保护，希望免遭人身财产及其他方面的损害。

9.1 客房安全

9.1.1 客房安全管理的任务

客房安全（Security），是指客人在客房范围内人身、财产、正当权益不受侵害，也不存在可能导致侵害的因素。

根据公安机关安全工作的有关规定和安保部门对客房部安全管理工作的具体要求，结合客房部工作的基本特点，我们可以把客房安全管理工作的主要任务总结为以下几点：

第一，做好安全的宣传教育工作，对员工经常进行安全培训，增强他们的法律意识和安全意识。

第二，做好客房的防火、防盗、防灾害、防事故等工作，确保宾客和酒店员工人身及财产的安全。

第三，制定客房部安全管理的各项规章制度和工作计划，建立和健全各项安全防范措施。

第四，根据"谁主管、谁负责"的原则，落实客房部各项安全岗位责任制，监督、检查、指导各个岗位的安全工作。

第五，协助公安机关和酒店安保部门，做好案件的侦破及事故预防和处理工作。

第六，在酒店的统一领导下，做好社会治安综合治理工作，确保客房区域的安全，维护客房的正常秩序。

课程思政 9-1

面对无房卡的客人

背景与情境："小姐，开门。""先生，请您出示房卡。""我不记得放在哪里了，我有急事，可不可以帮帮忙，开一下门。""先生，对不起，我们酒店有严格的规定，凭房卡才能开门。""没有房卡，那怎么办？""可以出示您的身份证吗？"客人一脸无奈："真麻烦，规定是死的，人是活的嘛！"客人一脸不高兴地从包里拿出证件。"请稍等，我与总台联系一下。"核对证件与登记完毕，服务员立刻把证件还给客人并为其开门，并道歉："先生，对不起，让您久等了，因为您是我们的客人，而作为宾馆的一名服务员，有义务为您的安全负责。现在，您的房卡已经遗失，那么请您去总台补办一张，好吗？谢谢您的合作！"

问题：服务员为什么要与总台联系？该服务员的行为符合思政要求吗？

研判提示：如果马虎的服务员经不起客人的再三催促而为其开了门，就给许多不法分子提供了作案机会。案例中的这位工作人员就是严格按照规定层层把关，让客人出示房卡、证件，并经过核对、确认，才开门放行的。最后她依然礼貌地向客人解释酒店的义务与责任，并再次提醒遗失房卡的客人补办一张新卡，从而避免了安全事故的发生。

9.1.2 客房安全设施配置

为保证住店客人的生命和财产安全，必须在公共区域和客房内加强各类安全设施的配置，同时客房内各种生活设施设备也要安全可靠。

1）监控系统

监控系统由摄像镜头、监视器、屏幕操作机台、录像等部分组成。监控系统是酒店主要的安全装置，除了安装在酒店大厅及公共场所之外，通常作为客房部主要的安全装置，设置在楼层过道和客用电梯中。在楼层过道安装监控探头，一般采用中、长焦镜头。在客用电梯中安装监控探头便于对电梯内发生的紧急意外事件和可疑现象进行跟踪和取证，一般采用视野宽阔的广角镜头。

2）自动报警系统

自动报警系统是由各种类型的报警器连接而成的安全网络系统，主要设置在酒店财务部、收银处、贵重物品寄存处以及商场消防通道等区域，在发生危险时报警，用于防盗、防火、防爆。

3）消防监控系统

酒店的消防监控系统一般由火灾报警系统、灭火系统、防火设施组成。

4）通信系统

通信系统主要包括专用电话、传呼系统及对讲机。

5）房间安保设施

（1）门锁

门锁是保障住客安全最基本也是最重要的设施，由于酒店规模、档次的差异，各酒店所使用的门锁各异。

（2）窥镜

窥镜安装在房门上端，为广角镜头，便于住客观察房间的外部情况。

（3）保险箱

保险箱供客人存放贵重财物之用。

9.2　顾客安全

9.2.1　客房消防安全

火灾，是指在时间和空间上失去控制的燃烧所造成的灾害。它是酒店最大的致命灾害，其发生率虽然很低，但后果极其严重，会给酒店带来经济和声誉上的双重损失。

学习微平台

延伸阅读 9-1

1）火灾发生的原因

客房发生火灾的原因主要有：

（1）吸烟不慎引起火灾

吸烟不慎引起火灾在酒店火灾中居首位，起火部位多为客房。吸烟不慎引起火灾主要有以下五种情况：

① 乱扔未熄灭的烟头、火柴棍，引起地毯、沙发、衣物、废纸篓、垃圾道起火。

② 躺在沙发、床上吸烟，火星散落其上，引起火灾。这种原因引起的火灾在客房火灾中所占比例最大。

③ 客人将未熄灭的烟头放在沙发扶手上，因事后遗忘或掉落在沙发上引起沙发起火。

④ 客人将未熄灭的烟头或火柴棍扔入烟灰缸内离去，引起缸内可燃物着火。这类火灾大多发生在烟灰缸靠近其他可燃物的情况下。

⑤ 在禁止吸烟的地方违章吸烟。在有可燃气体或蒸汽的场所，违章点火吸烟，发生爆炸起火。

（2）电器引起火灾

在酒店火灾中，由电器引起的火灾所占比例仅次于由吸烟引起的火灾比例。

①电器线路引起的火灾。

电器线路往往由于超载运行、短路等原因，产生电火花、局部过热，导致电线、电缆和周围可燃物起火。

②用电设备引起的火灾。

用电设备由于质量差、故障或使用不当会引起火灾事故。一些酒店电器线路老化或配置不合理，容易引发火灾；客房内的电熨斗、电暖气、热得快等电热器具，客人使用不当、违章接线或忘记断电而使电器设备过热引燃周围可燃物也会造成火灾。

同步思考 9-1

问题： 客房火灾发生还有哪些其他原因？

理解要点： 宾客将易爆易燃物品带进客房，引起火灾。员工不按安全操作规程作业，如在客房内明火作业，使用化学涂料、油漆等，未采取防火措施而造成火灾。防火安全系统不健全、消防设施不完备等，也会引起火灾。

2）火灾的预防

客房安全管理的重点在于采取有效的措施，防止火灾事故的发生。因此，火灾的预防是客房消防安全管理的主要工作。为预防和控制火灾事故，酒店客房区域的防火措施主要包括下列内容：

（1）配备消防设备和器材

客房及客房区域须按照国家的规定配备符合标准的消防设备和器材。

①报警器。

报警器主要有烟感报警器、热感报警器（温感报警器）和手动报警器三类。当室内烟雾达到一定浓度时，烟感报警器便会自动报警，有利于及时发现火情；当火灾引起的室内温度上升到热感报警器的工作温度时，热感报警器的弹片便自动脱落造成回路引起报警；手动报警器一般安装在每层楼的入口处，有楼层服务台的酒店则设在服务台附近的墙面上。当发现附近有火灾时，可以立即打开玻璃压盖或打碎玻璃使触点弹出，引起报警。

②灭火器材。

灭火器材主要包括喷淋装置、消防栓和便携式灭火器等。便携式灭火器有一定的使用年限，一般为3年，期满即需要更换。在3年的使用期限内，还要定期检查压力表上的指针是否在正常位置，以确保该表始终处于正常状态。

业务链接9-1

常用灭火器使用方法与注意事项

A.使用方法

a.干粉灭火器

适用范围：适用于扑救各种易燃、可燃液体和易燃、可燃气体火灾，以及电器设备火灾。

使用方法：右手托着压把，左手托着灭火器底部，轻轻取下灭火器；右手提着灭火器到现场；除掉铅封；拔掉保险销；左手握着喷管，右手提着压把；在距离火源2米的地方，右手用力压下压把，左手拿着喷管左右摆动，喷射干粉覆盖整个燃烧区。

b.泡沫灭火器

适用范围：适用于扑救各种油类火灾以及木材、纤维、橡胶等固体可燃物火灾。

使用方法：右手托着压把，左手托着灭火器底部，轻轻取下灭火器；右手提着灭火器到现场；右手捂住喷嘴，左手执筒底边缘；把灭火器颠倒过来呈垂直状态，用力上下晃动几下，然后放开喷嘴；右手抓筒耳，左手抓筒底边缘，把喷嘴朝向燃烧区，站在离火源2米的地方喷射，并不断前进，围着火焰喷射，直至把火扑灭；灭火后，把灭火器卧放在地上，喷嘴朝下。

c.二氧化碳灭火器

适用范围：适用于各种易燃、可燃液体、气体火灾，还可扑救仪器仪表、图书档案、工艺品和低压电器设备等的初起火灾。

使用方法：用右手握着压把，提着灭火器到现场；除掉铅封；拔掉保险销；站在距火源 2 米的地方，左手拿着喇叭筒，右手用力压下压把；对着火源根部喷射，并不断推前，直至把火焰扑灭。

B.注意事项

在操作灭火器时，应注意以下几点：

a.在携带灭火器奔跑时，酸碱灭火器和化学泡沫灭火器不能横置，要保持其竖直以免提前混合发生化学反应。

b.有些灭火器在灭火操作时，要保持竖直，不能横置，否则驱动气体短路泄漏，不能将灭火剂喷出。这类灭火器有干粉灭火器、二氧化碳灭火器、空气泡沫灭火器等。

c.扑救容器内的可燃液体火灾时，要注意不能直接对着液面喷射，以防止可燃液体飞溅，造成火势扩大，加大扑救难度。

d.扑救室外火灾时，应站在上风方向。

e.若为深位火灾，应将阴燃或炽热燃烧部分彻底浇湿，必要时，将燃烧物踢散或拨开，使水流入其内部。

f.使用二氧化碳灭火器时，要注意防止对操作者产生冻伤危害，不得直接用手握灭火器的金属部位。

（2）预防火灾的具体措施

客房内配置完整的防火设施设备，包括地毯、家具、床罩、墙面、窗帘、房门等，尽可能选择具有阻燃性能的材料；禁止客人携带易燃、易爆物品进入客房；不得在客房内自行安装电器设备，禁止使用电炉、电暖气等电器；提醒使用电熨斗的客人注意安全；及时清理楼道内的垃圾，保证疏散通道畅通无阻；定期检查房内电器是否处于正常使用范围，有否超负荷用电；熟悉各种消防设备和设施的存放地点；定期打扫楼梯间、转弯处等隐蔽区域，杜绝隐患的存在；房内床头柜上摆放"请勿吸烟"的标志，烟灰缸应摆放在梳妆台上；发现火情时，应马上报告消防中心。

3）火灾事故的处理

客房楼层发生火灾时，客房服务人员应充分表现出良好的专业服务能力和紧急应变能力，沉着冷静地按平时防火训练的规定要求迅速行动，确保宾客的人身、财产和酒店财产的安全，努力使损失减轻到最小限度。

（1）发现火情时的处理

立即使用最近的报警装置发出警报。及时发现火源，用电话通知总机，讲清着火地点和燃烧物质。使用附近合适的消防器材控制火势，并尽力将其扑灭。关闭所有电器开关，关闭通风、排风设备。如果火势已不能控制，则应立即离开火场。离开时应沿路关闭所有门窗，在安全区域内等候消防人员到场，并为他们提供必要的帮助。

（2）听到报警信号时的处理

客房服务人员首先要能辨别火警信号和疏散指令信号。如有的酒店规定一停一响的警铃声为火警信号，持续不断的警铃声为疏散信号。客房服务员听到火警信号后，应立即查看火警是否发生在本区域内。无特殊任务的客房服务员应照常工作，保持镇静、警觉，随时待命，同时做好宾客的安抚工作。

（3）听到疏散信号时的处理

疏散信号表明酒店某处已发生火灾，该信号只能由在火场的消防部门指挥员发出。在疏散时，首先应听明白紧急广播中火灾的确切地点，确定安全的疏散方向。酒店应根据指定的疏散引导人员的位置，在所有的紧急出口、逃生通道、逃生路线的适当地点安排员工站立引导客人到达安全地点，避免客人仓皇中不知方向而造成混乱。

在疏散过程中，应提醒客人走最近的通道，千万不能使用电梯。一般应将事先准备好的"请勿乘电梯"的牌子放在电梯前；应督导客房员工检查每一间客房内是否有客人，并帮助客人通过紧急出口离开，要特别注意帮助老弱病残、行动不便的客人离房，各楼梯口、路口都要有人把守，以便为宾客引路。待人员撤离至指定的地点后，客房部员工应与前厅服务人员一起查点宾客，还要根据出勤记录核对员工是否安全撤离。如有下落不明或还未撤离人员，应立即通知消防队员。

4）火灾逃生要领

客房服务人员应了解火灾发生时的逃生要领，以便在火灾中及时给予宾客适当的指导和帮助，尽量减少火灾中的人员伤亡。

（1）离开客房时，应关好房门、带好钥匙，如有可能，用橡皮筋将钥匙环绕在手腕处以备疏散路线中断时退回到客房自救，并等待外面救援。

（2）离开客房时，随身携带一条湿毛巾，经过烟雾区时用湿毛巾捂住口鼻；经过浓烟区时，需弯腰或爬行前进。

（3）要搞清楚前进方向，向与风向相反的远离着火点的方向疏散。

（4）不得已滞留在房内时，应用湿毛巾或床单将门缝塞上，防止烟雾进入；在浴缸内放满水，将所有易燃物品用水浸湿，可把洗发液和沐浴液等溶解在水里以增强灭火功能。此时若房门或门把手发烫，千万别开门。要不断往门和其他易燃物品上浇水，以降低温度。除非房内充满浓烟，必须开窗换气，否则不可开窗，以防火从窗口窜入。

9.2.2 客房财物安全

偷盗现象在酒店里时有发生，尤其在管理不善的酒店更是如此。偷盗的发生或多或少地影响客人在酒店内的正常活动，直接或间接地影响酒店的声誉。客房部应采取有效措施，预防偷盗事件的发生。

1）客房失窃的类型

客房失窃可分为酒店财物失窃和宾客财物失窃两种类型。

（1）酒店财物失窃

酒店财物失窃的物品通常有床单、毛巾、毛毯以及其他客房用品。这些物品

学习微平台

延伸阅读9-2

的金额虽然比较小，但还是要引起客房部员工的重视。

（2）宾客财物失窃

为避免客人丢失贵重物品，服务员应提醒宾客做好贵重物品的登记工作。

2）客房失窃的原因

客房失窃事件在各个酒店时有发生，不光客人会受到财物的损失，酒店本身也会受到一定影响。客房失窃的原因主要有如下三种：

（1）员工内盗

员工内盗是指酒店内部员工的偷盗行为。心理学的研究认为，人有从众行为，容易效仿，当一名员工被发现有偷盗行为而没有被及时阻止的话，其他员工可能会效仿。

（2）宾客盗窃

宾客盗窃是指住店宾客中的不良分子有目的的或者顺手牵羊的偷盗行为。

同步案例9-1

客房盗窃

背景与情境：一服务员早上8时多正在做房，有两个男子嘱其给1303房加两条浴巾，这两人并未进房，而是说完话后即告知服务员，他们要去餐厅用早餐了，与服务员擦肩而过。服务员则遵照其指示，到1303房为其增配两条浴巾，并顺手将床上凌乱的东西清理了一下。此时这两位男子又忽然返回，看见服务员正在清理，忙对服务员说："不用清理了，不麻烦你了，我们自己清理就行了。"这时，服务员看他们已在收拾他们的物品了，就暂时退出。这两个男子3分钟后从房间走出，刚离去一会儿，又来了两名男子，自己持IC卡进入房间后，即发现房间被盗，损失了较多财物。原来前两个是盗窃分子，后两位才是真正的客人。

问题：为什么盗窃分子能得手？应如何避免此类事件的发生？

分析提示：这是盗窃分子利用服务员心理上的不设防，使服务员在心理上形成先入为主的印象，以为对方是客人，因而给了其可乘之机。要避免此类事件的发生，必须强化员工的安全意识，加强培训，按照严格的规定层层把关，让客人出示房卡（证件），并经过核对、确认，才开门放行。

（3）外来人员盗窃

外来人员盗窃是指社会上一些不法分子进入酒店而引发的偷盗行为。

3）盗窃事故的预防

为有效防止失窃事件的发生，应针对不同的失窃原因采取相应的预防措施。

（1）防止员工偷盗行为

客房部员工平时接触酒店和宾客的财物，因此，客房部应从实际出发制定以下有效防范员工偷盗的措施：聘用员工时，严格进行人事审查；制定有效的员工识别方法，如通过工作牌制度识别员工；客房服务员、工程部维修工、餐饮部送餐服务员出入客房时应登记其出入时间、事由、房号及姓名；制定钥匙使用制度，客房服务员领用工作钥匙必须登记签名，使用完毕后将其交回办公室；建立部门资产管理制度，定期进行有形资产清算和员工存物柜检查，并将结果公之于众；积极开展反偷盗知识培训和对偷盗者的教育培训。

（2）防止客人偷盗行为

客房部应制定科学、具体的"宾客须知"，明确告诉宾客应尽的义务和注意事项。也可以采取以下措施：在酒店用品上印上酒店的标志或特殊标志，使客人打消偷盗的念头；做好日常的检查工作，严格管理制度，杜绝不良客人的企图。

（3）防止外来人员偷盗行为

酒店周围可能会有一些不法分子在盯着客人伺机而动，因此需加强楼层进出口控制及其他场所的不定时巡查；加强安全措施，对于摆放在公共场所的有价值的物品（如景泰蓝花瓶），要注意保护；注意来往人员携带的物品，对可疑人员尤其要高度重视。

4）客人失窃的一般处理

报案，是指酒店客人的财物被盗以后，客人直接通知公安部门。**报失**，是指客人未向公安部门报案，而是向酒店反映丢失情况。报案由当地公安部门处理；报失则由酒店处理。

客人反映客房失窃时，如果是一般失窃（价值不大），应详细了解丢失的物品的原放位置，何时发现丢失。个别客人因事务繁忙，有时用过的东西一时想不起来放在哪里就以为被盗了。因此，先请客人仔细回忆一下是否用过后存放在别处，或者不小心掉在什么地方，特别是细小的东西。如果确定找不到要及时通知保安部。如果是重大的失窃事件，应立即保护现场，报告公安部门。必要时，要将客人的外出、该房间的来访等情况提供给有关部门，协助调查处理。

同步案例9-2

一起"入室偷窃案"

背景与情境：一天，某酒店客房部田主管例行查房。当他巡查至1021房门口时，听见房间里有响声，而房门却虚掩未锁。细心的田主管随即查看了一名服务员的客房清扫日报表，表上显示该房间是空房。为何门未锁，而里边又有响声呢？田主管便轻轻地推开门，循声四下察看，听到卫生间有响动，便推开门，发现门后靠墙藏着一名男子。田主管立即返身将门锁上，然后拨通保卫处电话。保卫处人员马上赶到1021房间，将这名男子带走。后经审查，此人系外地的流窜作案分子。他供认，到了10楼走出电梯后，见一房门虚掩未锁，便大着胆子推门而入。见房内无人，便偷窃了房间小酒吧的酒水和毛巾。那么客房门为什么虚掩而未锁呢？经查，在清扫完毕这间客房后，客房清扫员为补齐房内各种客用品，便去库房取用品而未将房门锁上。她认为这是间空房，又觉得每次用钥匙开门麻烦，于是便发生了上述这起"入室偷窃案"。

问题：造成上述这起"入室偷窃案"的主要原因是什么？酒店应如何避免？

分析提示：作为客房服务员，在清扫客房时，无论是什么房态，都应将门打开，而不应将门关上，清扫完毕应及时将门锁好。即便是补充客房用品，也要做到随出随锁，并准确记录进出客房的时间和工作内容。另外，酒店对客房钥匙的使用也要有明确规定及制度。本案例中的客房服务员无视规章制度，严重违反了操作规程要求，为偷窃分子提供了作案机会，后果十分严重。

9.2.3　其他安全事故管理

1）自然灾害的预防及处理

自然灾害，是指不可预料和无法抗拒的灾害，包括水灾、台风、地震、暴风雪等。酒店应针对所在地区的地理、水文、气候等特点，制订出本店预防和应对可能发生的自然灾害的安全计划。计划的内容应包括：

（1）客房部及各工作岗位在发生自然灾害时的职责与具体任务。

（2）配备应对自然灾害的设备与器材，并定期检查，以使其处于完好状态。

（3）制定发生自然灾害时的紧急疏散措施。

学习微平台

延伸阅读 9-5

学习微平台

延伸阅读 9-6

教学互动 9-1

主题： 意外情况的预防及处理

背景资料： 12 月 22 日下午 5 时左右，客房部小李正如往常一样给所在楼层的房间开夜床，这时突然停电了，不一会儿楼道里便传来了客人们的一阵嘈杂声。

互动问题： 如果你是小李，你会怎么做？应该如何安抚客人？

要求： 同"教学互动 1-1"的"要求"。

2）宾客意外受伤的处理

住客在客房内遭受的伤害大多数与客房内的设备用品有关：一是设备用品本身有故障；二是住客使用不当。应保证客房内设备用品的使用安全，包括：

（1）客房内电器应无漏电危险。

（2）家具稳固，无木刺，无尖钉。

（3）卫生间的地面、浴缸内应有防滑措施。

（4）杯具不能有破裂缺口并即时消毒。

（5）热水龙头和冷水龙头要有标记，如果卫生间内的自来水未达到直接饮用的标准，应在水龙头上标有"非饮用水"的标记。

（6）在客房的醒目处还应展示有关安全问题的专门告示和须知，告诉宾客如何使用客房内的设备与装置，包括专用的安全装置、出现紧急情况时所用的联络电话号码及应采取的行动。

当发生宾客受伤、生病等紧急情况时，必须向管理人员报告，同时应及时采取救护措施：

（1）开房门发现宾客倒在地上时，应注意以下情形：宾客是否在浴室倒地；是否因病（贫血或其他疾病）倒地；是否在室内倒地时碰到家具；倒地附近是否有大量的血迹；判明是否因病不能动弹；是否已死亡。

（2）在发生事故后，应立即安慰宾客，稳定伤（患）者的情绪，注意观察病情变化，在医生到来之后告知病情。

（3）服务人员在医护人员来到之前，也可以进行临时性应急处置。如果伤处出血，应用止血带进行止血，如果不能缠绕止血带，应用手按住出血口，待医生到达后即遵医嘱。

（4）如果是轻度烫伤，先用大量干净水进行冲洗；对于重度烫伤，不得用手触摸伤处或弄破水泡，应听从医生的处理。

（5）如果是四肢骨折，应先止血后用夹板托住；如果是肋骨骨折，应在原地放置不动，等医生到来处置。

（6）如果是头部受了伤，在可能的情况下要小心进行止血，并等待医护人员处置或送往医院。

（7）如果杂物飞进眼睛，应立即用清水冲洗眼睛或上眼药。

3）客人食物中毒的处理

食物中毒多是因为食品、饮料不洁所致，其中毒症状多为急性肠胃炎，如恶心、呕吐、腹痛、腹泻等。为了保障所有来店宾客人身安全，必须采取以下措施：

（1）采购人员把好采购关，收货人员把好验货关，仓库人员把好仓储关，厨师把好制作关。

（2）客房服务人员发现客人食物中毒时应马上报告总机讲明自己的身份、所在地点，食物中毒人员国籍、人数、中毒程度及症状等。

（3）做好记录，并通知医务室和食品检验室、总经理、副总经理、保安部、餐饮部、公关部、行李房、车队到达食物中毒现场。

4）宾客死亡处理

宾客死亡是指宾客在酒店内因病死亡、自杀、他杀或原因不明的死亡。在处理时应注意以下事项：

（1）发现者不得大声喧哗、惊慌失措。应立即报告客房部管理人员和酒店安全部门，由其向公安机关报案。保护好现场，严禁无关人员接近，等待公安人员处理。

（2）对宾客死亡情况，除向公安机关和上级管理部门报告外，在不明真相的情况下，不得向外（包括其他部门的员工）透露。

（3）如死者系外国人，应由管理人员通知其所属国驻华使馆或领事馆。

教学互动9-2

主题：宾客死亡处理

背景资料：上午11时许，清扫员小高见1517房门紧闭且挂着"请勿打扰"的牌子，便询问服务台值班员客人是否已出去了。服务台值班员告诉他说未见客人出房间。

下午 2 时许，小高见该房间仍挂着"请勿打扰"的牌子，便走到房间门口，仔细倾听，房间内依然没有响动。他便把此情况向领班作了汇报。领班先打电话进房，无人接听，就和小高一同来到 1517 房间。在多次敲门客人仍无应答后，即用工作钥匙开了门。他们见床上卧具凌乱不堪，客人半张着嘴、闭着眼睛一动不动地趴在地毯上，脸色很难看，可能已经死亡……

互动问题：客房领班和服务员应该怎么做？为什么？

要求：同"教学互动 1–1"的"要求"。

9.3　员工职业安全

客房部的员工职业安全管理也是客房安全管理的重要内容。客房部员工在日常工作中需要大量接触清洁设备、化学清洁剂等可能造成安全问题的设备用品，如有疏忽或使用不当则可能会对员工安全带来一定的威胁，给酒店造成损失。因此，客房管理者必须对客房员工进行职业安全培训，培养员工的职业安全意识，在工作中注意劳动保护，严格遵守有关规程。

9.3.1　事故发生的原因分析

一般来说，影响员工安全的因素主要包括三个方面：

（1）由于设备问题或操作不当造成伤害。

（2）由于劳动保护措施不到位引起各种职业疾病。

（3）人为造成的伤害，如个别无理取闹的客人对员工造成的伤害等。

业务链接 9–2

女服务员的自我保护

在星级酒店的顾客中，客观存在着一些低素质的消费群体。其主要特征是缺乏教养与礼貌，自大又死要面子，更有甚者对女服务员进行骚扰，从言语到行为，给酒店的服务与管理带来了极大的麻烦。面对低素质的客人，酒店应该采取什么样的服务与管理策略呢？当低素质的客人出现类似言行时，酒店敢不敢向他们说"不"呢？酒店服务人员尤其是女服务员应该如何自我保护呢？

第一，酒店应规定半夜时分客人如有服务要求，女服务员以不进入客房为原则，特殊情况应两人同行或通知保安、维修人员配合，以防止侵害与骚扰事件的发生。

第二，如果服务员单独进入房间，应让房门一直敞开，如果是清洁整理房间，应将房务工作车停在打开的客房门口，成为醒目的标志，同时也给那些有不良企图的客人以暗示，使其打消恶念。

第三，服务员在房间为客人服务时应站立服务，与客人保持距离，不要坐房间的椅子或床铺以免引起客人的误解。

第四，如果遇到侵犯骚扰事件发生，服务员一定要沉着、冷静、机智，要勇于同不轨行为做斗争，并利用一切有利条件保护自己。

9.3.2 员工职业安全管理

1）合理地安排人力

科学、合理地安排人力，培养员工的合作精神，可以有效地提高工作效率，减小劳动强度。例如，计划卫生时要求进行客房床下的彻底吸尘，长期一人操作很容易使腰部受伤，而两人配合进行则要方便、省力得多。管理者在安排这类工作时应充分考虑这方面因素。

2）改善工作条件

酒店工作条件的好坏不仅影响员工的工作热情和工作效率，也关系到员工的身心健康。所以，改善工作条件，既可以有效预防职业疾病，也可以提高员工的工作效率，防止安全事故的发生。管理者对工作条件的改善应从以下几个方面进行：

（1）改善劳动环境

如果一名员工长期在嘈杂、阴暗、潮湿、高温等环境下工作将会导致一些职业病的发生。目前许多酒店的洗衣房等场地的劳动环境应引起足够的重视。尤其在夏季，高温是影响员工健康的一个重要因素，管理者应设法改善，尽量提供一个有益于员工健康的工作环境。

（2）科学设计制服

员工制服是员工在岗期间必须穿着的服装，在设计时应充分考虑操作的方便和安全。如客房员工的制服不宜过长或有太多装饰，对一些需要搬运和弯腰操作的岗位，如清扫员，裤装比裙装更适合。

（3）配备劳保用品

当使用一些可能会对员工健康造成影响的用品时，必须配备相应的劳保用品，并督促员工正确使用。如使用清洁剂时要求员工必须戴上橡胶手套方可操作，以免化学剂腐蚀皮肤。另外，在所有操作规程制定中，管理者应切实考虑员工的劳动保护问题。对一些具有危险性的工作，应进行专业化的培训，并督导员工正确地进行操作。

3）建立健康档案

管理者应为员工建立健康档案，注意对员工进行定期健康检查，了解员工的健康状况。还应特别注意保护和保障女员工的健康。女员工由于生理特点，比男员工更容易疲劳和患病，所以为了保护女员工的健康，应视具体情况实施必要的特殊政策。

9.3.3 员工职业安全健康管理制度

员工职业安全健康管理制度是为了创造良好的公共卫生条件，预防疾病的发生，保障顾客和员工的身体健康。

1）员工的健康检查

（1）所有直接为顾客服务的工作人员，取得健康证明后，方可上岗。

（2）凡患有伤寒、细菌性痢疾、病毒性肝炎、活性肺结核、化脓性或渗出性皮肤病或其他有碍卫生健康疾病的工作人员，必须调离直接为顾客服务的工作岗位。员工如患有或发现患这类疾病，必须及时向分管经理报告。

2）健康档案的建立与保存

（1）所有直接为顾客服务的工作人员的个人健康证明材料，须按部门进行分类存放。

（2）按《员工健康状况一览表》，详细填写员工的健康状况，对患有卫生健康疾病或有伤患的员工，必须及时调离岗位并做好相关记录。

学习微平台

随堂测 9-2

━ 本章概要 ➡

□ 内容提要与结构

▲ 内容提要

● 客房安全，是指客人在客房范围内人身、财产、正当权益不受侵害，也不存在可能导致侵害的因素。

● 顾客安全管理包括客房消防安全、客房财务安全以及其他安全事故管理。其中火灾是酒店最大的致命灾害，其发生率虽然很低，但后果极其严重，会给酒店带来经济和声誉上的双重损失。

● 员工职业安全管理也是客房安全管理的重要内容。客房员工在日常工作中需要大量接触清洁设备、化学清洁剂等可能造成安全问题的设备用品，如有疏忽或使用不当则可能会对员工安全产生一定的威胁，给酒店造成损失。加强员工职业安全管理要做到合理地安排人力、改善工作条件并建立健康档案。

▲ 内容结构

本章内容结构如图9-1所示。

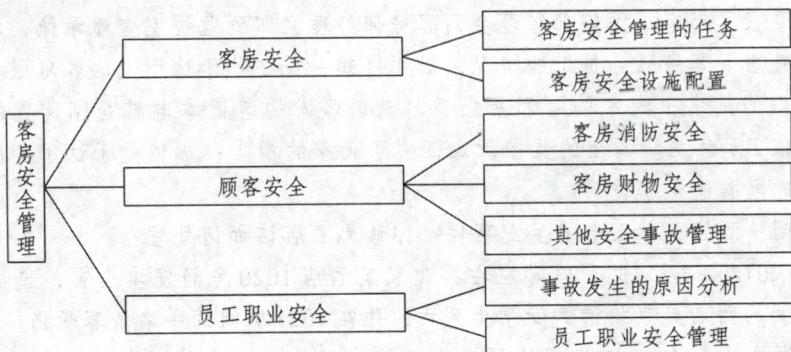

图9-1 本章内容结构

□ 主要概念和观念

▲ 主要概念

客房安全 火灾 报案 报失 自然灾害

▲ 主要观念

客房安全的管理要求 突发事故的处理方法

□ 重点实务与操作

▲ 重点实务

警报器的识别和使用　灭火器材的识别和使用　火灾事故的处理

▲ 重点操作

客房安全管理

━ 基本训练 ━➤

□ 理论题

▲ 简答题

1）火灾发生的原因有哪些？

2）客房失窃的类型有哪些？

3）客房失窃的原因有哪些？

▲ 讨论题

1）你认为客房安全是宾客下榻酒店的一个最基本的需求吗？

2）如何理解客房安全设施配置？

学习微平台

随堂测 9-3

□ 实务题

▲ 规则复习

1）简述客房安全管理工作的任务。

2）简述发现火情时的处理程序。

3）简述报警器的使用方法。

▲ 业务解析

1）11 月的一天，酒店承接了"涨涨涨"股票研讨会，第三天中午接到一位参会客人的投诉：她放在客房内的笔记本电脑不见了！听到这个消息，酒店管理人员都紧张了起来，保安部经理会同客房部经理立即到监控室查看录像，与此同时，排查当天客房服务员工的情况，很快得知一位还处于试用期的客房服务员工临时请假的消息，大家的心都紧张了起来。客人的笔记本电脑是刚购置的最新款，价值 2 万余元。调出的监控录像证实了大家的担心：那位处于试用期的员工将客人的电脑偷走了！

请问：酒店为什么会发生此事件？你认为酒店该如何处理？

2）2012 年 7 月 13 日 23 时左右，北京某酒店 1020 房间发生火灾，造成住在 1022 房间的两名赴京旅游的女学生死亡，住在 1021 房间的一名游客受伤。

据调查，住在 1020 房间的男学生邓某（12 岁）和李某（14 岁）承认，7 月 13 日 22：40 左右，在 1020 房间内划火柴玩，然后离开房间。经专家调查鉴定，这起火灾的起火原因是人为明火所致。由此，警方认定火灾由邓某、李某玩火造成。此火灾事故发生后，一些宾馆酒店吸取教训，要求客房不为客人提供火柴，未成年人入住必须有监护人陪同并负责其安全等。

请问：你认为这样的做法能解决问题吗？谈谈你的看法。

□ 案例题

▲ 案例分析

【训练项目】

案例分析-Ⅸ。

【训练目的】

见本章"学习目标"中的"案例目标"。

【教学方法】

采用"案例教学法"。

【训练任务】

1）体验本章理论与实务知识在案例分析中的运用。

2）体验对"附录三"附表3"解决问题"能力"初级"的"基本要求"和各技能点"参照规范与标准"的遵循。

3）体验对"相关案例"多元表征中的"结构不良知识"的高级学习过程。

4）撰写、讨论和交流《案例分析报告》。

【相关案例】

客人在客房内滑倒要求赔偿

背景与情境：一位舞蹈演员K女士在某市演出结束后，准备明日返程。当她到某酒店办好住宿手续，被领进客房时，发现房间并未打扫好，于是把行李放下，去商场购买纪念品，直到晚上才回来。她看到床上的被单和浴室里的浴巾已换上了干净的，但地板、废纸篓、烟灰缸还没有清扫整理干净，她本想叫服务员来清扫，但感到时间已不早，人也疲倦了，于是就熄灯入睡了。第二天清晨，她在睡梦中感觉有人在房间内拖地板，但马上又翻身入睡。不知过了多长时间，忽然听见有人敲门，她匆忙披衣起来，急着去开门。由于地板擦好的蜡尚未干，她没有立稳，一下子滑倒在地，顿时感到脚后跟很疼痛。经过服务员向经理室汇报后，客房部经理来到客房向K女士口头作了慰问和道歉，并同意请一位医生来为她检查治疗。K女士感到不满意，进一步提出申诉索赔，她说："如果医生检查后发现伤势严重，无法走动，一切住院医疗费用应由你店负责。此外，我原本在后天有场演出，如果因受伤而不能演出的话，一切经济损失也要由你店负责赔偿！"客房部经理顿时手足无措，不知如何是好。总算是不幸中之大幸，医生检查后说幸亏没有引起骨折……

（资料来源 佚名. 20个酒店客房的经典处理案例［EB/OL］.［2022-05-26］. https：//www.sohu.com/a/551214097_121124432.经过改编）

问题：

1）本案例在客房服务中存在的问题是什么？

2）解决问题的方法和措施是什么？

【训练要求】

同第1章"基本训练"中本题型的"训练要求"。

▲ 课程思政

【训练项目】

课程思政-Ⅸ。

【训练目的】

见本章"学习目标"中的"案例目标"。

【教学方法】

采用"案例教学法"。

【训练任务】

1）体验本章理论与实务知识及通过互联网查询的相关规范和标准在"思政研判"中的运用。

2）体验对"附录三"附表3"解决问题"能力"初级"的"基本要求"和各技能点"参照规范与标准"的遵循。

3）体验对"相关案例"多元表征中的"结构不良知识"高级学习过程。

4）体验课程思政相关规范和标准在"思政研判"中的运用。

5）撰写、讨论和交流《思政研判报告》。

【相关案例】

酒店火灾

背景与情境： 某酒店由于房客卧床吸烟引发火灾，烧毁房间内装修、家具、电器、门窗及个人物品，直接经济损失达25 000余元。这起火灾虽然不大，但一些经验和教训却值得总结。

自动喷水灭火系统未能自动喷水灭火。着火楼层设在58米长的内走道里的14个喷头和设在电梯间敞开式前室的2个喷头，除1个未爆破外其余全部爆破，但当消防人员赶到时仍未喷水，待手动启动供水泵后才开始喷水控火。如果能够自动喷水，正对着火房间门口的喷头，最多加上邻近的2个喷头便能够控制住高温烟气的蔓延。

酒店工作人员缺乏消防常识和消防技能。服务员发现着火后，把走道里的消火栓接上水带水枪，打开阀门，发现消火栓没水，但他不知道按下消火栓箱里的启泵按钮启动消防水泵。当第一个发现火灾报警的保安人员提着一个灭火器乘电梯冲到着火楼层（12层）时，走道里的烟还很少，当他用脚踹开着火房间的门后，发现房间里的烟很大，进不去，就返回一楼消防控制室戴防护器具，但他没戴呼吸器却只戴了一个防毒面罩就又冲上了着火楼层，这时走道里的烟已经很大了，他不得不再次返回一楼戴呼吸器。如果他第一次冲到着火楼层后，按下消火栓启泵按钮用水枪射水驱烟灭火，或许就把火扑灭了；如果他第二次冲上着火楼层是戴着呼吸器上去的，也能够利用消火栓扑灭火，但他没能做到这一点，贻误了灭火时机。

排烟口设置位置不当。排烟口设在防烟楼梯间和消防电梯间合用前室内的墙壁上，影响了排烟效果。

（资料来源　佚名. 某酒店火灾案例［EB/OL］.［2021-03-13］. https://www.taodocs.com/p-476827744.html. 经过改编。）

问题：

1）火灾发生的主要原因是什么？

2）当火灾发生时，服务人员应该采取的措施是什么？需要注意什么？

3）试对上述问题作出你的思政研判。

【训练要求】

同第1章"基本训练"中本题型的"研判要求"。

▲ 自主学习

【训练项目】

自主学习–V。

【训练目的】

见本章"学习目标"中"创新型学习"的"自主学习"目标。

【教学方法】

采用"学导教学法"和"研究教学法"。

【训练要求】

（1）以班级小组为单位组建学生训练团队，各团队依照本教材"附录三"附表3"自主学习"（高级）的"基本要求"和各技能点的"参照规范与标准"，制订《团队自主学习计划》。

（2）各团队实施《团队自主学习计划》，自主学习本教材"附录一"附表1"自主学习"（高级）各技能点的"'知识准备'参照范围"所列知识。

（3）各团队以自主学习获得的"学习原理"、"学习策略"与"学习方法"知识为指导，通过校图书馆、院资料室和互联网，查阅和整理近两年以"客房安全管理"为主题的国内外学术文献资料。

（4）各团队以整理后的文献资料为基础，依照相关规范要求，讨论、撰写和交流《"客房安全管理"最新文献综述》。

（5）撰写作为"成果形式"的训练课业，总结自主学习和应用"学习原理"、"学习策略"与"学习方法"知识（高级），依照相关规范，准备、讨论、撰写和交流《"客房安全管理"最新文献综述》的体验过程。

【成果形式】

训练课业：《"自主学习–V"训练报告》

课业要求：

（1）内容包括：训练团队成员与分工；训练过程；训练总结（包括对各项操作的成功与不足的简要分析说明）；附件。

（2）将《团队自主学习计划》和《"客房安全管理"最新文献综述》作为《"自主学习–V"训练报告》的"附件"。

（3）《"客房安全管理"最新文献综述》应符合"文献综述"规范要求，做到事实清晰，论据充分，逻辑清晰。

（4）结构与体例参照本教材"课业范例"的"范例综–4"。

（5）在校园网的本课程平台上展示班级优秀训练课业，并将其纳入本课程的教学资源库。

一 单元考核 →

　　考核要求：同第1章"单元考核"的"考核要求"。

综合训练与考核

□ 理论题

▲ 简答题

1）个性服务的含义和内容是什么？

2）简述客房卫生逐级检查制度的内容。

3）客房成本控制的方法主要有哪几种？

▲ 讨论题

1）如何理解客房部与前厅部业务关系的密切性？

2）如何理解环境气氛在顾客购买过程中起着相当重要的作用，环境气氛是顾客在酒店购买的"核心产品"之一？

□ 实务题

▲ 规则复习

1）简述总台接待业务流程。

2）简述客房日常清洁整理的工作内容。

3）简述劳动力成本控制应注意哪些方面。

▲ 业务解析

李先生入住某酒店，那天早上8：00结账离店，原来的房间已有了新房客黄先生。10：00时他急匆匆回到酒店，找到楼层服务员小张，说自己有一份资料忘在房间里了。小张看他很着急，也没有多想，就用楼层万能钥匙为他开了门。李先生急忙进去找到了自己的资料。这时，新入住的黄先生正好外出归来，看到小张带着李先生在自己房间里找东西，很是恼火，就打电话投诉到总经理办公室。总经理办公室派小宋来解决客人的投诉。小宋到后没发表任何意见，耐心地倾听了黄先生的投诉，一直到黄先生没话讲了，才向黄先生道歉，并当着黄先生的面严肃地批评了小张，小张也向黄先生当面认了错，黄先生才满意。小宋和小张及李先生退出房间。

小张应该怎样做？小宋运用了什么样的投诉处理技巧？

□ 案例题

【训练项目】

案例分析–综。

【训练目的】

参见各章"学习目标"中的"案例目标"。

【教学方法】

采用"案例教学法"。

【训练任务】

1）体验本章理论与实务知识在案例分析中的运用。

2）体验对"附录三"附表3"解决问题"能力"高级"的"基本要求"和各技能点"参照规范与标准"的遵循。

3）体验对"相关案例"多元表征中的"结构不良知识"的高级学习过程。

4）撰写、讨论和交流《案例分析报告》。

【相关案例】

日本客人的尴尬

背景与情境： 多年前，一对日本夫妇在某新开张的饭店大堂，要求入住双人客房。总台接待小姐请这对日本客人出示结婚证件。日本客人解释说，日本人结婚没有结婚证，但在所持的护照上是有注明的，而且从姓氏上也可以得到反映（日本妇女出嫁后一般都随夫姓）。但接待小姐既不懂日语，又对眼前这位日本男客的真实身份有所怀疑。因为这位男客能说一口相当不错的汉语，又足蹬一双"火炬牌"运动鞋。其实，这位男性客人正在中国攻读汉语硕士学位，这次在日本的妻子趁着丈夫暑假，专程来华探亲并观光旅游。面对如此窘况，接待小姐言之凿凿，举证前几日住店的法国客人都是持有结婚证的，想以此来证明所有外国人都有结婚证。最后僵持到不得不由经理出面，才算给日本客人解决了问题。第二天一早，这对日本客人便结账离店。

（资料来源 佚名. 前台接待常见案例分析［EB/OL］.［2012-03-31］. http://www.canyin168.com/glyy/qtgl/qtal/201203/40744_4.html）

问题：

1）本案例反映了什么问题？

2）这位接待小姐在工作中出了什么问题？为什么？

分析要求： 同第1章本题型的"分析要求"。

▲ 课程思政

【训练项目】

课程思政-综。

【训练目的】

参见各章"学习目标"中的"案例目标"。

【教学方法】

采用"案例教学法"。

【训练任务】

1）体验本章理论与实务知识及通过互联网查询的相关规范和标准在"思政研判"中的运用。

2）体验对"附录三"附表3"解决问题"能力"初级"的"基本要求"和各技能点"参照规范与标准"的遵循。

3）体验对"相关案例"多元表征中的"结构不良知识"高级学习过程。

4）体验课程思政相关规范和标准在"思政研判"中的运用。

5）撰写、讨论和交流《思政研判报告》。

【相关案例】

巧妙推销豪华套房

背景与情境：一天，某饭店前厅部预订员小李接到一位客人张先生打来的长途电话，想预订房价为600元的标准双人客房2间，住店时间为6天，3天以后入住。小李马上翻阅预订记录，回答客人说3天以后饭店要接待一个大型会议，标准间已全部预订完。小李讲到这里用商量的口吻继续说道："张先生，您是否可以推迟3天来店？"张先生回答说："时间我们已经安排好了，还是请你给想想办法。"小李想了想说："张先生，感谢您对我的信任，我很乐意为您效劳，我想，您可否先住3天我们饭店的豪华套房，套房是外景房，在房间内可眺望名胜古迹的优美景色。房间内有中国传统雕刻的红木家具和古玩瓷器摆饰。套房每天收费也不过1 200元，我想您和您的朋友住了一定会满意。"小李讲到这里，等待张先生回答，对方似乎犹豫不决，小李又说："张先生，我想您不会单纯计较房价的高低，而是在考虑豪华套房是否物有所值吧。请告诉我您和您的朋友乘哪次航班，我们将派车去机场接你们，到店后，我一定先陪您参观套房，到时您再作决定好吗？我们还可以免费为您提供早餐，我们的服务也是上乘的。"张先生听小李这样讲，觉得还不错，想了想欣然同意先预订3天豪华套房。

问题：

1）小李是如何成功推销豪华套房的？

2）小李是否表现出酒店服务人员应具有的良好综合素质？请作出你的研判并给出理由。

3）你从中得到哪些启示？

研判要求：同第1章本题型的"研判要求"。

□ 实训题

"前厅客房服务与管理综合运作"业务胜任力训练

【实训目的】

引导学生参加"前厅客房服务与管理综合运作"业务胜任力的实践训练。在了解和把握本实训所及"能力与道德领域"相关技能点的"规范与标准"的基础上，通过切实体验"前厅客房服务与管理综合实践"各实训任务的完成、系列技能操作的实施、《"××酒店前厅客房服务与管理综合运作"实训报告》的准备与撰写等有质量、有效率的活动，培养其"前厅客房服务与管理综合运作"的专业能力，强化其"自主学习"、"信息处理"、"与人交流"、"与人合作"、"解决问题"和"革新创新"等职业核心能力（中级），并通过"认同级"践行"职业观念"、"职业理想"、"职业态度"、"职业良心"、"职业作风"和"职业守则"等素养规范，促进其健全职业人格的塑造。

【实训内容】

专业能力训练：其领域、技能点、名称及参照规范与标准见表综-1。

表综-1　　　　专业能力训练领域、技能点、名称及参照规范与标准

领域	技能点	名称	参照规范与标准
前厅客房服务与管理综合运作	技能1	前厅客房预订与销售应用实践	（1）能够受理预订业务并处理超额预订 （2）能正确运用客房销售技能进行客房销售 （3）能正确运用客房房价管理的技能进行房价管理
	技能2	总台接待应用实践	（1）能较有效地做好总台接待准备工作 （2）能正确运用总台接待技能进行不同类型客人的总台接待 （3）能正确运用总台客房分配与销售技能进行客房分配与销售
	技能3	前厅系列服务应用实践	（1）能正确运用礼宾服务技能进行宾客迎送，散客、团体的行李服务以及委托代办服务 （2）能正确运用问询留言服务技能进行问询服务、留言服务、邮件处理服务
	技能4	客房清洁卫生应用实践	（1）能正确运用客房清洁整理的技能进行客房清理并做好客房卫生质量控制 （2）能正确运用公共区域清洁保养的技能进行公共区域清洁保养 （3）能正确运用清洁设备及清洁剂管理控制技能，使用清洁设备及清洁剂并进行有效的管理控制
	技能5	撰写《"××酒店前厅客房服务与管理综合运作"实训报告》技能	（1）能正确设计《"××酒店前厅客房服务与管理综合运作"实训报告》，结构合理，层次分明 （2）能依照商务应用文的规范撰写《"××酒店前厅客房服务与管理综合运作"实训报告》

职业核心能力和职业道德素养训练：其内容、种类、等级与选项见表综-2，各选项的操作"规范与标准"见本教材"附录三"附表3和"附录四"附表4。

表综-2　　职业核心能力与职业道德素养训练内容、种类、等级与选项表

内容	职业核心能力							职业道德						
种类	自主学习	信息处理	数字应用	与人交流	与人合作	解决问题	革新创新	职业观念	职业情感	职业理想	职业态度	职业良心	职业作风	职业守则
等级	中级	中级	中级	中级	中级	中级	中级	认同级	认同级	认同级	认同级	认同级	认同级	认同级
选项	√	√		√	√	√	√	√	√	√	√	√	√	√

【组织形式】

将班级学生分成若干实训小组，根据实训内容和项目需要进行角色划分。

【实训任务】

（1）对表综-1所列专业能力领域各技能点，依照其"参照规范与标准"实施应用相关知识的基本训练。

（2）对表综-2所列职业核心能力选项，依照本教材"附录三"附表3的"参照规范与标准"实施应用相关知识的"中级"强化训练。

（3）对表综-2所列职业道德素养选项，依照本教材"附录四"附表4的"参照规范与标准"实施"认同级"相关训练。

【实训要求】

（1）实训前学生要了解并熟记本实训的"目标"、"能力与道德领域"、"任务"与"要求"。

（2）通过"实训步骤"，将"实训任务"所列三种训练整合并落实到本实训的"活动过程"和"成果形式"中。

（3）实训后学生要对本次"前厅客房服务与管理综合运作"实训活动进行总结，在此基础上撰写实训报告。

【情境设计】

将学生分成若干实训组，运用前厅客房服务与管理综合知识，分别选择一家酒店的前厅客房服务与管理综合运作项目进行实训。各实训组通过对所选酒店前厅客房服务与管理综合运作情况进行调查、对其成功经验和存在的问题进行分析、对其后续运作提出改进方案或建议，完成本实训操练题的各项实训任务，并撰写《"××酒店前厅客房服务与管理综合运作"实训报告》。

【指导准备】

知识准备：

（1）该酒店的前厅客房服务与管理相关知识。

（2）前厅客房预订与客房销售的理论与实务知识。

（3）总台接待的理论与实务知识。

（4）前厅系列服务的理论与实务知识。

（5）客房清洁卫生的理论与实务知识。

（6）客房设备用品管理、客房安全管理的理论与实务知识。

（7）本教材"附录一"附表1中"职业核心能力"选项的"'知识准备'参照范围"中所列知识。

（8）本教材"附录三"附表3和"附录四"附表4中，涉及本章"职业核心能力领域"各技能点和"职业道德领域"各素养点，需要对学生事先培训的"参照规范与标准"知识。

操作指导：

（1）教师向学生阐明"实训目的"、"能力与道德领域"和"知识准备"。

（2）教师就"知识准备"中的第（7）、（8）项，对学生进行培训。

（3）教师指导学生就操练项目进行调研、资料收集与整理。

（4）教师指导学生撰写《"××酒店前厅客房服务与管理综合运作"实训计划》。

（5）教师指导学生实施《"××酒店前厅客房服务与管理综合运作"实训计划》，并就操练项目进行现场指导。

（6）教师指导学生撰写《"××酒店前厅客房服务与管理综合运作"实训报告》。

【实训时间】

课堂教学内容结束后安排两周时间和寒暑假期进行前厅客房服务与管理综合运作实训。

【实训步骤】

（1）将班级每8~10位同学分成一组，每组确定1人负责。

（2）分配各组实训任务，确定每个组实训的酒店。

（3）各实训组参与所选酒店（或本校专业实习基地）的前厅客房服务与管理综合运作实训。

（4）各组对实训操作的实际情况进行总结。

（5）各组在此基础上，总结实训酒店（或本校专业实习基地）前厅客房服务与管理综合运作的成功之处和不足之处，并提出改进建议。

（6）各实训组在实施上述训练的过程中，融入对"自主学习""信息处理""与人交流""与人合作""解决问题""革新创新"等职业核心能力各"技能点"的"中级"强化训练（突出其"知识准备参照范围"所列知识的学习和应用）和对"职业观念""职业理想""职业态度""职业良心""职业作风""职业守则"等职业道德各"素养点"的"认同级"相关训练。

（7）撰写作为最终成果形式的《"××酒店前厅客房服务与管理综合运作"实训报告》。

（8）在班级交流、讨论各组的《"××酒店前厅客房服务与管理综合运作"实训报告》。

（9）根据交流、讨论结果，各组修订其《"××酒店前厅客房服务与管理综合运作"实训报告》，并使之各具特色。

【成果形式】

实训课业：《"××酒店前厅客房服务与管理综合运作"实训报告》。

课业要求：

（1）本课业应以学生对所选酒店（或本校专业实习基地）的前厅客房服务与管理综合运作的全面总结为基本内容，并分析本次运作中的问题与不足，最后提出改进建议，并包括"关于'能力与道德领域'其他训练的补充说明"等内涵。

（2）报告格式与体例参照本教材"课业范例"的"范例综-3"。

（3）各组的《"××酒店前厅客房服务与管理综合运作"实训报告》初稿必须先经小组讨论，然后才能提交班级交流、讨论。

（4）经过班级交流、讨论的《"××酒店前厅客房服务与管理综合运作"实训报告》由各小组进一步修改与完善。

（5）《"××酒店前厅客房服务与管理综合运作"实训报告》定稿后，在其标题下注明"项目组长姓名"和"项目组成员姓名"。

（6）将附有"教师点评"的优秀实训报告在班级展出，并纳入本校该课程的教学资源库。

综合考核

考核要求：同第1章"单元考核"的"考核要求"。

课业范例

一 范例-1 →

【训练项目】

案例分析-范。

【训练目的】

参见各章"学习目标"中的"案例目标"。

【教学方法】

采用"案例教学法"。

【训练任务】

1) 体验本书理论与实务知识在案例分析中的运用。

2) 体验对"附录三"附表3"解决问题"能力"高级"的"基本要求"和各技能点"参照规范与标准"的遵循。

3) 体验对"相关案例"多元表征中的"结构不良知识"的高级学习过程。

4) 撰写、讨论和交流《案例分析报告》。

【相关案例】

"It will do"与"It won't do"的错位

背景与情境：一天，一位外国客人到我国某饭店总台登记住宿，顺便用英语询问接待服务员小杨："贵店的房费是否包括早餐（指欧式计价方式)？"小杨英语水平一般，没有听明白客人的意思便随口回答了"It will do"（行得通）。次日早晨，客人去西式餐厅用自助餐，出于细心，又向服务员小贾提出了同样的问题。不料小贾的英语水平亦欠佳，只得穷于应付，慌忙中又回答了"It will do"（行得通）。

几天以后，外国客人离店前到账台结账。服务员把账单递给客人，客人一看吃了一惊，账单上他的每顿早餐都一笔不落地计算在内！客人越想越糊涂：明明总台和餐厅服务员两次答"It will do"，怎么结果变成了"It won't do"（行不通）了呢？他百思不得其解。经再三确认，总台才告诉他："我们早餐费历来不包括在房费内。"客人将初来时两次获得"It will do"答复的原委告诉总台服务员，希望早餐费能得到兑现，但遭到拒绝。客人无奈只得付了早餐费，然后怒气冲冲地向饭店投诉。

最后，饭店重申了总台的意见，加上早餐收款已入了电脑账户，不便更改，仍没有同意退款。

（资料来源 作者根据相关资料整理）

问题：

1）本案例反映了什么问题？

2）总台和饭店对客人申诉和投诉的处理是否得当？为什么？

3）假如此项业务由你来处理，你将如何改进？

【训练要求】同第1章基本训练中本题型的"训练要求"。

"'It will do'与'It won't do'的错位"案例分析提纲

1）案例综述

本案例反映了我国某饭店两位服务员外语水平过不了关，直接影响了饭店的服务质量。

2）问题分析

本案例中总台和饭店对客人申诉和投诉的处理是不妥当的。以错为对，满足客人的要求，这才是正确做法。

3）总结与结论

饭店应尽快制订外语培训计划，对各部门服务人员及管理人员进行强化培训，务必过关。

"'It will do'与'It won't do'的错位"案例分析报告

（组长：苗世伟　　组员：李香香、牛晓雨）

1）案例综述

本案例反映了我国某饭店两位服务员外语水平不过关，将"It won't do"答成"It will do"，给客人造成意外的困惑和麻烦，直接影响了饭店的服务质量，实际上这在我国整个饭店业中有一定的代表性和普遍意义，值得深入反思。

2）问题分析

本案例中总台和饭店对客人申诉和投诉的处理是不妥当的。诚然，该饭店确实是"早餐费历来不包括在房费内"的，但是，既然饭店总台、餐厅的服务员已两次答复客人房费包括早餐费为"It will do"，就是代表饭店对客人作了承诺。以错为对，满足客人的要求，这才是弥补服务员工"It will do"与"It won't do"错位的正确做法，何况为了这区区几顿早餐费，带来饭店信誉的损害和回头客的流失，也是完全得不偿失的。

3）总结与结论

随着我国旅游业的迅速发展，我国涉外旅游饭店的涉外成分日益增加，越来越多的外国客人入住我国涉外旅游饭店。更好地掌握外语（主要是英语）这个中外交往的基本交际工具，已成为我国涉外旅游饭店服务员工日益迫切的任务。

为了适应我国涉外旅游业这一变化形势，各地饭店要有一种紧迫感，尽快制订既有超前意识又切实可行的外语培训计划，对各部门特别是前台服务及管理人员进行强化培训，务必过关；否则，语言不通，软件不硬，将会极大地拖我国涉外旅游业的后腿。

━范例-2 ━➤

【训练项目】

课程思政-范。

【训练目的】

参见各章"学习目标"中的"案例目标"。

【教学方法】

采用"案例教学法"。

【训练任务】

1）体验本章理论与实务知识及通过互联网查询的相关规范和标准在"思政研判"中的运用。

2）体验对"附录三"附表3"解决问题"能力"初级"的"基本要求"和各技能点"参照规范与标准"的遵循。

3）体验对"相关案例"多元表征中的"结构不良知识"高级学习过程。

4）体验课程思政相关规范和标准在"思政研判"中的运用。

5）撰写、讨论和交流《思政研判报告》。

【相关案例】

不能入住的客人

背景与情境：晚上10：00左右，一位客人来到某酒店总台，声称是酒店老总的朋友并有预订，要求入住，总台接待员查询之后发现并无此客人的预订，于是告诉客人："先生，对不起，未查到我们酒店老总给您预订房间的记录，您需要和老总联系之后才能办理入住。"客人见状强调是酒店的常客，要享受折扣价。但总台接待员却查到此客人以往入住的房价为200元，于是告知客人不能确定其折扣等级，劝其与老总联系。"现在已经太晚了，你先让我住下，明天我再和你们老总联系。"客人提议说。"对不起，我们酒店规定入住之后的房价无法更改，现在我确定不了您的房价，实在不能让您入住，要不您还是联系一下吧。"接待员回答客人说。事情的结果可想而知，最后客人非常生气，并进行了投诉。

（资料来源　佚名. 前厅服务心理［EB/OL］.［2019-08-22］. https://wenku.baidu.com/view/d6a93814a216147917112898.html.经过改编）

问题：

1）本案例中存在哪些思政问题？

2）试对上述问题作出你的思政研判。

3）通过网上或图书馆调研等途径收集你作思政研判所依据的行业规范。

【训练要求】

同第1章基本训练中本题型的【训练要求】。

"不能入住的客人"思政提纲

本案例的思政包括三个部分：第一，分析客人不能入住的原因，以及总台接待员可以采用的处理方法；第二，依据行业规范，判断总台接待员在接待过程中存在的思政问题，以及发生这种问题的原因；第三，针对出现的问题，总结总台接待员和酒店应该加强和改进的方面。

"不能入住的客人"思政报告

（队长：肖文　队员：邢菲　权艳丽　辛建梅）

1）案例综述

把满足客人需要作为客房销售的第一要务，以提供优质的产品、热情周到的服务以及切实站在客人角度为客人解决问题为工作重点而赢得市场，这既是一名总台接待员必须遵守的职业操守和道德素养，也是总客房销售成功的基石。而本案例中前台接待员没有做到这一点。

2）问题分析

（1）本案例中存在的思政问题包括：

本案例中客人可能没有预订而谎称自己有预订，总台接待员可以先让客人按照客史价入住，收取部分押金，次日请示领导。

总台接待员的行为，第一，违背了客房销售的根本目的——根据客人的实际需求，为客人推荐客房，使其尽快入住；第二，违背了思政的基本要求——对于客人假借老总朋友要求享受折扣，经查询发现客人说谎时，直接当面揭穿；第三，未从客人的实际消费能力考虑，在对客销售过程中没有注意语言的艺术性。

（2）总台接待员的行为，究其根本是虽然遵守工作程序，坚持酒店的原则，维护酒店的利益，但是无法同时满足客人的需要，处理问题时不能灵活应变，生搬硬套、墨守成规；怠慢客人，让客人产生一种不受尊重的感觉。

（3）研判依据有二：其一，不能理解客人真正的需求，不能灵活、独立应对遇到的各种状况，有违"职业观念"的基本规范；其二，不尊重客人是"职业态度"的基本问题。

（4）从以上研判来看：总台接待员拒绝客人入住，导致客房销售失败和客人生气投诉，总台接待员的"职业观念"和"职业态度"的某些素养连"顺从级"都未达到。

3）研判总结

（1）"职业观念"和"职业态度"是每一位总台接待员应该遵守的行为规范和准则，是总台接待员的基本职业操守和立身之本。

（2）总台接待员的道德素养因素在客房销售过程中发挥着重要作用，需要熟悉并努力地践行。

（3）本思政研判对我们有很好的教育启示意义。总台接待员道德的提升不仅提高了其自身素养，也是酒店培养其职业心态的最基本内容。

范例-3

【训练项目】

实训操练-范："客房部基础运作"业务胜任力训练。

【训练目的】

引导学生参加"客房部基础运作"业务胜任力的实践训练。在其了解和把握本实训所及"能力与道德领域"相关技能点的"规范与标准"的基础上，通过切实体验"客房部基础运作"各实训任务的完成、系列技能操作的实施、《"××酒店客房部基础运作"实训报告》的准备与撰写等有质量、有效率的活动，培养其"客房部基础运作"的专业能力，强化其"自主学习"、"信息处理"、"与人交流"、"与人合作"、"解决问题"和"革新创新"等职业核心能力（中级），并通过"认同级"践行"职业观念"、"职业理想"、"职业态度"、"职业良心"、"职业作风"和"职业守则"等素养规范，促进其健全职业人格的塑造。

【训练内容】

专业能力训练：其领域、技能点、名称及参照规范与标准见表范3-1。

表范3-1　　　　专业能力训练领域、技能点、名称及参照规范与标准

领域	技能点	名称	参照规范与标准
客房部基础运作	技能1	完成客房部工作任务	（1）能够把握客房部的工作任务 （2）能够有针对性地采取相应方式做好客房部工作
	技能2	履行客房部的主要岗位及其职责	（1）能把握客房部的主要岗位及其职责 （2）能较好地履行岗位职责
	技能3	处理客房部与其他部门的业务关系	（1）能把握客房部与其他部门的业务关系 （2）能有效地与其他部门协调沟通 （3）能提出可供选择的处理客房部与其他部门业务关系的建议
	技能4	撰写《"××酒店客房部基础运作"实训报告》	（1）能合理设计《"××酒店客房部基础运作"实训报告》的结构，层次较分明 （2）能依照商务应用文的规范撰写《"××酒店客房部基础运作"实训报告》 （3）遵照本教材网络教学资源包中《学生考核手册》考核表6-2所列各项"考核指标"和"考核标准"

职业核心能力和职业道德素养训练：其内容、种类、等级与选项见表范3-2，各选项的操作"参照规范与标准"见本教材"附录三"附表3和"附录四"附表4。

表范3-2　　职业核心能力与职业道德素养训练内容、种类、等级与选项表

内容	职业核心能力						职业道德						
种类	自主学习	信息处理	数字应用	与人交流	与人合作	解决问题	革新创新	职业观念	职业情感	职业理想	职业态度	职业良心	职业作风	职业守则
等级	中级	中级	中级	中级	中级	中级	中级	认同级	认同级	认同级	认同级	认同级	认同级	认同级
选项	√	√		√	√	√	√	√		√	√	√	√	√

【组织形式】

将班级学生分成若干实训小组，根据实训内容和项目需要进行角色划分。

【训练任务】

（1）对表范 3-1 所列专业能力领域各技能点，依照其"参照规范与标准"实施应用相关知识的基本训练。

（2）对表范 3-2 所列职业核心能力选项，依照本教材"附录三"附表 3 的"参照规范与标准"实施应用相关知识的"中级"强化训练。

（3）对表范 3-2 所列职业道德素养选项，依照本教材"附录四"附表 4 的"参照规范与标准"实施"认同级"相关训练。

【训练要求】

（1）训练前学生要了解并熟记本实训的"目标"、"能力与道德领域"、"任务"与"要求"。

（2）通过"训练步骤"，将"训练任务"所列三种训练整合并落实到本实训的"活动过程"和"成果形式"中。

（3）训练后，学生要对本次"客房部基础运作"的实训活动进行总结，在此基础上撰写实训报告。

【情境设计】

将学生分成若干实训团队，运用客房部基础运作知识，分别选择一家酒店的客房部进行基础运作实训。各实训团队对通过所选酒店客房部基础运作情况调查、对其成功经验和存在的问题分析、对其后续运作提出改进方案或建议，完成本实训操练题的各项训练任务，并撰写《"××酒店客房部基础运作"实训报告》。

【指导准备】

知识准备：

（1）客房部工作任务的理论与实务知识。

（2）客房部主要岗位及其职责的理论与实务知识。

（3）客房部与其他部门业务关系的理论与实务知识。

（4）本教材"附录一"的附表 1 中"职业核心能力"选项的"'知识准备'参照范围"中所列知识。

（5）本教材"附录三"附表 3 和"附录四"附表 4 中，涉及本章"职业核心能力领域"各技能点和"职业道德领域"各素养点，需要对学生事先培训的"参照规范与标准"知识。

操作指导：

（1）教师向学生阐明"训练目的"、"能力与道德领域"和"知识准备"。

（2）教师就"知识准备"中的第（4）、（5）项，对学生进行培训。

（3）教师指导学生就操练项目进行调研、资料收集与整理。

（4）教师指导学生撰写《"××酒店客房部基础运作"实训计划》。

（5）教师指导学生实施《"××酒店客房部基础运作"实训计划》，并就操练项目进行现场指导。

（6）教师指导学生撰写《"××酒店客房部基础运作"实训报告》。

【实训时间】

课堂教学内容结束后安排两周时间和寒暑假期进行客房部基础运作实训。

【实训步骤】

（1）将班级每8～10位同学分成一个团队，每个团队确定1人负责。

（2）分配各团队实训任务，确定每个组实训的酒店。

（3）各实训团队参与所选酒店（或本校专业实习基地）的客房部基础运作实训。

（4）各团队对实训操作的实际情况进行总结。

（5）各团队在此基础上，总结实训酒店（或本校专业实习基地）客房部基础运作的成功之处和不足之处，并提出改进建议。

（6）各实训团队在实施上述训练的过程中，融入对"自主学习""信息处理""与人交流""与人合作""解决问题""革新创新"等职业核心能力各"技能点"的"中级"强化训练（突出其"知识准备参照范围"所列知识的学习和应用），和对"职业观念""职业理想""职业态度""职业良心""职业作风""职业守则"等职业道德各"素养点"的"认同级"相关训练。

（7）撰写作为最终成果形式的《"××酒店客房部基础运作"实训报告》。

（8）在班级交流、讨论各实训组的《"××酒店客房部基础运作"实训报告》。

（9）根据交流、讨论结果，各实训团队修订其《"××酒店客房部基础运作"实训报告》，并使之各具特色。

【成果形式】

实训课业：《"××酒店客房部基础运作"实训报告》。

课业要求：

（1）本课业应以学生对所选酒店（或本校专业实习基地）的客房部基础运作的全面总结为基本内容，并分析本次运作中的问题与不足，最后提出改进建议，并包括"关于'能力与道德领域'其他训练的补充说明"等内涵。

（2）报告格式与体例参照本教材"课业范例"的"范例综-3"。

（3）各实训团队的《"××酒店客房部基础运作"实训报告》初稿必须先经小组讨论，然后才能提交班级交流、讨论。

（4）经过班级交流、讨论的《"××酒店客房部基础运作"实训报告》由各团队进一步修改与完善。

（5）《"××酒店客房部基础运作"实训报告》定稿后，在其标题下注明"项目队长姓名"和"项目团队成员姓名"。

（6）将附有"教师点评"的优秀实训报告在班级展出，并纳入本校该课程的教学资源库。

"××酒店客房部基础运作"实训报告

（项目团队队长：于利飞 项目团队成员：范金娜 赵娜 王园园 刘玉科）

本次实训地点为涉外四星级商务酒店，其主要业务包括客房、餐饮、娱乐等。项目组通过客房部基础运作的全程参与和体验，基本完成了同一课题的实训操练任务，并独立完成了如下实训报告。

1）××酒店概况

酒店住店的多为商务客人以及一些旅游散客，有国内客人也有国外客人。酒店共有12层，地下室为员工食堂和更衣室，1楼为酒店大堂和咖啡吧，2楼为鲁餐厅，3楼至12楼为客房。客房共有169间，其中标准单人房27间，标准双人房46间，商务单人房37间，商务双人房32间，商务套房19间，商务景观房7间，豪华套房1间。通常，出租率最高的是商务房，因为光线、通风较好。

2）本次实训的主要内容——房务中心文员

客房部的管理层分为经理、主管、领班。房务中心文员有3人，班次分为两种：早班和晚班。

早班，主要负责退房事宜，做好与前台、保安等部门的沟通工作以及当日下午的房态记录工作。首先，退房流程是：（1）客人致电前台提出退房要求；（2）前台致电房务中心，报出退房号；（3）用对讲机联系客房服务员进行查房；（4）根据服务员的上报，通知前台是否可以结账放客。其次，服务员在下班前上交当日做房报表，房务中心文员要做好统计工作，这关系到服务员每月工资的发放。房务中心文员下班前要将当日迷你吧的消费单和客衣清洗单进行统计、打印、整理，以备次日与财务部进行核对。白班有主管和经理在，如遇突发事件等可以有照应。

夜班，工作量较大，一个人要应对所有客人的需求。如凌晨三四点有客人办理入住；有一回夜里下着小雨，虽然入春，可天气还是凉飕飕的，整晚不停有客人致电说要加被子。除了这些内容外，还要制作五张报表：一份是当日入住统计表，一份是夜审过后入住房态表，一份是次日领班房态检查表，一份是次日服务员的排班表，一份是服务员每日做房报表。

3）××酒店客房部基础运作存在的问题

（1）员工操作过程中熟练度不够，服务技巧性欠缺。与其他星级酒店相比，存在经验上的差距，规范化服务还可以，但灵活性、个性化的服务相对缺乏，而星级酒店特别需要这种服务。

（2）部门间、岗位间的配合还不够默契，缺乏沟通。

（3）工程遗留及维修问题仍未得到彻底解决，造成部分客房产品不合格。

（4）基本物品配置未到位，造成客房产品不完善，房间种类显得单调。

（5）员工素质参差不齐，员工的年龄跨度很大。年龄和文化程度的差异，决定了酒店在效率上的差异，如客房服务员的英语水平普遍不高，在国外客人需要某些客房服务时，他们往往听不懂其要求而要前台或者房务中心同事帮助，将电话转来转去耽误了时间，还会造成客人的不满。

4）××酒店客房部基础运作的改善建议

（1）深化服务，完善设施，确保对客服务质量。

①深入认识服务的内涵，培养员工主动为客人着想的服务意识，养成"好客、善良、为他人着想"的行为习惯。

②在领导支持和工程部配合下进一步做好客房服务设备设施的维修保养工作，提高对客服务效率，提升整体的档次和竞争力。

（2）制订培训计划。

开展各岗位的标准化、程序化培训。对员工进行"怎样留住客人"的专题培训，对领班进行"如何做成功的领班"的专题培训，做好新员工的入职培训。收集日常服务过程中出现的典型案例做成培训案例对员工进行培训。每月对各岗位的案例进行总结、分析、讨论。部门内部做好交叉培训。请销售部等其他相关部门负责人进行业务知识的交叉培训。

（3）每月定期召开客房、前厅、财务等部门的协调会。

每月由部门负责人轮流主持，欢迎员工参加，不同部门员工之间提出问题，相关部门做好协调。协调会后，主持部门把协调内容以备忘录的形式下发至相关部门，日后作为制度执行。

①客房部管理人员就日常客房管理工作中出现的问题进行探讨，提高学习的积极性，钻研业务，培养过硬的操作技术和扎实的工作作风，进一步巩固和提高整体管理水平。

②做好管理人员之间、员工之间的交流和协调，互相交换意见，以寻求相互理解、相互支持、相互帮助，达到共同进步的目的。

5）关于"能力与道德领域"其他训练的补充说明

实训前，我们对列入"范例-3"指导准备中"知识准备"的那些专业知识进行了必要复习，参加了"知识准备"第（4）、（5）项的培训，接受了指导老师的全部"操作指导"。我们了解了本章涉及的"专业能力"各项技能、"职业核心能力"和"职业道德"素养选项的"参照规范与标准"，对实训过程中的目标和要求了然于胸并跃跃欲试。

在本实训中，我们在体验本章"专业能力"基本训练的同时，也体验到了"与人合作"、"解决问题"和"革新创新"等"职业核心能力"强化训练和"职业观念"、"职业理想"、"职业态度"和"职业守则"等"职业道德"的相关训练，收获很多。要提高我们的"学习迁移能力"和"可持续发展能力"，这些训练是必不可少的。我们相信，通过本课程和后读课程的学习和训练，在我们建构"职业胜任力"的过程中，我们的"与人合作"能力将不断提高，帮助我们顺利地开展工作，为以后职业生涯的发展打下良好基础，我们的"职业观念"、"职业理想"、"职业态度"和"职业守则"等素养也将不断由"他律"变为"自律"。

当通过训练，我们的"专业能力"和"职业核心能力"各技能点（特别是"问题思维"与"革新创新"）由陌生变为熟练，我们的"职业道德"各素养点由"认同级"转化为"内化级"时，我们将更加成功！

━范例-4 ➡

【训练项目】

自主学习-范。

【训练目的】

参加"自主学习-范"训练。制定和实施《长期学习目标》和《长期学习计划》，通过自主学习与应用其"知识准备"所列知识和"文献综述"相关规范，收集、整理与综合以"前厅客房销售"为主题的中外文献资料，撰写、讨论与交流《"前厅客房销售"研究最新文献综述》等活动，体验"自主学习"（高级）及其迁移。

【教学方法】

采用"学导教学法"和"研究教学法"。

【训练要求】

（1）以班级小组为单位组建学生训练团队，各团队依照本教材"附录三"附表3"自主学习"（高级）的"基本要求"和各技能点的"参照规范与标准"，确定《长期学习目标》，制订《长期学习计划》。

（2）各团队实施《长期学习目标》和《长期学习计划》，系统体验对本教材"附录一"附表1能力"领域"中"自主学习"（高级）各技能点"'知识准备'参照范围"所列知识和"文献综述"撰写规范的自主学习。

（3）各团队通过院资料室、校图书馆和互联网查阅和整理近年以"前厅客房销售"为主题的国内外学术文献资料，系统体验对本教材"附录一"附表1能力"领域"中"自主学习"（高级）各技能点"'知识准备'参照范围"所列知识和"文献综述"撰写规范的自觉应用过程。

（4）各团队以整理后的以"前厅客房销售"为主题的文献资料为基础，通过撰写《"前厅客房销售"最新文献综述》，进一步体验对本教材"附录一"附表1能力"领域"中"自主学习"（高级）各技能点"'知识准备'参照范围"所列知识和"文献综述"撰写规范的自觉应用过程。

（5）总结对（1）、（2）、（3）和（4）各项体验，撰写作为"成果形式"的训练课业。

【成果形式】

训练课业：《"自主学习-范"训练报告》

课业要求：

（1）内容包括：训练团队成员与分工；训练过程；训练总结（包括对各项操作的成功与不足的简要分析说明）；附件。

（2）将《长期学习目标》、《长期学习计划》和《"前厅客房销售"最新文献综述》作为《"自主学习-范"训练报告》的"附件"。

（3）《"前厅客房销售"最新文献综述》应符合"文献综述"规范要求，做到事实清晰，论据充分，逻辑清晰，不少于3 000字。

（4）在校园网的本课程平台上展示班级优秀训练课业，并将其纳入本课程的教学资源库。

“自主学习-范”训练报告

一、团队成员与分工

1.团队构成

本小组设小组长1人，小组成员4人，共计5人。

2.任务分工

小组长张晴晴主要负责训练阶段及时间进度安排，定期小组讨论的组织及主持，阶段成果汇总，文献综述成果统合、整理及汇报；杨娜同学负责国内"前厅客房销售"相关学术文献的收集整理及汇报工作；邢可心同学负责分析国内外"前厅客房销售"相关学术文献的分布（国内分布、时间分布和期刊分布）及汇报工作；陈原同学负责分析国内"前厅客房销售"相关文献的研究取向及汇报工作；周露同学负责分析国内"前厅客房销售"相关文献的研究方法及汇报工作。

二、训练过程

1.时间及进度安排

本训练为期三周。第一周完成"训练要求"中第（1）和（2）项要求规定的任务；第二周完成"训练要求"中第（3）和（4）项要求规定的任务；第三周完成"训练要求"中第（5）项要求规定的任务。

2.训练实施

（1）训练第一周

在教师指导下，由组长组织团队成员自主学习本教材"附录一"附表1"自主学习"（高级）各技能点"'知识准备'参照范围"所列知识和"文献综述"相关规范知识，制定了《长期学习目标》和《长期学习计划》，完成了"训练要求"中第（1）和（2）项要求规定的任务。

（2）训练第二周

在教师指导下，团队成员实施《长期学习计划》，应用本教材"附录一"附表1"自主学习"（高级）各技能点"'知识准备'参照范围"所列知识和"文献综述"相关规范知识，完成"训练要求"中第（3）和（4）项要求规定的任务。

首先，我们对近3年间（2016、2017、2018）的"前厅客房销售"文献进行搜索。针对国内文献，以中国知网（CNKI）数据库为基础，将"前厅客房销售"拆分成"前厅""客房""销售"，并分别作为"关键词"、"篇名"和"主题"，搜索相关文献。通过总结发现，"前厅客房销售"研究总体上呈现出以下态势：在国内刊物上，在2016—2018年（截至11月）间，"前厅客房销售"研究涵盖客房需求预测、4C理论、收益管理、OTA模式、营销策略五个主要方面。

其次，各团队成员根据各自分工的"前厅客房销售"研究内容进行文献梳理和综述撰写工作。由团队总结得出：在国内"前厅客房销售"研究文献中，定量研究方法得到了广泛的运用。经过小组讨论，形成对各部分研究综述的修改和完善意见。

最后，团队成员修改完善相关研究内容的综述撰写工作。针对"前厅客房销售"的研究取向、覆盖领域、研究方法等进行补充性、滚雪球式的文献搜索，并讨论各自负责方面的工作。组长就修改后的各部分综述进行统合，形成《"前厅客房销售"最新文献综述》。本周末组长组织团队讨论，就最终综述成果进行汇报，各成员就本次训练进行经验交流和问题总结。

（3）训练第三周

组长组织团队成员，总结对落实"训练要求"中第（1）、（2）、（3）和（4）各项要求的体验，撰写作为最终成果形式的《"自主学习-范"训练报告》。

三、训练总结

1.关于文献收集

团队成员能够在较短时间内掌握运用校内网络平台查找国内学术文献的方法，在国内学术期刊上成功收集到"前厅客房销售"相关学术文献。

2.关于文献分类整理

团队成员能够按发表年份、期刊、研究内容、研究取向、研究方法等对海量文献进行分类整理，并从中总结相关研究的发展特征和趋势。但是，在学术期刊的等级、类别、质量的判断方面存在混淆，需进一步提升对国内学术期刊背景信息的了解程度，能够辨识在前厅客房销售学术研究中具有较大影响力的国内学术期刊。

3.关于文献综述撰写

团队成员能够在文献收集和整理的基础上，就自己所负责研究内容的相关研究成果进行综述撰写，并予以评述，但在对具体研究内容的归纳以及有代表性、有影响力的学术成果的甄别方面存在不足，需进一步培养学术语言表达能力、归纳能力，培养对核心研究文献的甄别能力。

4.关于"自主学习"融入性训练

《"前厅客房销售"最新文献综述》从资料收集、讨论、撰写到交流和修订，始终是在融入"自主学习"这一"通能"之"强化训练"的过程中进行的；不仅如此，本次训练还将其等级由本课程先前阶段的"初级"和"中级"提升到"高级"，从而进一步提高了我们的"自主学习"能力。

团队全体成员都认识到：在学科知识更新周期大大缩短的今日，相当多在校学习的知识毕业后已经过时。只有在"授之以鱼"的同时"授之以渔"，即通过"学会学习"，导入关于"学习理论"、"学习方法"与"学习策略"的"自主学习"机制，才能赋予自身以应对"从学校到生涯"的"知识流变"之无限潜力。

四、附件

附件"范4-1"

团队长期学习目标

➤掌握收集和运用信息的方法，能够熟练运用国内的学术网络平台收集"前厅客房销售"的学术信息（学术论文）。

➤掌握学习的认知策略、元认知策略和资源管理策略，能够对国内"前厅客房销售"的文献进行有效的整理和分类。

➤掌握有效资源利用的策略以及项目论证和测评的方法，能够对"前厅客房销售"这一学术领域的研究成果进行评述和综合，并清晰表达自己的学术观点。

➤掌握编写计划和检查调控计划执行的方法，对"前厅客房销售"的自主学习进度、关键时间节点、各阶段任务有清晰的界定和严格的执行。

➤掌握团队合作的策略和方法，在组长的组织协调下，通过前期的分工及中后期的合作，通过团队的努力一起完成"前厅客房销售"的自主学习任务。

附件"范4-2"

团队长期学习计划

➤学习时间

××××年××月××日——××××年××月××日，为期三周。

➤学习小组成员

杨娜同学、邢可心同学、陈原同学、周露同学、张晴晴同学（组长），共计5人。

➤学习阶段

共分三阶段，每阶段为期一周。第一阶段完成"训练要求"中第（1）和（2）项要求规定的任务；第二阶段完成"训练要求"中第（3）和（4）项要求规定的任务；第三阶段完成"训练要求"中第（5）项要求规定的任务。

➤学习困难和变化预估

在学习过程中可能在如何对国内学术论文进行快速、有效的阅读，如何对国内学术期刊的背景信息（刊物级别、论文质量）进行准确把握，如何对某一学术问题的研究成果进行清晰归纳，如何运用规范的学术语言对学术成果进行综述撰写等方面存在困难；在小组讨论会的时间确定上可能因小组成员的不同需要予以适时调整。

➤学习计划实施

①三个阶段学习。第一周完成"训练要求"中第（1）和（2）项要求规定的任务；第二周完成"训练要求"中第（3）和（4）项要求规定的任务，即完成应用"知识准备"所列知识，进行相关文献收集及分类整理和"文献综述"撰写和修改工作；第三周完成《"自主学习-范"训练报告》的撰写工作。

②四次小组讨论。第一次小组会：组长组织小组讨论，明确训练目标、计划及任务分工；第二次小组讨论：组长于第一周周末组织小组讨论，各成员进行成果汇报，组长统合整理各成员成果；第三次小组讨论：组长于第二周周末组织小组讨论，各成员就撰写内容进行汇报，由小组讨论后组长提出修改及完善意见；第四次小组讨论：组长在本周末组织小组成员讨论，汇报最终综述成果，各组员就本次训练进行经验交流和问题总结。

➤学习进度检查

通过每阶段末的小组会，适时检查各小组成员学习进度。通过第一阶段末的小组会，检查"训练要求"中第（1）和（2）项要求的落实情况；通过第二阶段末的小组会，检查"训练要求"中第（3）和（4）项要求的落实情况，即各成员"知识准备"所列知识的应用、文献收集与整理和《文献综述》初稿撰写情况；通过第三阶段末的小组会，检查"训练要求"中第（5）项要求的落实情况，即本次训练的问题交流和经验总结情况。

附件"范4-3"

"前厅客房销售"最新文献综述

（项目组组长：　　　　　　项目组成员：　　　　　　　）

一、文献收集与整理

针对国内文献，以中国知网（CNKI）数据库为基础，将"前厅客房销售"拆分成"前厅""客房""销售"，并分别作为"关键词"、"篇名"和"主题"，搜索相关文献。在搜索时间的跨度上，设定为2016年1月1日至2018年11月30日。

二、文献资料分布

1. 国内分布

经过检索和筛选（限定在2016、2017、2018年发表的论文），纳入综述的共计3篇，论文的具体信息如表范4-1所示。从表中可以看出，在前厅客房销售研究中，需求预测、收益管理和OTA模式是主导的研究取向。在研究主题方面，营销策略是讨论较多的话题。

2. 时间分布

从时间分布的角度，在旅游刊物上有3篇关于"前厅客房销售"方面的论文发表，其中2018年2篇，2016年1篇。

表范4-1　　2016—2018年旅游学术刊物上"前厅客房销售"研究进展

作者	题目	研究取向	主题
郁大伟	Y酒店五星级客房需求研究	需求预测、收益管理	营销策略（效应分析）
邓波	基于4C理论的佰翔软件园酒店营销策略研究	需求预测、收益管理	营销策略（4C营销理论）
刘璐殊	贵阳市G酒店OTA模式下营销策略研究	OTA模式	营销策略（网络营销、渠道营销）

三、文献成果综述

1. 使用需求预测、收益管理的研究

在这3年发表的3篇"前厅客房销售"的论文中，有2篇使用需求预测、收益管理。具体而言，郁大伟的研究在需求预测方面，以2014年和2015年北京综合性国有酒店Y酒店五星级客房中豪华商务房这一房型的实际经营数据为背景，提出客房需求预测的分析框架，进而为Y酒店五星级客房收益管理选择出"相对优质"的预测方法，即移动平均法、指数平滑法、线性回归法和自回归移动平均法。通过实证分析表明，移动平均法和自回归移动平均法是比较精确的方法，线性回归法的拟合效果不好。同时，季节指数反映出Y酒店五星级客房经营的普遍规律：五一劳动节和十一国庆节是 Y 酒店淡、平、旺季经营的分割线；酒店的客源定位带来的节假日负效应。通过数据对比、分析反映出 Y 酒店经营的特殊效应——高校自主招生效应、会展经济效应、政治活动效应[1]。邓波的研究以厦门佰翔软件园酒店（一家定位为高星级的商务会议型酒店）为背景。2014年以来，酒店收入陷入低增长困境，且收入增长不均衡，销售缺乏动力，顾客满意度持续走低。调查发现主要原因是营销工作未遵循科学化决策，主要有：（1）缺乏细分客源的历史数据分析；（2）价格不能灵活反映市场需求；（3）未能进行客房存量管理；（4）没有基于细分市场的营销分析；（5）未能按营销需求调整资源分配；（6）缺乏与顾客的有效沟通以及顾客满意度调查与评估；（7）没有系统的客史信息。基于4C营销理论，提出系列解决方案，主要是提出顾客需求分析、顾客成本管理、顾客的便利性、顾客的沟通互动等各方面的改善对策，即如何收集顾客需求数据，在此基础上进行顾客需求预测，再根据顾客成本，制定多样化的价格策略和动态定价政策以及灵活的房量管理，并进行渠道管理和精准营销，以及顾客满意度管理。研究取得了较为满意的成果，客房收入增加16%，全年满房天数达到100天[2]。

2.使用OTA模式的研究

在这3年发表的3篇"前厅客房销售"的论文中，有1篇使用OTA模式的研究。刘璐殊结合贵阳市G酒店的实际情况，通过文献法、调查法、定性分析法和实证研究法进行研究。通过对G酒店OTA模式下营销现状进行调研和分析，找到当前G酒店在OTA模式下营销中反映出的突出问题，结合G酒店宏观和微观营销环境，运用营销中的4P理论和STP理论，归纳总结后从四个角度对贵阳市G酒店在OTA模式下的营销策略提出建议：从产品角度根据客人年龄，对G酒店客人进行细分后，提出打造不同类型的主题客房并提供相应服务的营销策略；从价格角度提出根据不同目标市场客户定价，保持渠道价格一致性，实施动态定价三个策略；从分销渠道角度，提出G酒店要优化自有线上预订渠道，控制直销与分销渠道比例，做好淡旺季营销，紧抓会议市场四条策略；从宣传角度出发，提出要充分利用在线点评来树立良好的口碑，做好酒店产品促销，定期与忠诚顾客交流，最终实现酒店和OTA和谐共发展[3]。

参考文献

[1] 郁大伟.Y酒店五星级客房需求研究 [D].北京：北京理工大学，2016.

[2] 邓波.基于4C理论的佰翔软件园酒店营销策略研究 [D].西安：西北大学，2018.

[3] 刘璐殊.贵阳市G酒店OTA模式下营销策略研究 [D].乌鲁木齐：新疆大学，2016.

主要参考文献

［1］叶秀霜．客房运行与管理［M］．2版．杭州：浙江大学出版社，2022.

［2］李勇，钱晔．数字化酒店［M］．北京：人民邮电出版社，2021.

［3］陈春燕．前厅服务与管理［M］．北京：高等教育出版社，2019.

［4］姚蕾．前厅服务与管理［M］．北京：清华大学出版社，2019.

［5］仇学琴，邓芳，吴宏业，等．酒店前厅客房服务与管理［M］．北京：机械工业出版社，2019.

［6］陈莹．客房服务与管理［M］．2版．北京：高等教育出版社，2019.

［7］雷明化，郭建华．客房服务与管理［M］．北京：中国人民大学出版社，2019.

［8］徐逢春．酒店前厅服务与管理［M］．北京：中国水利水电出版社，2018.

［9］姚玉英．酒店前厅客房服务与管理［M］．杭州：浙江大学出版社，2017.

［10］孟庆杰，唐飞．前厅客房服务与管理［M］．大连：东北财经大学出版社，2017.

［11］吴玲．客房服务与管理［M］．3版．北京：高等教育出版社，2017.

附　录

附录一　职业核心能力强化训练"知识准备"参照范围

附表1

领域	等级	技能点	"知识准备"参照范围
自主学习	初级	确定短期学习目标	激发学习动力的方法，学习的基本原理，确定目标的原则和方法，编写学习计划的基本规则，取得他人帮助和支持的方法与技巧
		实施短期学习计划	学习的基本原理，学习的方法和技巧，计划落实、控制和调整的方法和技巧，节约时间的诀窍
		检查学习进度	学习方法与学习效果的关系，检查目标进度的方法和技巧（总结、归纳、测量），成功学的基本要求
	中级	确定中期学习目标	学习的基本原理，确定目标的原则和方法，编写学习计划的基本规则，取得他人帮助和支持的方法或技巧
		实施中期学习计划	学习的基本原理，学习的方法和技巧，计划落实、控制和调整的方法和技巧，关于方法的知识，时间管理的诀窍
		检查学习进度	成功学的基本要点，项目目标检查、总结、归纳的方法，学习迁移的原理与应用知识，学习的观察、认知记忆及提高效率的规律，养成良好学习习惯的方法
	高级	确定长期学习目标	收集和运用信息的方法，有效资源利用的策略，项目论证和测评的方法，编写计划和检查调控计划执行的方法，团队合作的策略和方法
		实施长期学习计划	学习的方法和技巧，有关学习与实践关系的原理，计划落实、控制和调整的方法和技巧，关于思维方法的知识，目标管理的诀窍
		检查学习进度	成功学的基本要点，项目目标检查、总结、归纳的方法，学习迁移的原理与应用知识，学习的观察、认知记忆及提高效率的规律，养成良好学习习惯的方法
信息处理	初级	获取信息	信息的含义、特征与种类，信息收集的原则、渠道和方式，文献和网络索引法，一般阅读法，计算机和网络相关知识
		整理信息	信息的分类方法与原则，信息筛选方法与要求，信息资料手工存储方法，计算机信息存贮方法，计算机其他相关知识
		传递信息	信息传递的种类与形式，口语和文字符号的信息传递技巧，现代办公自动化技术，计算机和网络相关技术

续表

领域	等级	技能点	"知识准备"参照范围
信息处理	中级	获取信息	信息的特征与种类，信息收集的范围、渠道与原则，信息收集方法（观察法、询访法），计算机相关知识，网络相关知识
		开发信息	信息筛选、存储的方法与原则，信息资料的分析、加工的方法，新信息生成或信息预测的方法
		展示信息	口语和文字符号信息展示的技巧，多媒体制作与使用技术，计算机相关应用技术
	高级	获取信息	调查研究的方法和原理，信息收集的范围、方法（问卷法、检索法、购买法、交换法）和原则，信息收集方案选择，计算机和网络相关技术
		开发信息	信息资料鉴别方法，信息资料核校方法，信息资料分析方法，信息资料编写方法（主题提炼、标题选择、结构安排、语言组织），信息资料加工方法，计算机信息生成知识
		展示信息	口语和文字符号的信息表达技巧，多媒体制作技术，科学决策知识，信息反馈方式与要求，网页设计与网络使用知识，知识产权知识
数字应用	初级	采集、解读数据信息	获取数据的方法（测量法、调查法、读取法）；数的意义（整数、小数、分数及百分数）；常用测量器具的功能与使用方法，常用单位，单位的换算；近似的概念与精度；图表（数表扇形统计图、条形统计图、示意图）知识
		进行数字计算	计算方法（笔算、口算、珠算、计算器计算）；整数、分数四则运算；近似计算法；验算（逆算法、估算法、奇偶对应法）
		展示和使用数据信息	评价指标；最大值，最小值；平均值；精度
	中级	解读数据信息	获取数据信息的渠道与方法（测量法、调查法、读取法）；数的意义（整数、分数、正数、负数）；总量与分量，比例；误差、精度、估计；复合单位（如速度、速率等）；图表（数表、扇形统计图、条形统计图、折线图、示意图）知识
		进行数据计算	计算方法（笔算、计算器计算、查表、Excel等软件）；整式、分式四则运算、乘方、开方，近似计算（误差估计）；验算（逆算法、估算法、奇偶对应法）
		展示和使用数据信息	评价指标；最大值，最小值；平均值，期值，方差；绝对误差，相对误差；图表的制作
	高级	解读数据信息	数据信息源的筛选原则（多样性、代表性、可靠性）；数据的采集方案；图表（数表、坐标、比例尺）；频率、频率稳定性；平均、加权平均；误差分析、估算
		进行数据计算	计算方法（笔算、计算器计算，查表，编程计算，Excel等软件）；整式、分式四则计算，乘方、开方；函数（幂函数、指数函数、对数函数、三角函数、反三角函数、复合函数）；近似计算（误差分析）；验算（逆算法、估算法）
		展示和使用数据信息	评价指标；最大值、最小值；平均值，期值，方差；绝对误差，相对误差；图表的制作

续表

领域	等级	技能点	"知识准备"参照范围
与人交流	初级	交谈讨论	与人交谈主题相关的信息和知识；正确使用规范语言的基本知识；口语交谈方式和技巧；身体语言运用技巧
		阅读和获取资料	资料查询和搜索的方法；一般阅读的方法；文件资料归类的方法；词典类工具书的功能和使用方法；各种图表的功能；网上阅读的方法
		书面表达	与工作任务相关的知识；实用文体的应用；图表的功能和应用；素材选用的基本方法；写作的基本技法；逻辑和修辞初步技法
	中级	交谈讨论	与交谈主题相关的知识和信息；正确使用规范语言的基本知识；口语交谈的技巧；身体语言运用技巧；掌握交谈心理的方法；交谈的辅助手段或多媒体演示技术；会谈和会议准备基本要点
		简短发言	与发言主题相关的知识和信息；当众讲话的技巧（包括运用身体语言的技巧）；简短发言的辅助手段或多媒体演示技术
		阅读和获取资料	资料查询和搜索方法；快速阅读的原理与方法；文件归类的方法；各种图表的功能
		书面表达	与工作任务相关的知识；实用文体的应用；图表的功能和应用；素材选用的基本方法；文稿排版和编辑的技法；写作的基本技法；逻辑和修辞常用技法
	高级	交谈讨论	与会谈主题相关的知识和信息；语言交流的艺术和技巧；交谈的辅助手段或多媒体演示技术；总结性话语运用的技巧；谈判的心理和技巧；会议准备的基本要点；主持会议的相关程序
		当众讲演	与发言主题相关的知识和信息；演讲的技巧和艺术；演讲辅助手段或多媒体演示技术
		阅读和获取资料	资料查询和搜索方法；快速阅读的技巧；各种图表的功能
		书面表达	与工作任务相关的知识；实用文体的应用；图表的功能和应用；素材选用的基本方法；文稿排版和编辑的技法；写作的基本技法；逻辑和修辞技法
与人合作	初级	理解合作目标	活动要素的群体性与分工合作的关系；职业团队的概念、特征与种类，组织的使命、目标、任务；自身的职业价值，个人在组织中的作用
		执行合作计划	服从的基本概念，指令、命令的含义；求助的意义，人的求助意识；职业生活的互助性，帮助他人的价值
		检查合作效果	工作进度的概念，影响工作进度的因素；工作进程的检查，调整工作程序；工作汇报的程序和要领

续表

领域	等级	技能点	"知识准备"参照范围
与人合作	中级	制订合作计划	聚合型团队、松散型团队和内耗型团队的特征；组织内部的冲突情况，剖析内耗型团队的心理根源；合作双方的利益需求和社会心理需求
		完成合作任务	民族、学历、地域、年龄等差异；人的工作和生活习惯、办事规律；宽容的心态，容忍的方法
		改善合作效果	使他人接受自己意见、改变态度的策略；在会议中提出意见和建议的规则；改变自己的态度，接受他人批评指责的心理准备
	高级	调整合作目标	领导科学与管理方法；组织文化的形成与发展；目标管理与时间管理
		控制合作进程	人际交往与沟通的知识和相关能力；有效激励的方法与技巧；批评的途径、方法和注意事项
		达到合作目标	信息的采集与整理，组织经济效益的统计学知识；员工绩效测评的基本方法和程序；合作过程的风险控制意识和防范
解决问题	初级	分析问题提出方案	分析问题的方法；归纳问题的方法；对比选择的方法；判断和决策的方法；关于相关问题本身的专业知识和发展规律的认识
		实施计划解决问题	撰写工作计划的相关知识；信息检索、文献查询的有关方法；逻辑判断、推理的相关知识；解决问题的技巧
		验证方案改进方式	分析和检查问题的方法；跟踪调查的方法；工作总结的规则和写作方法
	中级	分析问题提出方案	分析问题的方法；归纳问题的方法；对比选择的方法；判断和决策的方法；关于相关问题本身的专业知识和变化规律的认识
		实施计划解决问题	应用写作学中关于撰写工作计划的相关知识；信息检索、文献查询的有关方法；逻辑判断、推理的相关知识；解决问题的技巧；与他人合作的知识和方法
		验证方案改进计划	分析和检查问题的方法；跟踪调查的方法；工作总结的规则和写作方法
	高级	分析问题提出对策	决策科学的系统知识；形式逻辑、辩证逻辑思维的系统知识和方法；分析问题的系统知识和技巧；群体创新技法的系统知识；数学建模方法；关于相关问题本身的专业知识和变化规律的认识
		实施方案解决问题	关于撰写工作计划的系统知识；信息检索、文献查询的系统知识和方法；有关价值工程、现场分析和形态分析的知识；解决问题的技巧；有关进度评估的知识；与人合作的系统知识和方法
		验证方案改进计划	分析和检查问题的方法；跟踪调查的方法；工作总结的规则和写作方法；创新技法

续表

领域	等级	技能点	"知识准备"参照范围
革新创新	初级	揭示不足提出改进	关于思维和创造思维的一般知识；关于思维定式和突破思维障碍的知识；关于相关事物本身的专业知识和发展规律的认识
		作出创新方案	列举类技法和设问类技法的原理、特点、适用范围和具体操作的知识；有关分解类技法、组合类技法、分解组合类技法的原理、特点、适用范围和具体操作方法的知识；收集信息、案例的知识和方法
		评估创新方案	有关创新成果价值评定的知识；可行性分析的知识；撰写可行性报告的知识
	中级	揭示不足提出改进	有关思维障碍形成的知识；横向、逆向、灵感思维的知识；换向、换位思维的知识；逻辑判断和推理知识；关于相关事物本身的专业知识和发展规律的认识
		作出并实施创新方案	有关类比类技法和移植类技法的知识；有关德尔斐法和综摄法的知识；有关还原法、换向思考类技法的知识
		评估创新方案	有关项目可行性测评的技术；有关最佳方案评估的知识；撰写评估报告的知识
	高级	揭示不足提出改进	创新能力构成和提升的知识；有关事物运动、变化和发展的知识；灵活运用各种思维形式的知识；关于相关事物本身的专业知识和发展规律的认识
		作出并实施创新方案	有关价值工程、现场分析和形态分析的知识；针对不同事物运用不同创新方法的知识；综合运用各种创新方法的知识
		评估创新方案	可持续创新的知识；有关创新原理的知识；有关知识产权的知识；技术预测和市场预测知识

（资料来源　中华人民共和国劳动和社会保障部职业技能鉴定中心．职业核心能力培训测评标准（试行）（共7册）［M］．北京：人民出版社，2007.本表参照所列文献相关内容提炼与编制）

附录二　案例分析训练考核参照指标与规范

附表2

考核指标		考核内容	分项成绩
形成性考核 ∑50	个人准备 ∑20	案例概况；讨论主题；问题理解；揭示不足；创新意见；决策标准；可行性方案	
	小组讨论 ∑15	上课出席情况；讨论发言的参与度；言语表达能力；说服力大小；思维是否敏捷	
	班级交流 ∑15	团队协作；与人交流；课堂互动等方面的满意度；讨论参与的深度与广度	
课业考核 ∑50	分析依据 ∑8	分析依据的客观性与充分性	
	分析步骤 ∑8	分析步骤的恰当性与条理性	
	理论思考 ∑8	理论思考的正确性、深刻性与全面性	
	解决问题 ∑8	理解问题与解决问题能力的达标性	
	革新创新 ∑10	揭示不足与提出改进能力的达标性	
	文字表达 ∑8	文字表达能力的强弱性	
总成绩 ∑100			
教师评语		签名： 　　年　　月　　日	
学生意见		签名： 　　年　　月　　日	

附录三　职业核心能力训练考核参照规范与标准

附表3

领域	等级	基本要求	技能点	参照规范与标准
自主学习	初级	具备学习的基本能力，在常规条件下能运用这些能力适应工作和学习要求	确定短期学习目标	能明确学习动机和目标，并计划时间、寻求指导
			实施短期学习计划	能按照行动要点开展工作、按时完成任务，使用不同方式、选择和运用不同的学习方法实现目标，并能对计划及时作出调整
			检查学习进度	能对学习情况提出改进意见和提高学习能力的设想
	中级	主要用理解式接受法，对有兴趣的任务可以用发现法掌握知识信息；在更广泛的工作范围内灵活运用这些能力以适应工作岗位各方面需要	确定中期学习目标	能明确提出多个学习目标，列出实现各目标的行动要点，确定实现目标的计划，并运筹时间
			实施中期学习计划	能开展学习和活动，通过简单的课程和技能训练，提高工作能力
			检查学习进度	能证明取得的学习成果，并能将学到的东西用于新的工作任务
	高级	能较熟练灵活地运用各种学习法在最短时间内掌握急需知识信息；能广泛地收集、整理、开发和运用信息，善于学习、接受新的事物，以适应复杂工作和终身发展的要求	确定长期学习目标	能根据各种信息和资源确定要实现的多个目标及途径，明确可能影响计划实现的因素，确认实现目标的时限，制订行动要点和时间表，预计困难和变化
			实施长期学习计划	能保证重点、调整落实、处理困难、选择方法，通过复杂的课程和技能训练提高工作能力
			检查学习进度	能汇总学习成果、成功经验和已实现的目标，证明新学到的东西能有效运用于新选择的职业或工作任务
信息处理	初级	具备进入工作岗位最基本的信息处理能力，在常规条件下能收集、整理并传递适应既定工作需要的信息	获取信息	能通过阅读、计算机或网络获取信息
			整理信息	能使用不同方法、从多个资源中选择、收集和综合信息，并通过计算机编辑、生成和保存信息
			传递信息	能通过口语、书面形式，用合适的版面编排、规范的方式展示、电子手段传输信息
	中级	在更广泛的工作范围内获取需要的信息，进行信息开发处理，并根据工作岗位各方面的需要展示组合信息	获取信息	能定义复杂信息任务，确定搜寻范围，列出资源优先顺序，通过询访法和观察法搜寻信息
			开发信息	能对信息进行分类、定量筛选、运算分析、加工整理，用计算机扩展信息
			展示信息	能通过演说传递信息，用文字图表、计算机排版展示组合信息，用多媒体辅助信息传达
	高级	广泛地收集、深入地整理开发、多样地传递、灵活地运用信息，以适应复杂的工作需要；具备信息处理工作的设计与评估能力，并表现出较强的组织与管理能力	获取信息	能分析复杂信息任务，比较不同信息来源的优势和限制条件，选择适当技术、使用各种电子方法发现和搜寻信息
			开发信息	能辨别信息真伪，定性核校、分析综合、解读与验证资料，建立较大规模的数据库，用计算机生成新的信息
			展示信息	能用新闻方式发布、平面方式展示、网络技术传递，利用信息预测趋势、创新设计，收集信息反馈，评估使用效果

续表

领域	等级	基本要求	技能点	参照规范与标准
数字应用	初级	具备进入工作岗位最基本的数字应用能力；在常规条件下能运用这些能力适应既定工作的需要	采集、解读数据信息	能按要求测量并记录结果；准确统计数目；解读简单图表；读懂各种数字；并汇总数据
			进行数字计算	能进行简单计算并验算结果
			展示和使用数据信息	能正确使用单位；根据计算结果说明工作任务
	中级	在更广泛的工作范围内；灵活地运用数字应用能力以适应工作岗位各方面的需要	解读数据信息	能从不同信息源获取信息；读懂、归纳、汇总数据；编制图表
			进行数字计算	能从事多步骤、较复杂的计算；使用公式计算结果
			展示和使用数据信息	能使用适当方法展示数据信息和计算结果；设计并使用图表；根据结果准确说明工作任务
	高级	具备熟练把握数字和通过数字运算来解决实际工作中的问题的能力；适应更复杂的工作需要	解读数据信息	能组织大型数据采集活动；通过调查和实验获取、整理与加工数据
			进行数字计算	能从事多步骤的复杂计算；并统计与分析数据
			展示和使用数据信息	能选择合适的方法阐明和比较计算结果；检查并论证其合理性；设计并绘制图表；根据结果作出推论；说明和指导工作
与人交流	初级	具备进入工作岗位最基本的与人交流能力；在常规条件下能运用这些能力适应既定工作的需要	交谈讨论	能围绕主题；把握讲话的时机、内容与长短；倾听他人讲话；多种形式回应；使用规范易懂的语言、恰当的语调和连贯的语句清楚地表达意思
			阅读和获取资料	能通过有效途径找到所需资料；识别有效信息；归纳内容要点；整理确认内容；会做简单笔记
			书面表达	能选择基本文体；利用图表、资料撰写简单文稿；并掌握基本写作技巧
	中级	在更广泛的工作范围内；灵活运用这些能力以适应工作岗位各方面的需要	交谈讨论	能始终围绕主题参与；主动把握讲话时机、方式和内容；理解对方谈话内容；推动讨论进行；全面准确传达一个信息或观点
			简短发言	能为发言作准备；当众讲话并把握讲话内容、方式；借助各种手段说明主题
			阅读和获取资料	能根据工作要求从多种资料筛选有用信息；看懂资料的观点、思路和要点；并整理汇总资料
			书面表达	能掌握应用文体；注意行文格式；组织利用材料；充实内容要点；掌握写作技巧；清楚表达主题；注意文章风格；提高说服力
	高级	在工作岗位上表现出更强的组织和管理能力；通过运用与人交流的能力适应更复杂的工作需要	交谈讨论	始终把握会议主题；听懂他人讲话内容并作出反应；主持会议或会谈；全面准确表述复杂事件或观点
			当众讲演	能为讲演作准备；把握讲演的内容、方式；借助各种手段强化主题
			阅读和获取资料	能为一个问题或课题找到相关资料；看懂资料的思路、要点、价值和问题；分析、筛选和利用资料表达主题
			书面表达	能熟悉专业文书；把握基本要求；有机利用素材；说明内容要点；掌握写作技巧；清楚恰当表达主题；采用适当风格；增强说服力

续表

领域	等级	基本要求	技能点	参照规范与标准
与人合作	初级	理解个人与他人、群体的合作目标，有效地接受上级指令；准确、顺利地执行合作计划；调整工作进度，改进工作方式；检查工作效果	理解合作目标	能确定合作的基础和利益共同点，掌握合作目标要点和本单位人事组织结构，明确个人在团队中的职责和任务
			执行合作计划	能接受上级指令，准确、顺利地执行合作计划
			检查合作效果	能通过检查工作进展情况，改进工作方式，促进合作目标实现
	中级	与本部门同事、内部横向部门、外部相关部门共同制订合作计划；协调合作过程中的矛盾关系，按照计划完成任务；在合作过程中遇到障碍时提出改进意见，推进合作进程	制订合作计划	能与本部门同事、组织内部横向部门、组织外部相关部门共同制订合作计划
			完成合作任务	能与他人协同工作，处理合作过程中的矛盾
			改善合作效果	能判断合作障碍，表达不同意见，接受批评建议，弥补双方失误
	高级	根据情况变化和合作各方的需要，调整合作目标；在变动的工作环境中，控制合作进程；预测和评价合作效果，达成合作目的	调整合作目标	能发现各方问题，协调利益关系，进行有效沟通，调整合作计划与工作顺序
			控制合作进程	能整合协调各方资源，妥善处理矛盾，排除消极因素，激发工作热情
			达到合作目标	能及时全面检查工作成效，不断改善合作方式
解决问题	初级	具备进入工作岗位最基本的解决问题能力，在常规条件下能根据工作的需要，解决一般简单和熟悉的问题	分析问题提出方案	能用几种常用的办法理解问题，确立目标，提出对策或方案
			实施计划解决问题	能准备、制订和实施被人认可并具有一定可行性的计划
			验证方案改进方式	能寻找方法，实施检查，鉴定结果，提出改进方式
	中级	在有限的资源条件下，根据工作岗位的需要，解决较复杂的问题	分析问题提出方案	能描述问题，确定目标，提出并选择较佳方案
			实施计划解决问题	能准备、制订和实施获得支持的较具体计划，并充分利用相关资源
			验证方案改进计划	能确定方法，实施检查，说明结果，利用经验解决新问题
	高级	在工作岗位上表现出更强的解决问题能力，在多种资源条件下，根据工作需要解决复杂和综合性问题	分析问题提出对策	在提出解决问题的对策时，能分析探讨问题的实质，提出解决问题的最优方案，并证明这种方案的合理性
			实施方案解决问题	在制订计划、实施解决办法时，能制订并实施获得认可的详细计划与方案，并能在实施中寻求信息反馈，评估进度
			验证方案改进计划	在检查问题、分析结果时，能优选方法，分析总结，提出解决同类问题的建议与方案

领域	等级	基本要求	技能点	参照规范与标准
革新创新	初级	在常规工作条件下，能根据工作需要，初步揭示事物的不足，运用创新思维和创新技法进行创新活动	揭示不足提出改进	能揭示事物不足，提出改进意见
			作出创新方案	能在采纳各方意见的基础上，确定创新方案的目标、方法、步骤、难点和对策，指出创新方案需要的资源和条件
			评估创新方案	能进行自我检查，正确地对待反馈信息和他人意见，对创新方案及实施作出客观评估，并根据实际条件加以调整
	中级	根据工作发展需要，在更广泛的工作范围内揭示事物的不足，较熟练地运用创新思维和创新技法进行创新活动，并对创新成果进行分析总结	揭示不足提出改进	能在新需求条件下揭示事物的不足，提出改进事物的创新点和具体方案
			作出并实施创新方案	能从多种选择中确认最佳方案，并利用外界信息、资源和条件实施创新活动
			评估创新方案	能按常规方式和专业要求，对创新改进方法和结果的价值进行评估，根据实际条件进行调整，并指导他人的创新活动
	高级	在工作岗位上表现出更强的创新能力，在复杂的工作领域，能根据工作需要揭示事物的不足，熟练运用创新思维和创新技法进行创新活动，对创新成果进行理论分析、论证、总结和评估，并指导他人的创新活动	揭示不足提出改进	能通过客观分析事物发展与需求之间的矛盾揭示事物的不足，提出首创性的改进意见和方法
			作出并实施创新方案	能根据实际需要，设计并实施创新工作方案，并在条件变化时坚持创新活动
			评估创新方案	能按常规方式和专业要求，对创新方法和结果进行检测和预测风险；针对问题调整工作方案，总结经验，指导他人，提出进一步创新改进的方法

（资料来源　中华人民共和国劳动和社会保障部职业技能鉴定中心．职业核心能力培训测评标准（试行）（共7册）及其《训练手册》（共6册）[M]．北京：人民出版社，2007．本表参照所列文献相关内容提炼与编制）

附录四　职业道德素养训练考核参照规范与标准

附表4

素养点	参照规范与标准
职业观念	对职业、职业选择、职业工作、职业道德和企业伦理等问题具有正确的看法
职业情感	对职业或职业模拟有愉快的主观体验、稳定的情绪表现、健康的心态、良好的心境，具有强烈的职业认同感、职业荣誉感和职业敬业感
职业理想	对将要从事的职业种类、职业方向与事业成就有积极的向往和执着的追求
职业态度	对职业选择或模拟选择有充分的认知与积极的倾向和行动
职业良心	在履行职业义务时具有强烈的道德责任感和较高的自我评价能力
职业作风	在职业模拟、职业实践或职业生活的自觉行动中，具有体现职业道德内涵的一贯表现
职业守则	爱国爱企，自尊自强；遵纪守法，敬业爱岗；公私分明，诚实善良；克勤克俭，宾客至上；热情大度，整洁端庄；一视同仁，不卑不亢；耐心细致，文明礼貌；团结服从，大局不忘；优质服务，好学向上

附录五 能力训练考核参照采分系数

附表5

系数	达标程度
90%～100%	能依照全部考核要求，圆满、高质地完成此种能力所属各项技能操作，其效率与稳定性俱佳
80%～89%	能依照多数考核要求，圆满、高质地完成此种能力所属各项技能操作，其效率与稳定性较佳
70%～79%	能依照多数考核要求，较圆满、高质地完成此种能力所属各项技能操作，其效率与稳定性一般
60%～69%	能依照多数考核要求，基本完成此种能力所属各项技能操作，其效率与稳定性一般
60%以下	只能依照少数考核要求，基本完成此种能力所属各项技能操作，其效率与稳定性较低